MÜNCHENER BEITRÄGE ZUR
WIRTSCHAFTSWISSENSCHAFTLICHEN FORSCHUNG. H.1
Herausgeber:
Dr. Felix Werner, ord. Professor an der Technischen Hochschule München

KOSTENRECHNUNG IM BAUGEWERBE

VON

DR. RUDOLF FALK
DIPLOMKAUFMANN

MÜNCHEN UND BERLIN 1929
VERLAG VON R. OLDENBOURG

Druck von R. Oldenbourg in München

Inhaltsverzeichnis.

Formular-Verzeichnis.

Einleitung.

Seit einigen Jahren beschäftigt sich die Öffentlichkeit außerordentlich stark mit dem Baugewerbe. Die Wohnungsnot mit ihren entsetzlichen Folgen für Volksgesundheit und Volkswohlfahrt soll durch Schaffung neuer, moderner, den Kulturbedürfnissen angepaßten Wohnungen behoben werden. Bereits in der Vorkriegszeit waren zur Deckung des Baubedarfs große Kapitalsummen erforderlich, die jedoch durch unseren gesunden Geldmarkt ohne weiteres aufgebracht werden konnten. Heute ist es sehr schwierig, nunmehr den bestehenden Fehlbetrag an Wohnungen wegzubringen und dazu noch den normalen, jährlich neu auftretenden Bedarf an Wohnungen zu decken. Es fehlt zur Lösung dieser Aufgaben an den dazu erforderlichen gewaltigen Kapitalsummen. Man hat versucht, das Wohnungsproblem von zwei Seiten zu lösen:

1. durch Beschaffung der erforderlichen Kapitalien mit Hilfe von staatlichen Zuschüssen und ausländischen Krediten.
2. Durch Verminderung des Kapitalbedarfs, durch Herabdrückung der Produktionskosten.

Durch diesen zweiten Lösungsversuch ist das Baugewerbe, die „Produzentin" der Wohnstätten, in den Mittelpunkt der öffentlichen Diskussion gerückt.

Gründungen von Forschungsgesellschaften, so z. B. die Gründung der Reichs-Forschungsgesellschaft für Wirtschaftlichkeit im Bau- und Wohnungswesen, beweisen, daß ein öffentliches Interesse am Baugewerbe tatsächlich vorhanden ist. Über das Ergebnis dieser Bestrebungen ist Positives noch nicht feststellbar, da sie außerordentlich jung sind und noch zu keinem abschließenden Ergebnis gelangten. Eines jedoch kann heute schon festgestellt werden: Fast ausnahmslos bewegen sich diese Arbeiten auf technischem Gebiete. Der Versuch, die betriebswirtschaftliche Organisation der Bauunternehmungen zu prüfen, wo eine solche vorhanden ist, eine einzurichten, wo sie fehlt — und das ist in sehr vielen Betrieben der Fall —, wird bei diesen Rationalisierungsbestrebungen übersehen in Verkennung der Tatsachen, daß nur eine exakte betriebswirtschaftliche Organisation der Schlüssel ist zur Beobachtung der Betriebe und zu ihrer Kontrolle. Bei der Überlegung, daß dem Baugewerbe durch die Aufgabe der Deckung des ungeheuren Wohnungsmangels Jahre der Hochkonjunktur bevorstehen, erscheint es dringend erforderlich, den Kern der gesamten betriebswirtschaftlichen Organisation, das Rechnungswesen und insonderheit die Kostenrechnung im Baugewerbe einer Betrachtung zu unterziehen.

Die vorliegende Arbeit, für die aus diesem Grunde der Titel Kostenrechnung im Baugewerbe gewählt wurde, soll sich daher in der Hauptsache mit den praktischen Erfordernissen des Rechnungswesens im Baugewerbe befassen und nicht allein theoretische Betrachtungen bringen.

Begriff Baugewerbe. Vor Behandlung des eigentlichen Themas ist es erforderlich, den Begriff „Baugewerbe" klarzustellen, denn er ist nicht genau umrissen. Er wird in verschiedenem Sinne gebraucht. Zweckmäßigerweise unterscheidet man Baugewerbe im **weiteren** und Baugewerbe im **engeren** Sinne. Am deutlichsten läßt sich diese Begriffsteilung vielleicht in folgendem Schema fassen:

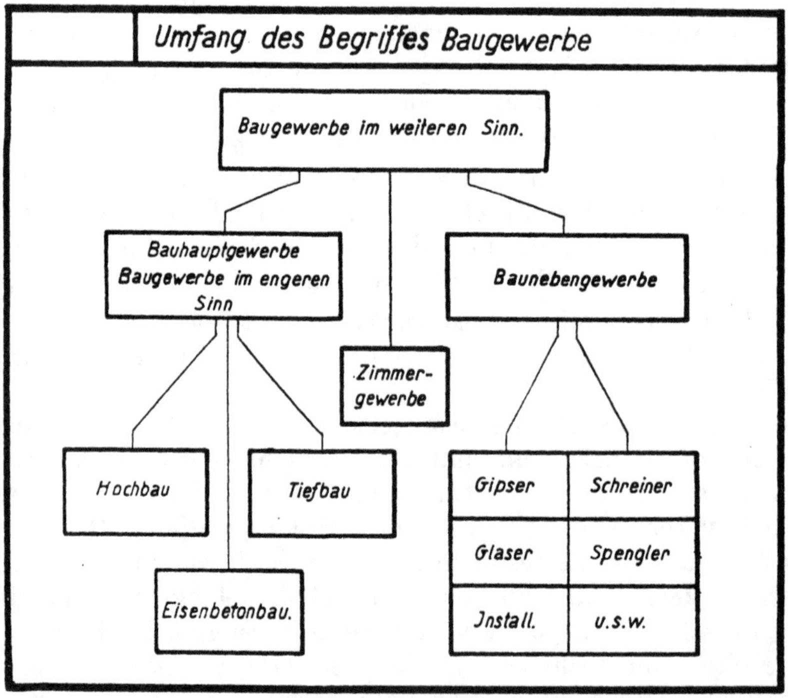

Abb. 1.

Beim Baugewerbe im **engeren** Sinne sind folgende Spezialzweige zu unterscheiden:

Hochbau,
Eisenbetonbau,
Tiefbau.

In der Praxis selbst ist die Trennung in diese Spezialzweige nicht vollständig durchgeführt. Meist wird man finden, daß größere Firmen sich auf Spezialgebiete verlegt haben. Sehr oft trifft man jedoch sämtliche Zweige in einem Unternehmen vereinigt. Die Haupttrennung geht dahin, **Hoch-** und **Tiefbau** voneinander abzutrennen, während **Eisenbetonbau** gleichmäßig häufig in Verbindung mit Hoch- und mit Tiefbau vorkommt. Diese Abgrenzung ist mit Rücksicht auf die verschiedenen Arbeits- und Auftragsgebiete begründet. Ausnahmen kommen selbstverständlich gerade bei den größten Baufirmen oft vor. Die vorliegende Arbeit soll sich in der Hauptsache auf den Hochbau beziehen, und nur im Zusammenhang damit sollen auch die in der Praxis vorkommenden Kombinationen behandelt werden.

Es würde schwierig sein, das Zimmerergewerbe bei seiner heutigen Konstitution zu der einen oder anderen Hauptgruppe zu zählen. Seine Stellung in der Mitte zwischen beiden Hauptgruppen dürfte die richtige sein. Zum Baunebengewerbe gehören alle jene Gewerbszweige, die an der Fertigstellung eines Bauwerks beteiligt sind. Zum großen Teile herrscht im Baunebengewerbe noch vielmehr die kleinmeisterliche, handwerkliche Betriebsform als im Bauhauptgewerbe vor. Die einzelnen Zweige des Baunebengewerbes sind nicht selten in Form von Nebenbetrieben größeren Bauunternehmungen angegliedert.

Bei den folgenden Ausführungen ist der Ausdruck Baugewerbe, wo nichts anderes gesagt ist, im engsten Sinne, d. h. lediglich als Hochbau aufzufassen.

I. Kapitel.

Die betriebswirtschaftliche Eigenart des Baugewerbes.

Aufträge.

Das Baugewerbe liefert ein typisches Beispiel für die Einzelfabri-
ation. Kein Auftrag gleicht dem andern. Jeder ist verschieden von nderen in bezug auf Umfang und Art.

Der Kreis der *Auftraggeber* ist außerordentlich mannigfaltig: rivate Bauherrn, Industrien, Behörden, Architekten kommen dafür n Frage. Der Architektenstand ist eine für das Baugewerbe typische Erscheinung. Er tritt zwischen Auftraggeber und Unternehmer. Schließ-
ich kommt als Auftraggeber noch das eigene Unternehmen in Frage, bei:

1. Anlagen-Aufträgen (bei Erstellung neuer Betriebsanlagen),
2. Betriebs-Aufträgen (bei Reparaturen innerhalb der Betriebe selbst) und
3. Vorrats-Aufträgen.

Vorratsaufträge sind jetzt seltener geworden. In der Vorkriegszeit varen sie eine häufige Erscheinung. In Zeiten schlechten Geschäfts-
anges bauten die Unternehmungen Wohnhäuser auf eigene Rechnung, ie dann entweder im Besitz der Firma verblieben (Verwaltung durch igene Grundstücksverwertungsgesellschaften) oder die bald wieder ver-
ußert wurden.

Objekt.

Hinsichtlich des *Objektes* sind ebenso große Verschiedenheiten egeben. Es kann sich um *Reparaturarbeiten* zur Behebung eines ufgetretenen Schadens handeln, ferner um *Umbauarbeiten* oder m *Neubauten*. In verschieden großem Umfang kann die Firma zur usführung der Arbeiten herangezogen werden. Es können ihr entweder ur *Einzelarbeiten* übertragen werden (Maurer, Zimmerer, Eisen-
eton) oder aber dem Baugeschäft kann der gesamte Auftrag *schlüssel-
ertig* übergeben werden. In diesem Falle tritt das Baugeschäft als og. „Generalunternehmer" auf, ihm wird die Erstellung eines Bauwerks nit allen erforderlichen Arbeiten übertragen, so daß der Unternehmer as Bauwerk bezugsfertig zu übergeben hat.

Die Bauunternehmung führt einen Teil der Arbeiten selbst aus, ie andern vergibt sie an dritte Firmen. Dadurch tritt ein gewisses isiko für die Bauunternehmung ein, das einerseits auf der Seite des

Kunden, andererseits auf der Seite des Lieferanten liegt. Das Bauunternehmen hat seinen Kunden gegenüber die Kostensumme für den Bau zu fordern, muß die Lieferanten selbst bezahlen. Im Falle einer Zahlungsunfähigkeit hat das Baugeschäft nicht allein den Verlust seiner eigenen Arbeit, sondern es muß auch noch das Baunebengewerbe aus eigener Tasche bezahlen. Deshalb ist dafür äußerste Vorsicht geboten. Das Baugeschäft soll weiter für die gesamten Arbeiten die vertraglich vereinbarte Garantie übernehmen und hat selbst nicht die gesamte Produktion im eigenen Betriebe, muß also gegebenenfalls für die Qualität der Arbeit einer dritten Firma eintreten. Nur durch sorgfältige Auswahl der Unterlieferanten und entsprechende Verträge kann dieser Gefahr begegnet werden.

Für den Auftraggeber hat die Erteilung eines Auftrags „schlüsselfertig" große Vorteile, auf die näher einzugehen hier zu weit führen würde.

Planung, Bauleitung, Abrechnung.

Bei einzelnen Aufträgen in den Fällen, in denen der Bauherr nicht über technisch geschultes Personal verfügt, kann das Baugeschäft selbst die Entwurfsbearbeitung und Bauleitung übernehmen. Den baupolizeilich erforderlichen Bauleiter kann der Kunde entweder selbst ernennen, oder aber er kann damit das Baugeschäft beauftragen. Bezüglich der Abrechnung der einzelnen Aufträge sind mannigfaltige Vereinbarungen anzutreffen.

1. Regiearbeiten. Man versteht darunter die Ausführung der Arbeiten ohne jede vorherige Preisvereinbarung. Materialverbrauch und geleistete Arbeitszeit werden für bestimmte Zeiträume rapportiert und vom Bauherrn unterschriftlich bestätigt. Die Verrechnung erfolgt dann nach den von einem Arbeitgeberverband mit den maßgebenden behördlichen Instanzen festgelegten sog. ortsüblichen Preisen, die entweder als Richtpreise oder als feste Tarife behandelt werden.

2. Einzelausmaß. Die Preise werden vorher für jede zu leistende Einheit festgelegt, die tatsächlich geleisteten Mengen durch Ausmaß ermittelt. Die Festlegung der Einheitspreise kann in Form von öffentlichen oder engeren Submissionen, oder auch durch einfache Offerte bestimmt werden. Bei Wohnhäusern wird oft die Verrechnung nach dem Kubikmeter umbauten Raum vorgenommen. Diese Berechnungsmethode ist eine überschlägige und eignet sich für Vorprojekte außerordentlich gut, da sie auf äußerst einfache Art zu errechnen ist. Als Unterlage für bindende Preisabgabe jedoch, die später zu einer Auftragserteilung führen soll, eignet sich diese Berechnungsmethode nicht, wenn sie auch im Baugewerbe außerordentlich beliebt ist.

3. Pauschalsumme. Die Ausführung wird nach Art und Menge der Leistung bei der Preisfestsetzung genau festgelegt und die dafür zu bezahlende feste Summe.

Im Gegensatz zu anderen Branchen ist im Baugewerbe die Zahl der Aufträge verhältnismäßig klein. Es handelt sich um wenige, dagegen sehr hohe Auftragssummen. Daneben kommen selbstverständlich auch kleine und kleinste Aufträge, insbesondere bei Reparaturen in Frage. Diese fügen sich meist schlecht in die Gesamtorganisation der Unternehmung ein und sind, da der Aufwand sehr groß ist, meist nicht lohnend. Auf diese darf das Baugeschäft nicht verzichten, um sich einen Stamm Kunden zu sichern, die bei guter Bedienung der Unternehmung auch wieder größere Aufträge zuführen.

Als Ergebnis ist festzustellen: Das Baugewerbe bietet ein typisches Beispiel für Einzelfabrikation. Kein Auftrag gleicht dem andern, es handelt sich bei jedem um individuelle Leistung in Entwurf und Ausführung.

Die modernen Bestrebungen gehen darauf hinaus, diese Einzelfabrikation in Serienfabrikation überzuführen unter Ausschaltung des Saisoncharakters, so z. B. die Frankfurter Häuserfabrik. Ob diese Bestrebungen zu einem Ziele führen, wird die Zukunft zeigen.

Produktion.

1. Produktionsort. Es gibt fast ebenso viele Produktionsstätten als Aufträge. Im Gegensatz zur Maschinenfabrik wandert nicht das Produkt selbst durch die verschiedenen Produktionsstätten, sondern jedes Bauwerk muß an seinem künftigen Standort erstellt werden. Dadurch ist eine große Unbeständigkeit in den Produktionsgang hineingetragen. Der ganze Betrieb spielt sich nicht in einheitlichen räumlichen Grenzen ab, sondern ist auseinandergerissen. Dadurch ist zunächst einmal die Verbindung mit der Zentrale des Unternehmens sehr schwierig, es leidet darunter die Beaufsichtigung oder aber bei exakter Durchführung wird dieselbe außerordentlich kostspielig. Durch den ständigen Wechsel der Produktionsstätte wird dieselbe nur notdürftig eingerichtet. Sämtliche produktionsfördernden Einrichtungen, die nicht leicht beweglich, innerhalb kürzester Zeit auf- und abgebaut und leicht transportiert werden können, eignen sich für den Baubetrieb nicht. Diese Schwierigkeiten werden noch erhöht durch ungenügende

Vorbereitungszeit. In den meisten Fällen ist die Zeit kaum ausreichend zur Anfertigung der notwendigen Baupläne. In den meisten Fällen müssen die Arbeiten schon begonnen werden, ohne daß genügend und entsprechend spezialisierte Werkpläne vorliegen. Dies erschwert die Arbeiten sehr. Insbesondere bei Behördenaufträgen liegen meist zwischen der Erteilung des Auftrages und dem Arbeitsbeginn nur wenige Tage. Dadurch ist eine entsprechende Ausnützung und Einteilung des Maschinenparkes eine Unmöglichkeit. Es werden Maschinen, die nicht entsprechend zweckdienlich sind, als Ersatz verwendet und sind dadurch nicht voll leistungsfähig.

2. Produktionszeit. Die Produktionszeit ist eine außerordentlich kurze. Vollständig im Freien sich abspielend, jeder Witterung ausgesetzt, sind mehrere Monate des Jahres für das Baugewerbe vollständig verloren. Die Sommerarbeitszeit wird oft durch starken Regen beeinflußt. Dadurch wird das Baugewerbe zum ausgesprochenen Saisongewerbe mit all seinen Nachteilen. Die hauptsächlichsten

3. Produktionsfaktoren sind: Rohstoffe, menschliche Arbeitskraft, Maschinen und Hilfsstoffe.

a) Rohstoffe sind sehr zahlreich und im Verhältnis zu ihrem Umfang und Gewicht nicht besonders wertvoll. Infolgedessen ist der Rohstoffbezug sehr eng begrenzt. Als vorteilhaft hat sich, wenn möglich, der Schiffsbezug der Baumaterialien erwiesen. Zur Sicherung des Rohstoffbezugs einerseits, zur Ausnützung der dadurch gegebenen Gewinnmöglichkeiten andererseits, haben sich einzelne Baugeschäfte Rohstoffabriken zugelegt oder sich an denselben beteiligt. Am besten dürften Kies- und Sandgruben, Ziegeleien, Steinbrüche, Kalkbrennereien, und Sägewerke sich dafür eignen. Zum Teil sind die Rohmaterialien sehr empfindlich gegen äußere Witterungseinflüsse, z. B. Kalk und Zement müssen dementsprechend gelagert und behandelt werden.

b) Hilfsstoffe. Die Hilfsstoffe bilden einen nicht unwesentlichen Kostenanteil an den Gesamtkosten der Produktion. Als Hilfsstoffe werden jene Materialien bezeichnet, welche nicht unmittelbar in die Erzeugnisse hineingearbeitet werden, sondern nur mittelbar der Erzeugung dienen. Es kommen in Frage:

Gerüstholz jeglicher Art,
Baugeräte und Werkzeuge,
Betriebsstoff für Baumaschinen.

Das Gerüstholz ist insbesondere beim Eisenbetonbau in vielfacher Verwendung. Die Behandlung des gesamten Gerüstholzes ist im Rechnungswesen eine schwierige Frage, auf die noch näher einzugehen sein wird. Von den anderen Hilfsstoffen ist gegenüber anderen Gewerbezweigen lediglich die außerordentliche Höhe des Werkzeugverschleißes zu erwähnen.

c) Menschliche Arbeitskraft (Arbeiter und Arbeitsleistung). Die Handarbeit ist im Baugewerbe besonders im Hochbau immer noch vorherrschend und deshalb für die gesamte Produktion von außerordentlicher Wichtigkeit. Der Wertanteil von Rohstoffen und Arbeitskraft an der Gesamtproduktion ist nicht genau bestimmbar und schwankt nach allgemeiner Erfahrung zwischen 40 und 60%.

Bei den Arbeitern schwankt das Verhältnis von gelernten zu ungelernten Arbeitern. Der Anteil der gelernten Arbeiter ist gerade im Hochbau relativ groß, während im Tiefbau der ungelernte Arbeiter vorherrscht. Die Hauptschwierigkeit besteht in der Sicherung und Erhaltung eines zuverlässigen Arbeiterstammes. Die gesamte Arbeiterbelegschaft auch während der Zeit der arbeitslosen Wintermonate zu erhalten, ist eine Unmöglichkeit. Es hat sich als vorteilhaft erwiesen, stets einen Stamm zuverlässiger Arbeiter auch in der geschäftsruhigen Zeit zu halten, um bei Beginn der Saison auf diesen Stamm zurückgreifen zu können, der dann auf die einzelnen Baustellen verteilt und durch andere Arbeiter erweitert wird. Die Beschaffung der Saisonarbeiter ist ebenso wie die Erhaltung eines Arbeiterstammes außerordentlich schwierig. — Die Art der Arbeit bringt es mit sich, daß von den Bauarbeitern wenig Verständnis für betriebswirtschaftliche Fragen erwartet werden kann. Alles was mit Papier und Betriebsverwaltung zusammenhängt, verabscheuen sie, selbst diejenigen Arbeiter, die oft staunenswerte technische Kenntnisse und Fähigkeiten besitzen.

Angestellte. Die allgemeine Organisation ist folgende: Die direkte Baustellenaufsicht und Arbeitskontrolle führen Poliere aus, die in ihrer Stellung als zwischen den Arbeitern und den reinen Angestellten stehend, anzusehen sind. Zum Teil helfen sie selbst mit bei besonders schwierigen Arbeiten. Ihnen übergeordnet sind die Bauführer. Diese beiden Arten von technischem Personal sind auf jeder Baustelle anzutreffen, während die weitergehende Organisation der technischen Angestellten sich nach den einzelnen Betrieben richtet. Die meisten technischen Angestellten haben wenig betriebswirtschaftliches Verständnis selbst in Kreisen der führenden und akademisch gebildeten Angestellten. Darin mag wohl mit die Schuld liegen der schlechten betriebswirtschaftlichen Organisation von jetzt und der Schwierigkeiten für die Zukunft.

a) Maschinen.

Die Verwendung von Maschinen im Baugewerbe ist bereits heute eine der wichtigsten Fragen und wird in Zukunft eine Existenzfrage für das ganze Baugewerbe werden. Es wird sich entscheiden müssen, ob das Baugewerbe sich zu einer Bauindustrie entwickeln kann, oder ob es Gewerbe bleibt. Von einer Bauindustrie kann aber erst dann gesprochen werden, wenn die Maschinenarbeit über die Handarbeit den Sieg davongetragen hat.[1]) Die Schwierigkeiten der Maschinenverwendung sind in verschiedenen Ursachen begründet, und zwar zum großen Teil in der betriebswirtschaftlichen Eigenart des Baugewerbes; da es sich um keine feste Produktion handelt, ist Beweglichkeit der Maschinen erforderlich. Weite Entfernung der einzelnen Baustellen und Schwierigkeit in der Erreichung derselben, daher schwierige Aufstellung und schwere Beschaffung von Betriebsstoffen. Nur Maschinen mit leicht zu beschaffenden Betriebsstoffen können Verwendung finden. Außerordentliche Inanspruchnahme aller Maschinen, wenig sorgfältige Behandlung, schlecht geschultes Personal bringen die Gefahr vieler

---

[1]) „Mayer" Anwendbarkeit der Maschine im Baubetriebe. Vortrag vom 7. Febr. 1927 vor der Deutschen Gesellschaft für Bauingenieurwesen, Berlin.

Störungen mit sich. Störungen sind außerordentlich unangenehm, da deren Behebung geeignete Kräfte und Ersatzteile erfordert, die nur mit großer Mühe bei entlegenenen Baustellen schnell zur Hand sind. Durch die Störung ist ein unangenehmer Aufenthalt im Gesamtarbeitsgang gegeben, um so mehr, als die nicht unwesentliche Handarbeit von der Maschinenarbeit abhängig ist. Bei der Verwendung von maschinellen Einrichtungen kommen 2 Arten in Frage:

1. Zum Transport,
2. Zur direkten Arbeitsausführung.

Nicht selten trifft man Kombinationen beider an. Für die Bewältigung der Transportarbeit ist die Verwendung von Maschinen wegen der Menge und der Größe der Baustoffe außerordentlich wichtig und auch verhältnismäßig leicht durchführbar. Die Arbeitsmaschinen beschränken sich auf Zerkleinerungsarbeit, Mischarbeit, Stampf- und Walzarbeit, ev. noch Eisenbiegen usw. Die Maschinen können keine Spezialmaschinen sein, sondern müssen für allgemeine Leistungen gebaut sein, da sonst die Gefahr besteht, daß sie nach einmaliger Verwendung nicht mehr gebraucht werden können. Auch die Schwierigkeit bei einer eventuellen Auswechselung, Vertauschung von Maschinen ist zu berücksichtigen.

b) Betriebsmittel.

Die zur Erstellung eines Bauwerkes vom Bauherrn aufzubringenden außerordentlich hohen Summen zwingen nicht selten die Bauunternehmung zu finanzieller Beteiligung, d. h. zur Festlegung der Kapitalien auf lange Zeit. Dies verursacht einen großen Kapitalbedarf der Bauunternehmungen. Jeder einzelne Auftrag ist bezüglich der Vor- und Nachkalkulation auf Grund der vereinbarten Zahlungsbedingungen speziell zu behandeln, mit Hilfe von Umsatz- und Zinsberechnungen. Es besteht im Baugewerbe die große Gefahr der Illiquidität. Firmen, die gut fundiert sind, leiden oft an der Geldknappheit, müssen große Kredite aufnehmen und Zinsen verschlingen ihren Gewinn. Nur ganz genaue Finanzierungspläne und genaueste Überwachung der Finanzgebarung der Unternehmung können diese Gefahr vermeiden. Ein anderes Bild bietet sich bei Behördenaufträgen. Insbesondere im Hochbau erfolgen die Zahlungen sehr prompt, ja oft früher, als der Bauunternehmer seine Materialien selbst bezahlt. Größere dauernd erteilte Behördenaufträge können daher zum Teil obige Schwierigkeiten beheben.

Als Ergebnis kann festgestellt werden:

Die Betriebsorganisation ist eine äußerst schwierige, der gesamte Produktionsprozeß ist primitiv und vorübergehend, Fließarbeit ist unmöglich. Eine rationelle Arbeitsweise und deren Kontrolle ist schwer, es greifen viele Arbeiten ineinander. Vorbereitungs- und Ausführungszeit sind meist kurz bemessen im Verhältnis zur Größe des Objektes.

Umsatz im Baugewerbe.

1. Umsatzbegriff. Werner definiert in seiner „Allgemeinen Betriebswirtschaftslehre" den Umsatzbegriff für verschiedene Betriebsformen. Es dürfte als unbestritten gelten, daß unter den dort aufgezählten Betriebsformen das Baugewerbe zu den industriellen Betrieben zu zählen ist. Darnach wäre nach Werner in Anwendung der allgemeinen Definition für diesen speziellen Fall Umsatz die Summe der Verkäufe fertiggestellter Fabrikate der Unternehmung. Der Umsatzbegriff wird vor allem für den Absatz von Fertigfabrikaten angewendet. Da nun im Baugewerbe von einem Arbeiten auf Lager oder auf Vorrat nicht die Rede sein kann, wäre also der Umsatz in seiner Größe auch Summe der ausgeführten Arbeiten. Es wurde ausdrücklich „ausgeführte Arbeiten" gewählt, da sie sich in ihrer Größe für die einzelne Zeitperiode sowohl von den bestellten, als auch von den verrechneten Arbeiten unterscheiden. Die Unterscheidung der bestellten von den ausgeführten Arbeiten kann darin bestehen, daß zu Beginn oder Ende der Rechnungsperiode ein noch nicht ausgeführter Bestand an Bestellungen vorlag. Die Summe der verrechneten Arbeiten kann sich gegenüber den ausgeführten deshalb unterscheiden, weil eine Rechnungsperiode unverrechnete Arbeiten von der vorübergehenden übernehmen, oder aber auch solche an die folgende abgeben kann.

Wenn von Umsatz in einer konkreten Zahl gesprochen wird, ist diese Zahl stets für eine bestimmte Zeitperiode geltend anzusehen. Spricht die Praxis, wie Werner m. R. a. a. O. feststellt, von Umsatz als Ausdruck für untere Betriebsgrößen, so dürfte vom theoretischen Standpunkt aus dies nicht einwandfrei sein, wiewohl daraus zu ersehen ist, daß das Wort Umsatz für die Praxis eine große Bedeutung als Meßzahl gewonnen hat, so daß der Ausdruck Umsatz für Meßzahlen von besonderer Bedeutung angewendet wird, die jedoch gar nicht mit Umsatz identisch sind. Der theoretische Begriff ist klargelegt, so daß nur noch die Frage der praktischen Errechnung von Umsatzzahlen zu lösen bleibt. Da nur die ausgeführten Arbeiten als Umsatz gelten, muß, um nicht noch eine eigene Erfassung der Umsatzbeträge durchführen zu müssen, die Gesamtsumme der in der betreffenden Periode verrechneten Arbeiten herangezogen und entsprechend berichtigt werden. — Der in die betreffende Periode übernommene Bestand muß abgesetzt und die am Ende vorhandenen, noch nicht verrechneten Arbeiten dazu gerechnet werden, also:

Umsatz für Rechnungsperiode AB = Gesamtsumme der verrechneten Arbeiten von Punkt A bis B.
— Bestände an Arbeiten in A. A = Anfangsbestand,
+ Bestände an Arbeiten in B. B = Endbestand.

Der Umsatz sollte nach Möglichkeit, um vergleichsfähige Zahlen zu liefern, in einheitlichen, gleichbleibenden Größen ausgedrückt werden können[1]). Dazu eignen sich am besten Mengenumsätze. Bei der Prüfung, ob solche im Baugewerbe möglich sind, wird sich die Undurchführbarkeit ergeben, da keine einheitlichen Mengen feststellbar sind. Infolgedessen muß an der wertmäßigen Umsatzerrechnung festgehalten werden.

Die Nachteile der wertmäßigen Umsatzerrechnung wirken sich besonders bei Umsatzvergleichen aus:

Bei Anfangs- und Endbeständen müssen meist Schätzungszahlen benutzt werden, so daß hierfür nicht exakte Werte vorliegen. Zu berücksichtigen ist, daß bei Verwendung der Verrechnung der Arbeiten, wie oben vorgeschlagen wurde, Gewinne und Verluste in der Umsatzzahl enthalten sind. Sollten Gewinne und Verluste auch bei Anfangs- und Schlußbeständen berücksichtigt werden, so sind diese Zahlen dafür geeignet. Wenn für die Halbfabrikate eine genaue Feststellung der noch nicht verrechneten Arbeiten zu den dafür vom Kunden zu zahlenden Preisen erfolgt, wird diese Gewinn- oder Verlusterrechnung automatisch mit erfolgen. Im anderen Falle wäre mit den bis zu dem Stichtag entstandenen Selbstkosten zu rechnen, die dann an Stelle des tatsächlich errechneten Erlöses treten würden. Dieses Verfahren wurde wegen seiner Einfachheit — wenigstens bei kurzfristigen Umsatzermittelungen — in der Praxis angetroffen.

Bedeutung der Umsatzzahlen für die Betriebsbeurteilung.

Ist Umsatz allein in der Lage, einer Unternehmung Blühen und Gedeihen zu bringen? Umsatz ohne entsprechenden Gewinn oder gar mit Verlust ist für die Dauer Untergang einer Unternehmung. Großer Umsatz allein kann also noch nicht Barometer für das Wohlergehen einer Unternehmung sein, eine Umsatzzahl kann infolgedessen nicht absolut gewertet werden, sondern nur relativ, also Verhältnisgröße sein. Sie sagt also wertmäßig für wieviel Arbeit durch die Unternehmung verrechnet wurde.

Unter gewissen Einschränkungen kann von der Umsatzgröße auf die Produktionsgröße geschlossen werden. Als Produktionsgröße im Baugewerbe soll alles das angesehen werden, was im eigenen Betrieb hergestellt wird. Sind bei den verrechneten Arbeiten nur solche des eigenen Betriebes? Wenn auch schlüsselfertige Häuser dabei waren, nicht. Nachdem aber im allgemeinen auch an diesen Arbeiten ein, wenn auch bescheidener Verdienst bleibt, so ist dieser Vorgang eigentlich als ein Handelsgeschäft in gewissem Sinne anzusehen. Zur Umsatzzahl gehören diese Beträge für weiter vergebene Arbeiten wohl, wenngleich dadurch die von der Umsatzzahl auf die Produktion zu ziehenden Ver-

---

[1]) Werner „Allgemeine Betriebswirtschaftslehre" Band I, S. 63.

gleiche mehrerer Zeitperioden nur unter dem Vorbehalt einer ungefähr gleichen Größe von weitervergebenen Arbeiten gemacht werden können. Als praktisches Beispiel:

			Davon eig. Arbeiten
Umsatz der Unternehmung	1926	M. 1000000.—	M. 750000.—
„ „ „	1927	„ 1500000.—	„ 1000000.—
„ „ „	1928	„ 2000000.—	„ 1200000.—

Die Differenz dürfte in einer großen Zahl von weitervergebenen Arbeiten liegen.

Ohne dadurch den anerkannten Wert der Umsatzzahl als Vergleichsmaßstab herabzusetzen, ist doch im Baugewerbe bei Rückschlüssen vom Umsatz auf die Produktionsgröße mit Vorsicht zu verfahren. Die Umsatzzahlen der einzelnen Rechnungsperioden können unter Berücksichtigung obiger Einschränkung wertvolle Maßstäbe für den Beschäftigungsgrad sein, dessen Bedeutung für das Baugewerbe in einem späteren Kapitel behandelt werden wird.

II. Kapitel.

Das Rechnungswesen im Baugewerbe.

Aufgaben des Rechnungswesens im Baugewerbe.

Es sind innerbetriebliche und außerbetriebliche Aufgaben zu unterscheiden.

1. Außerbetrieblich stellt das Rechnungswesen die zahlenmäßige Verbindung mit Kunden und Lieferanten durch das Kontokorrent her. Es ist erforderlich, jeweils rechtzeitig Guthaben festzustellen, sie anzufordern und ebenso Forderungen rechtzeitig zu begleichen. Damit verbunden ist die ständige Überwachung der Zahlungsfähigkeit der Kunden. Die Gefahr der Überschreitung eines Kredites ist außerordentlich leicht gegeben, weil die Rechnungen immer erst nach Vollendung größerer Arbeiten erstellt werden. Ausarbeitung von Finanzplänen auf längere Sicht ist erforderlich. Der starke Kapitalbedarf zwingt das Baugewerbe dazu, ganz genaue Finanzpläne festzulegen. Das Rechnungswesen liefert ferner die Unterlagen zu der bereits geschilderten Umsatzberechnung. Die Aufstellung von Vermögensrechnungen ist außerordentlich wichtig. Guthaben und Schulden werden bei dieser Aufstellung stets durch das Rechnungswesen festgestellt. Die Errechnung des Jahreserfolges geschieht durch das Rechnungswesen. Bei Gesellschaften fällt dieser Ertragsberechnung besondere Bedeutung zu, da auf ihr eventuelle Gewinnverteilungen basieren.

Fragen der Preispolitik. Auf deren Einzelheiten wird in den späteren Abschnitten noch näher einzugehen sein.

2. Die innerbetrieblichen Aufgaben des Rechnungswesens bestehen darin, den gesamten Güterkreislauf von dem Augenblick des Eintritts der Güter in die Unternehmung bis zu ihrer Ausscheidung mengen- und wertmäßig zu erfassen, zu kontrollieren und zu verrechnen. Diese Erfassung, Kontrolle und Verrechnung geschieht nach verschiedenen Gesichtspunkten. In erster Linie interessiert uns hier der von einer Unternehmung für die Produktion gemachte Aufwand.

Gesamtaufwand in den einzelnen Rechnungsperioden. Das Rechnungswesen faßt sämtlichen, eine bestimmte Rechnungsperiode betreffenden, gleichgearteten Aufwand zusammen.

Die Zusammenstellung des Aufwandes für eine bestimmte Zeitperiode gibt uns in der Gegenwart die Möglichkeit des Vergleiches im Verhältnis der Höhe zueinander und der Feststellung eventueller Verlustquellen in dem Unternehmen. Gleichzeitig besteht auch die Möglichkeit des Vergleiches mit der Vergangenheit durch Zuhilfenahme früherer Aufwandsaufstellungen. Diese Vergleiche lassen außerordentlich wertvolle Schlüsse auf die Betriebsgebarung der Unternehmung zu. Für die Zukunft gibt die Zeitkostenaufstellung wertvolle Fingerzeige für die Aufstellung von Kostenbudgets und Haushaltsplänen, über die noch an anderer Stelle Näheres zu berichten sein wird.

Die Feststellung der „Kosten für das einzelne Stück" erfolgt zu verschiedener Zeit. Man unterscheidet darnach Vor-, Zwischen- und Nachkalkulation.

Die Vorkalkulation ist erforderlich für jeden Spezialauftrag. Sie ist zunächst Mittel für die Preispolitik. Bei einer ev. späteren Auftragsausführung ist sie wertvolles Kontrollmittel.

Die Nachkalkulation liefert die genauen Angaben derjenigen Tatsachen, die in der Vorkalkulation geschätzt wurden. Daher wird sie mit Recht als Korrekturfaktor der Vorkalkulation bezeichnet. Die Aufgabe der Nachkalkulation besteht darin, sowohl mengen- wie wertmäßig sämtliche zur Herstellung eines Auftrages notwendig gewesenen Aufwendungen festzustellen. Durch die mengenmäßige Feststellung ist eine genaue Verfolgung der wirtschaftlichen Betriebsführung gegeben.

Wie wichtig die Nachkalkulation ist, kann aus folgendem Auszug aus dem Bericht des Konkursverwalters der Bauhütte Waldenburg ersehen werden[1]):

> „Die Nachprüfung der Submissionsunterlagen hat ergeben, daß diese als normal zu bezeichnen sind. Man kann nicht sagen, daß Preisangebote abgegeben worden wären, die als unhaltbar angesehen werden müßten. — —
>
> Die Geschäftsleitung hat total versagt, Rentabilitätsberechnungen und Nachkalkulationen seien niemals aufgestellt worden; es sei daher nicht verwunderlich, daß irgendwelche Verlustquellen nicht aufgedeckt werden konnten. — —"

Ein Unternehmen mit Aufträgen, angemessenen Preisen, geht zugrunde, weil Verlustquellen nicht rechtzeitig aufgedeckt werden konnten. Gibt es Argumente, die deutlicher für die Notwendigkeit eines geordneten Rechnungswesens im Baugewerbe sprechen, als die wenigen Zeilen im Bericht eines Konkursverwalters?

Feststellung des Ertrages.

1. Für die Gesamtunternehmung erfolgt in der Gewinn- und Verlustrechnung die Ertragsfeststellung. Sie hat die Aufgabe, den

[1]) Das Baugewerbe 1928, Nr. 9.

Erfolg, den die Unternehmung in einer Rechnungsperiode erzielte, festzustellen. Innerbetrieblich hat diese Feststellung die Bedeutung, daß sie dadurch die gesamte Unternehmung kontrolliert.

2. Für das einzelne Stück muß — wenigstens rechnungsmäßig — der Ertrag festgestellt werden. Es ist jedoch zu berücksichtigen, daß die Ergebnisse der einzelnen Stücke in ihrer Gesamtheit nicht den Ertrag für die Gesamtunternehmung darstellen, daß also eine diesbezügliche Verquickung der Ertragsberechnung für das einzelne Stück mit der Ertragsberechnung für die gesamte Unternehmung nicht durchführbar ist.

Vergleich.

Das Rechnungswesen hat die Aufgabe, das Zahlenmaterial für Vergleiche zu liefern. Als solche Vergleichsmöglichkeiten kommen in Frage:

1. Vergleiche der einzelnen Rechnungsperioden der gleichen Unternehmung.
2. Vergleiche einzelner Unternehmungen.

Auf diese Weise sollen wieder wertvolle Kontrollmittel geschaffen werden.

Die Ergebnisse der bisher geschilderten Aufgaben liefern tote Zahlen, deren Auswertung jedoch für jede Unternehmung erst wirklich Früchte zeitigt.

Preispolitik. Von größter Bedeutung sind die gewonnenen Ergebnisse für die Preispolitik. Sie liefern zunächst die Offertpreise, kennzeichnen deren Zusammensetzung in der Verrechnung, prüfen sie in der Zwischen- und Nachrechnung. Letztere läßt Erfahrungen sammeln für zukünftige Preisstellungen. Eventuelle Verlustgeschäfte werden erkannt und können in Zukunft vermieden werden. Das Rechnungswesen liefert Unterlagen für Preisbildungen bei Unter- und Überbeschäftigung. Der enge Zusammenhang geht so weit, daß behauptet werden kann: Ohne richtiges Rechnungswesen keine richtige Preispolitik.

Kontrolle der Betriebsführung wird nur durch ein exaktes Rechnungswesen ermöglicht, wenn ein Unternehmen in seiner Größe über den Kleinbetrieb hinausragt. Aufdeckung von Sparmaßnahmen, Verlustquellen, Nachprüfung ob wirtschaftlich gearbeitet wird, sind einige Möglichkeiten der Kontrolle mit richtigem Rechnungswesen. Die Vielseitigkeit und der Wert solcher Kontrollen ergeben sich am deutlichsten in der Praxis. Nur diejenige Unternehmung lernt diese unschätzbaren Vorteile kennen, die über ein solches Rechnungswesen verfügt. Diesem Rechnungswesen, seinem Aufbau, seiner Verwendbarkeit, seinem Ergebnis, sollen die folgenden Abschnitte gewidmet sein.

Gliederung des Gesamtrechnungswesens.

Bei der Betrachtung der Aufgaben des Rechnungswesens wurde zwischen außer- und innerbetrieblichen Aufgaben unterschieden. Die Gliederung des Rechnungswesens erfolgt nach ähnlichen Gesichtspunkten.

Die **kaufmännische Buchhaltung** (manchmal auch Geschäfts- oder Finanzbuchhaltung genannt) umfaßt die Finanz- und Kapitalverhältnisse. In ihr wird der Zeitmaßstab angewandt. Er zerlegt das kontinuierliche, fortlaufende Leben einer Unternehmung in einzelne Teile, in Rechnungsperioden. Reine Zeiteinteilung ist für diese Abgrenzung maßgebend. Die Buchhaltung als solche stellt für jede dieser einzelnen Zeitperioden das Vermögen zu Beginn und am Ende fest — Eröffnungs- und Schlußbilanz —, ferner das Vermögen zu besonderen Anlässen (Liquidationsbilanz, Sanierungsbilanz usw.) und den Erfolg für jede dieser Perioden durch die Erfolgsrechnung. Um dies zu können, muß sie das Leben der gesamten Unternehmung während der Rechnungsperiode verfolgen und deren Gesamtverkehr mit der Außenwelt — mit den übrigen Wirtschaften — erfassen. Wie groß nun die Zeitperiode gewählt wird, ist Sache der einzelnen Unternehmung. Für die Aufstellung der Bilanz, ebenso der Gewinn- und Verlustrechnung, wird das Jahr als Maßstab genommen. (Gesetzliche Vorschriften des H.G.B.!) Es bleibt jedoch unbenommen, insbesondere eine eventuelle kurzfristige Erfolgsrechnung für kürzere Zeit aufzustellen. Darüber wird im 4. Kapitel noch ausführlicher die Rede sein.

Die Erfüllung der innerbetrieblichen Aufgaben fällt der

Betriebsbuchhaltung

zu.

Ecker in seiner Dissertation über Kostenrechnung in der Brauerei[1]) trifft die Abgrenzung folgendermaßen: Er bringt folgendes Kontenschema:

Anlage, Geld, Forderungen, Schulden.
Waren, Einkauf, Lohn, Unkosten.
Waren, Erlös, Ergebnis.

Die Betriebsbuchhaltung schiebt nun zwischen den Güterwert die Darstellung des Güterverkehrs im Gesamtbetriebe ein. Die Betriebsbuchhaltung übernimmt also die genaue Verfolgung der einzelnen Betriebsvorgänge, die Überwachung der Einzelbetriebe, was im Baugewerbe sehr wichtig ist. Kurz gesagt ist die Betriebsbuchhaltung die Buchhaltung der „Fabrikation".

Die Selbstkostenrechnung oder Stückrechnung.

Im Baugewerbe mit seiner ausschließlichen Einzelfertigung interessiert insbesondere die Frage nach den Kosten für das Stück. Bei dieser Fragestellung scheidet jede andere Betrachtungsweise gegenüber der Betrachtung nach dem Objekt aus. Die Selbstkostenrechnung wird daher als Objekt- oder Stückrechnung bezeichnet, im Gegensatz zur Buchhaltung als Zeitrechnung. Selbstverständlich gibt es auch

[1]) Ecker München. Techn. Hochschule, Dissertation: „Kostenrechnung in der Brauerei". 1926.

in der Selbstkostenrechnung Zeitprobleme, die sich jedoch auf die zeitliche Divergenz zwischen Produktion des Stückes und Aufstellung der Selbstkostenrechnung hinauslaufen.

Statistik.

Das Ergebnis dieser geschilderten Rechnungszweige, sowohl der Buchhaltung, als auch der Selbstkostenrechnung stehen für jede Betrachtungsgröße für sich allein da. Wertvoll für den Betriebswirtschafter wird es besonders durch Vergleich mit anderen, gleichwertigen Größen.

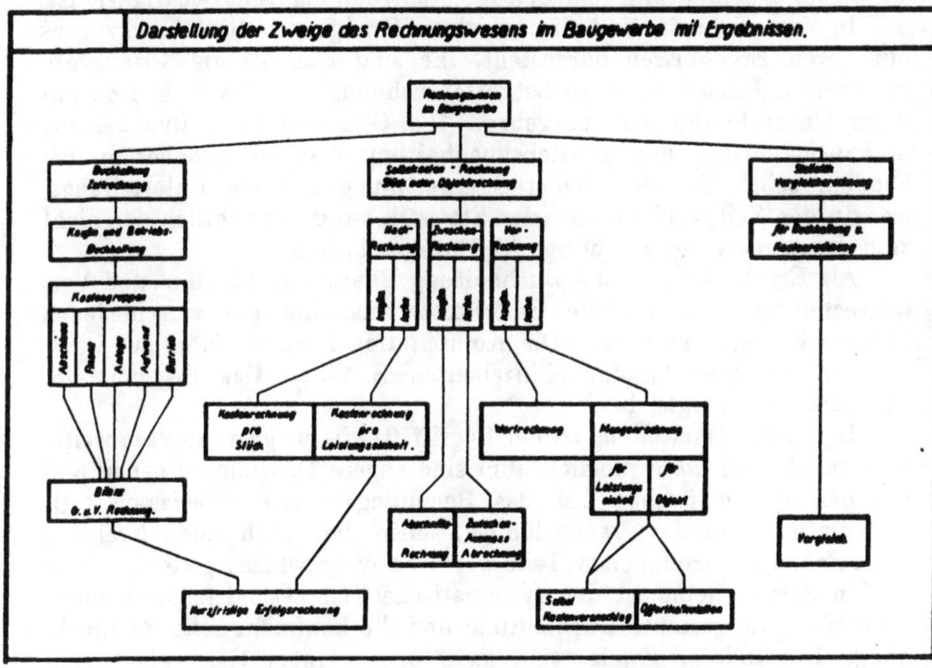

Abb. 2.

Diese Aufgabe fällt der Statistik zu, die Geldmacher[1]) als vergleichende Rechnungsmethode bezeichnet. Sie umfaßt gleichermaßen jeden Teil des Rechnungswesens, sowohl Buchhaltung wie Selbstkostenrechnung und über den Rahmen des Rechnungswesens hinaus, Betriebsstatistik usw. Als Vergleichsobjekt kann entweder das eigene Unternehmen oder eine fremde Unternehmung dienen. Beim Vergleich innerhalb des eigenen Unternehmens kann die einzelne Rechnungsperiode in der Buchhaltung als Vergleichsmaßstab gelten. Es werden die verschiedensten durch die Buchhaltung gewonnenen Zahlen einander gegenübergestellt. Der Vergleich mit anderen Unternehmungen ist im Baugewerbe

[1]) Geldmacher, Betriebswirtschaftslehre S. 26.

noch außerordentlich problematischer Natur. Für einzelne Zweige der Selbstkostenrechnung, insbesondere Unkostenzuschläge und ähnliches, wäre eine Zusammenarbeit mit anderen Unternehmungen von großer Wichtigkeit. Geheimniskrämerei und Eigensinn lassen dies heute jedoch noch nicht zu. Lediglich bei den Bauhütten, die im Verband sozialer Baubetriebe zusammengeschlossen sind, wird versucht, von den Betrieben Vergleichsmaßstäbe zu gewinnen. Möglich ist dies jedoch nur, wenn die einzelnen Unterlagen der beteiligten Firmen gleichmäßig aufgebaut sind. Für die vorliegende Arbeit hat die Statistik nur insoweit Interesse, als sie für Buchhaltung und Selbstkostenrechnung von Wichtigkeit ist.

In dem Schema sind die einzelnen Zweige des Rechnungswesens mit deren Ergebnissen dargestellt. Es sind also als die 3 Hauptabzweigungen Buchhaltung, Selbstkostenrechnung und Statistik, jede mit ihren Unterabteilungen angegeben. Die Gliederung der Buchhaltung in kaufmännische und Betriebsbuchhaltung wird noch näher zu behandeln sein. Bei der Selbstkostenrechnung gilt als Unterteilungsprinzip das Zeitproblem. Bei der Statistik wurde absichtlich der nicht zum Rechnungswesen gehörige Teil ausgeschieden.

Als Ergebnis ergibt die Buchhaltung Bilanz und Gewinn- und Verlustrechnung, während die Selbstkostenrechnung die verschiedenen Stückrechnungen aufweist. Die Kombination letzterer führt zur kurzfristigen Erfolgsrechnung. (Einzelheiten S. 143!) Das Ergebnis der Statistik sind Vergleiche.

In voriger Darstellung ist der Begriff Rechnungswesen am weitesten gefaßt. Es wäre möglich, ihm eine engere Deutung zu geben und nur den systematischen Teil des Rechnungswesens zu erfassen. Als systematisch soll das Zwangsläufige, sollen die durch einen Kreislauf untereinander verbundenen Teile des Rechnungswesens gelten.

In dem Schema ist der systematische Teil besonders angedeutet. Er umfaßt die gesamte Buchhaltung und die kaufmännische Nachrechnung. Die anderen Zweige sind mehr oder weniger Gelegenheitsrechnungen und scheiden hier aus.

Die Buchhaltung.

Bei der Behandlung der Buchhaltung soll im folgenden die Gliederung nach kaufmännischer und Betriebsbuchhaltung unberücksichtigt bleiben, da die Abgrenzung beweglich ist und in allen möglichen Variationen vorkommt. Die Gliederung soll nach Kontengruppen erfolgen. Der Kontenplan, das wichtigste Gerippe jeder Buchhaltung, umfaßt verschiedene Kontengruppen. Die Bildung von Kontengruppen soll den Zweck haben, ihrem Wesen nach verwandte Konten zusammenzufassen und so den Überblick zu erleichtern.

Zur Beobachtung des Vermögens der Unternehmung für ihre Schuld- und Geldverhältnisse müssen Kontengruppen gebildet werden.

Doch werden diese im Gesamtplan nicht den Hauptraum in Anspruch nehmen können, nachdem bei aller Wichtigkeit der Finanzierungsfragen diese doch nicht Selbstzweck im Baugewerbe sein können. Fragen von Aufwand und Ertrag, Betriebsergebnisse usw. interessieren hier in erster Linie.

Es sollen aus diesen Erwägungen heraus folgende Kontengruppen gebildet werden:

Kontengruppe der Abschlußkonten,
" " Finanzkonten,
" " Anlagekonten,
mehrere Kontengruppen der Aufwandskonten,
Kontengruppe der Betriebskonten.

Bei der Betrachtung eines speziellen Industriezweiges wie in unserem vorliegenden Fall kann eine weitgehende Behandlung der überall vorkommenden Kontengruppen unterbleiben und nur die speziellen Kontengruppen weitestgehend behandelt werden.

Finanzkonten.

Dazu gehören in erster Linie sämtliche den Geldverkehr betreffenden Einzelkonten:

Kasse,
Bank,
Postscheck,
ferner Debitoren und Kreditoren,
Wechsel und Akzepte.
Hypotheken.

Debitoren und Kreditoren.

Die Schilderung der betriebswirtschaftlichen Eigenart im Baugewerbe hat bereits gezeigt, daß es sich um große Auftragssummen, aber meist wenig Aufträge handelt. Infolgedessen sind auf dem einzelnen Debitorenkonto meist große Umsätze, aber verhältnismäßig wenig Debitorenkonten anzutreffen. Insbesondere interessiert hier die Frage der Behandlung von Abschlagszahlungen. Bis zur endgültigen Abrechnung werden für größere Aufträge fast ausnahmslos Abschlagszahlungen von den Debitoren geleistet. Nicht selten werden für den gleichen Debitor zu gleicher Zeit mehrere Aufträge ausgeführt — insbesondere bei Behörden —, so daß zu gleicher Zeit für die verschiedenen Aufträge Abschlagszahlungen gemacht werden. In der Praxis hat sich in manchen Betrieben die Gewohnheit herausgebildet, für jeden dieser Aufträge ein eigenes Debitorenkonto einzurichten. Der Vorteil besteht darin, daß jeder Auftrag für sich abgeschlossen werden kann. Im übrigen weisen die einzelnen Finanzkonten des Rechnungswesens im Baugewerbe gegenüber den Rechnungswesen anderer Branchen keine Besonderheiten auf.

Anlagekonten.

In dieser Kontengruppe sind die Gebrauchsgüter zusammengefaßt, also alle jene Einrichtungsgegenstände, die mittelbar oder unmittelbar zur Herstellung eines bestimmten Produktes erforderlich sind.

Als solche Anlagegegenstände kommen in Frage:

Grundstücke,
Gebäude,
Maschinen und maschinelle Einrichtungen,
Werkzeuge,
Inventar,
Fuhrpark.

Selbstverständlich kann nicht für jeden Einzelgegenstand ein Konto gebildet werden, z. B. für jede Maschine und für jeden Schuppen. Diese Detailfeststellungen sind Aufgabe des Inventarbuches oder der Inventarkartei. Die in der Buchhaltung vorzunehmende Zusammenfassung muß nach folgenden Gesichtspunkten geschehen:

Die zusammenfassenden Anlagegegenstände müssen nach ihrer Art, Beschaffenheit, Material gleich, oder wenigstens ähnlich sein. Dadurch soll erreicht werden, daß in normalen Fällen gleiche Abschreibungsquoten für die in einer Gruppe zusammengefaßten Anlagen Anwendung finden.

Auch bezüglich der späteren Reparaturbedürftigkeit ist darauf zu achten, falls Reparaturen durch Umlegung in einer Gruppe aufgeteilt werden.

Grundstücke.

Bei dieser Betrachtung scheiden von vornherein diejenigen Grundstücke und Gebäude aus, die von einer Unternehmung als Spekulationsobjekt behandelt werden und nicht der Fertigung in irgendeiner Weise dienen. Wenn die Unternehmung diese Anlagen nicht in einer eigenen selbständigen Grundstückverwertungsgesellschaft behandelt, so muß doch wenigstens die buchmäßige Behandlung eine von den Betriebsanlagen vollkommen getrennte sein. Bezüglich der Betriebsgrundstücke sind noch diejenigen auszusondern, die zugunsten irgendeines Nebenbetriebes einer Ausbeute unterliegen (Ziegelei, Sand- und Kiesgruben). Diese Grundstücke müssen kontenmäßig eigens behandelt werden, da bei ihnen ein Verbrauch vorliegt, dessen Bewertung nach anderen Grundsätzen erfolgen muß, als die bei gewöhnlichen Abschreibungen. Für diese Ausbeuteermittelungen wird im allgemeinen ein Anfangswert ermittelt vor der Ausbeute und die Größe der Ausbeute insgesamt. Der auf das betreffende Jahr entfallende Anteil der gesamten, mutmaßlich erreichbaren Ausbeute wird dem betreffenden Jahr zur Last geschrieben. Einzelheiten darüber würden zu weit führen.

Gebäude.

Bei Gebäuden dürfte die Bauart als grundlegender Gruppierungsgesichtspunkt in Frage kommen. Als Massivgebäude kommen in den meisten Fällen in Frage: Verwaltungsgebäude, Magazingebäude und Produktionsstätten für Nebenbetriebe. Das Bauhauptgewerbe benötigt in den meisten Fällen einfache Lagerschuppen und kann auf massive Gebäude verzichten.

Aufwandskonten.

„Aufwand ist das, was die Unternehmung dem Markt entnimmt, ebenso wie ihre gesamte Tätigkeit, um marktreife, konsumptible Güter herzustellen[1])".

Ein Teil dieser Aufwendungen wird bei der Produktion verbraucht. Dabei ist zu unterscheiden:

sachlicher Aufwand: Materialien usw.

persönlicher Aufwand: menschliche Arbeitskraft.

Durch die Verwendung der Gebrauchsgüter zum Zwecke der Produktion entstehen auch Aufwendungen. Die Abschreibungen sind der buchmäßige Ausdruck dafür. Zu den Gebrauchsgütern in diesem Sinne zählen die in der vorhergehenden Kontengruppe geschilderten Anlagen, außerdem sind in diesem Zusammenhange auch ev. dem Unternehmen gegebene Kredite, Hypotheken usw. zu erwähnen, für die das Unternehmen Zinsen bezahlen muß. Zinsen — selbstverständlich nur effektiv bezahlte und keine Verrechnungszahlen — gehören in diese Gruppe.

Eine weitere Betrachtungsweise bei der Einzelfabrikation ist zu berücksichtigen, und zwar das Verhältnis des Verbrauchs- und des Gebrauchsaufwandes zu den Kosten für das einzelne Stück. Allgemein läßt sich feststellen, daß der Verbrauchsaufwand sowohl direkte wie indirekte Kosten darstellen kann, während der Gebrauchsaufwand zu den indirekten Kosten gehört, da er in Einzelheit niemals einem speziellen Stück nachgewiesen werden kann.

Verschiedene Aufwandskonten sind gleichzeitig Bestandskonten:

1. Material.
2. Lohnkonto bei unverrechneten Lohnposten.
3. Unkosten, wenn solche bereits entrichtet, aber für eine erst folgende Rechnungsperiode bestimmt sind. (Feuerversicherung, im voraus bezahlte Miete oder Zinsen.) Dabei kann es sich nicht um reine Bestände handeln, sondern selbstverständlich nur um rechnungsmäßige bezüglich der Abgrenzung der einzelnen Rechnungsperioden voneinander.

Kalveram bildet dafür eine eigene Kontengruppe unter dem Begriff Vorräte. Im Sinne der möglichsten Vereinfachung des Konten-

---

[1]) Kalveram, Handelshochschule S. 289.

planes wurde davon abgesehen, für diese Vorräte und unverrechneten Aufwendungen eine eigene Kontengruppe einzuschieben. Die Bildung ev. Bestandskonten in der Aufwandskontengruppe bleibt unbenommen.

Die hier gewählte „Aufwandskontenreihe" charakterisiert sich daher wie folgt:

1. Sie sammelt den Aufwand nach Arten, d. h. es wird stets gleichartiger Aufwand zusammengenommen. (Buchungen im Soll des Kontos.)
2. Verteilung des Aufwandes nach Kostenstellen bzw. Trägern nach den durch die Selbstkostenrechnung gelieferten Unterlagen. (Buchungen im Haben in Sammelposten.)
3. Ev. Sollsaldo: Buchbestände. Es muß bei der Verwendung dieser Bestände stets darauf geachtet werden, daß es sich hier um rein wertmäßige Salden handelt, die in keiner Weise mit Skontren übereinstimmen müssen, oder dieselben ersetzen und eine Inventur überflüssig machen können.

Als Hauptgliederungspunkt ist die Gliederung nach Arten vorzunehmen. Die Gliederung dieser Kontengruppe nach direktem und indirektem Aufwand erscheint für den ersten Augenblick bestechend, ist jedoch praktisch undurchführbar. Am deutlichsten läßt sich diese Erscheinung beim Material nachweisen. Als Beispiel dienen Schalbretter. Beim Einkauf weiß die Unternehmung noch nicht genau, zu welchem Zweck die Bretter verwendet werden. Sie können entweder zu Schalung benützt werden — direkter, auf den einzelnen Auftrag verrechenbarer Aufwand — oder auch zu transportablem Bauzaun verwendet werden, der an verschiedenen Baustellen benützt wird und dessen Kosten auf die einzelnen Baustellen aufzuteilen sind — indirekter Aufwand —. Daher erscheint die Gliederung des Aufwandes nach Arten zweckmäßiger.

An Hauptarten kommen in Frage:

Material,
Dienstleistungen,
Sonderkosten,
Unkosten.

Material in der Buchhaltung.

Die Buchhaltung bringt in erster Linie das Material geordnet nach Arten. Dafür soll die Unterteilung des A.W.F.[1]) in dessen Grundplan beibehalten werden. In zweiter Linie interessiert die Form der Verbuchung.

---

[1]) A.W.F. = Ausschuß für wirtschaftliche Fertigung, Grundplan der Selbstkostenrechnung.

I. Fertigungsmaterial

sind diejenigen Rohstoffe, die direkt in das Erzeugnis hineingearbeitet werden.

Es kommen im Baugewerbe hierfür hauptsächlich in Frage:

Kies,	Zement,	Steine,
Sand,	Kalk,	Holz in verschiedenen Arten
Lehm,	Eisen,	und Zuschnitten,

II. Fertig bezogene Teile.

Hausteine,
Normenfenster,
Innenausstattungsgegenstände: Waschkessel, Einbauschränke usw.

Unter diesen Punkt fallen in der Hauptsache jene Materialien, die entweder als Massenartikel in Spezialfabrikation billiger hergestellt werden können, als im eigenen Betrieb: Beispiel Kunststeine, Normentüren und Fenster, fertige eiserne Türzargen (zum Einbauen) oder solche Teile, deren Herstellung nicht zum engeren Baugewerbe gehört, dessen Mitlieferung bzw. Einbauung vom Auftraggeber verlangt wird, z. B. Einbau sanitärer Artikel.

III. Betriebsmaterial

ist solches Material, das nur mittelbar der Fertigung dient. Dazu gehört:

Material für Neben- und Hilfsbetriebe,
Material, das für die Erzeugung mehrerer Produkte Verwendung finden kann.

Unter diese Abteilung gehören u. a. auch solche, die ihrem Charakter nach als Anlagegegenstände anzusprechen wären, wenn ihre Lebensdauer mehr als 1 Jahr beträgt. Würde man z. B. solche Werkzeuge als Anlagegegenstände behandeln, müßten sie mit 100% abgeschrieben werden, würden also dadurch mit ihrem vollen Anschaffungswert in einem Jahr doch in die Aufwandsreihe kommen über den Umweg der Abschreibung. Die Arbeit einer doppelten Buchung kann durch sofortige Verbuchung als Aufwand erspart werden.

Gerüstholz.

Diese Entscheidung dürfte auch wichtig sein für die Behandlung des Gerüstholzes. Das Gerüstholz spielt im Baugewerbe eine wichtige Rolle. Unter Gerüstholz soll im folgenden im Gegensatz zu der mir in der Praxis teilweise begegneten engeren Begriffsbestimmung

1. alles für Einstellen und Einschalen für Beton- und Eisenbetonarbeiten erforderliche Holzmaterial,
2. alles für Stütz-, Absprieß- und sonstige Hilfsarbeiten erforderliche Holz

verstanden sein. Zum Teil versteht man nur das unter 2. Genannte als Gerüstholz.

Die Abnützung des Gerüstholzes ist

1. durch natürlichen Verschleiß,
   a) durch dauerndes Anpassen in bezug auf Größe an die augenblicklich gegebenen Ausmaße des betreffenden Baues („Verschnitt" genannt),
2. durch Verlieren, Zerstören, Diebstahl usw.

bedingt. Die Abnützung der einzelnen Gerüsthölzer ist eine sehr verschiedene. Sie ist sowohl von der einzelnen Beanspruchung, als auch von der Häufigkeit der Verwendung abhängig. Theoretisch zweckmäßig würde es erscheinen, vielleicht genauestens nach Arten weiterhin zu unterscheiden und zu gliedern. Der theoretische Vorteil wäre der, daß es sich ermöglichen ließe, genauer die Abnützung festzustellen. Praktisch ist dieses Verfahren zu kompliziert, so daß seine Durchführung einen zu großen Kostenaufwand verursacht, weshalb auf eine Kenntnis dieser Tatsachen — wenn sie auch wünschenswert wäre —, verzichtet werden muß. Man ist darauf angewiesen, Einzelbeobachtungen anzustellen und dadurch Erfahrungssätze zu sammeln. Gelangt man nun zu der Ansicht, daß auf Grund dieser Erfahrungssätze die „Lebensdauer" des Gerüstholzes unter einem Jahr liegt, so wäre es unter Aufwand, wenn sie über einem Jahr liegt, unter Anlagen zu erfassen. Der Begriff Lebensdauer ist für diesen speziellen Zweck einer genaueren Prüfung zu unterziehen. Man muß sich darüber klar sein, daß es sich bei der Erfassung der einzelnen Gerüstholzarten um Gattungen und nicht Einzelstücke handelt. Es kann nicht jeder einzelne Gerüstdiel in seiner verschiedensten Verwendung bis zu seinem Ende verfolgt werden. Es ist vielmehr erforderlich, die Gattung „Gerüstdiele" zu verfolgen. Die Feststellung des Anfangsbestandes und der Zugänge ist leicht. Bezüglich der Abgänge ist wohl die Differenzmethode angebracht. Es ist ferner zu berücksichtigen, daß in dem üblichen Abschreibungsbegriff lediglich eine Wertverrechnung enthalten ist, während beim Gerüstholz einerseits ein Mengenverlust, durch Verschnitt usw. und ein Wertverlust durch Verschleiß gegeben ist. Insofern ist in dem üblichen Abschreibungssatz, der sich durch die Differenzmethode ergibt, Wert- und Mengenminderung enthalten. Die grundlegende Unterscheidung am Anfang dieses Kapitels nach Gebrauch und Verbrauch ist also hier praktisch in Form einer Trennung undurchführbar.

Materialbewegung in der Buchhaltung.

Die Materialeingänge ergeben die Soll-Buchungen für die Materialkonten. Ins Haben werden die Materialausgänge in Sammelposten gebucht. (Rückbuchungen werden hier nicht beachtet.)

Die Feststellung dieser Sammelposten kann erfolgen durch:

1. Aufaddition der durch die Selbstkostenrechnung einzeln zu erfassenden Materialausgänge.
2. Differenzmethode.

Bei dieser Methode besteht keine Kontrolle, ob die festgestellte Differenz gleich dem tatsächlichen Aufwand ist. Bei Methode (1) ist dies möglich. Der nach Verbuchung der Materialausgänge verbleibende Saldo stellt den buchmäßigen Bestand dar. Eine Abweichung desselben von der tatsächlichen, durch Inventur festgestellten Menge kann folgende Ursachen haben:

1. Wertdifferenz. In der Inventur ist der „tatsächliche" Wert einzusetzen. Weicht derselbe infolge irgendwelcher Preisschwankungen nach oben ab, erscheint der Inventurwert höher, also der tatsächliche Bestand ist größer als der Buchbestand; bei Fallen der Preise umgekehrt.

2. Mengendifferenz. Kann durch fehlerhaftes Erfassen der Materialausgänge, durch Veruntreuungen usw. begründet sein. Die beiden Differenzquellen können sich gegenseitig kompensieren. Es muß daher für jede einzelne Materialart genaue Mengenrechnung geführt werden und dem Inventurwert gegenübergestellt werden. Dann ist es möglich, ev. Mengen- und Preisdifferenz zu analysieren.

Mögliche Formen der Materialkonten.

Die Materialverbuchung kann in einfachen, aber auch in differenzierten Formen vorgenommen werden. Letztere haben den Zweck, die gesamte Materialgebarung der Unternehmung auf das Genaueste zu überwachen. Dazu gehört neben der Überwachung der Materialverwaltung auch die Überwachung des Materialeinkaufs. Kontenmäßig kommt jedoch nur eine Wertkontrolle in Frage. Eine mengenmäßige Prüfung muß durch die Lagerbuchhaltung erfolgen. Die einzelnen möglichen Formen sind folgende:

I. Einfache Form.

Material-Konto

A. Bestand	Schlußbestand
Zugänge	Differenz = Verbrauch
	(Nach d. Diffenzmethode)

II. Form (Überwachung von Einkauf und Verwendung).

Material-Einkaufskonto

Zugänge	Abgänge
Gewinne	Verluste

↘ (Abgänge → Zugänge)

Material-Verwendungskonto

Anfangsbestand	Kundenaufträge
Zugänge	Anlagenaufträge
	Vorratsaufträge
	Schlußbestand

Die in dieser Form fehlende Kontrolle über Materialverwaltung kann mit der Mengenverrechnung (Lagerkartei, Lagerbuch usw.) durchgeführt werden. Auch kontenmäßig wird sie erreicht in der

III. Form (Überwachung von Einkauf, Verwaltung und Verwendung).

Material-Einkaufskonto		**Materialverwaltungskonto**		**Materialverwendungskonto**	
Zugang Bezugskosten	Abgänge	Anfangsbestand Zugänge Rücklieferung Gewinn	Abgänge Endbestand Verlust	Anfangsbestand Gewinn Zugänge	Kundenaufträge Rücklieferungen Schlußbestand Verlust

Es bleibt nun noch zu prüfen, welche von diesen möglichen Formen sich für den speziellen Zweck eignen.

Die III. Form ist dann zweckmäßig, wenn alle Materialien über Lager gehen. Da aber im allgemeinen der direkte Bezug an die Baustelle vorkommt und die Lagerverwaltung nur einen Teil des gesamten Materialbedarfs erfaßt, wird man auf das Konto Materialverwaltung verzichten können.

Die II. Form prüft speziell den Einkauf und eignet sich wohl besser für das Baugewerbe als Form III. Über dieses Einkaufskonto würden dann alle getätigten Einkäufe gehen, ohne Unterscheidung von Lager- und Baustellenlieferungen. Die Lagerkontrolle kann ja durch eine geeignete Lagerkartei durchgeführt werden. Über praktische Erfahrung kann nichts festgestellt werden, da die mir bekannt gewordenen Baugeschäfte alle die I. Form führen, höchstens mit der Verbesserung, daß statt der Errechnung des Verbrauchs mittels der Differenzmethode genauere, aus der Selbstkostenrechnung stammende Unterlagen zur Verwendung kommen.

Materialbezugskosten.

Unter Materialbezugskosten werden alle jene Kosten verstanden, die durch den Bezug der Materialien, insbesondere Transport bis zur tatsächlichen Verwendungsstelle entstehen. Es wird im Baugewerbe auch von einer Materialbezugskalkulation gesprochen und man versteht darunter die Feststellung der durch Beschaffung dieser Materialien „frei Verwendungsstelle" entstehenden Kosten. Die Behandlung dieser Bezugskosten ist deshalb von Wichtigkeit, weil sie im Verhältnis zum Materialwert sehr erheblich sind.

Die Abgrenzung der Materialbezugskosten von den Materialkosten wird dann unmöglich, wenn der Lieferant sein Material frei Baustelle oder frei Station zu liefern hat. In den letzten Jahren haben sich diese Verkaufsbedingungen so eingebürgert, daß sie wohl zu den herrschenden geworden sind.

Da infolgedessen in den meisten Materialpreisen ganz oder teilweise die von dem Unternehmen nachweislich bezahlten und nicht bereits im Preis enthaltenen Bezugskosten untrennbar enthalten sind, wäre es zwecklos, sie von den Materialpreisen zu trennen, da das durch eine solche Trennung erzielte Ergebnis ein falsches wäre.

Interessant könnte es nur ev. aus betriebstechnischen Gründen werden, welcher Betrag an Frachten vielleicht durch einen eigenen Fuhrpark ausgeführt werden könnte, um einen solchen Fuhrpark anzugliedern oder einen bestehenden zu erweitern. Auf diese Frage kann aber eine kontenmäßige Behandlung der Materialbezugskosten praktischerweise keine Antwort geben, sondern muß im Bedarfsfalle durch statistische Erhebungen festgestellt werden.

Lohnkonten.

Die buchhaltungsmäßige Behandlung der Lohnkonten bringt wieder anders geartete Schwierigkeiten als diejenigen des Materials. Die Haupteinteilung bezüglich des direkten und indirekten Aufwandes trifft auch für die Unterabteilung Lohn zu.

Lohnverbuchung.

Die Arbeitsleistungen jedes Arbeiters werden festgestellt, auf Grund dieser Leistungen sein Verdienst errechnet (Verdienst ist in diesem Falle Vergütung der Unternehmung an den Arbeiter für die von ihm vollbrachte Arbeitsleistung), von dieser Endsumme soziale Lasten in Abzug gebracht und der Rest dem Arbeiter ausbezahlt. Die Lohnabrechnung gibt den Gesamt-Lohnaufwand in einer Summe an und dessen Bezahlungsweise:

1. Barzahlung,
2. Überweisung der sozialen Lasten.

Eine Gliederung des Aufwandes Lohn in diesem Teil ist also nicht möglich. Es ist aus diesem Grunde in der Kontengruppe ein Gesamtlohnkonto zu bilden (Peiser[1]) nennt es Lohnverrechnungskonto), das im Soll den Gesamtbruttolohn aufnimmt. Diese Gesamtbruttolohnsumme ergibt sich aus folgenden Detailposten:

Lohn-Konto

Nettolohn,
Krankenkasse,
Invalidengeld, Lohnverteilung,
Steuer,
Abzüge.

[1]) Peiser, Grundlagen der Betriebsrechnung in Maschinenbauanstalten, S. 158.

Als Gegenkonten kommen die Finanzkonten in Frage, und zwar:

1. Für die Bezahlung an die Arbeiter	} Kasse,	
2. „ „ „ der Invalidenmarken		
	die Kontokorr.-Konten:	
3. „ „ „ der Lohnsteuer	1. des Finanzamtes, Abt. Lohnsteuer,	
4. „ „ „ der Krankenkasse.	2. der Krankenkasse.	

Diese Anteile des Arbeiters an den sozialen Lasten stellen lediglich eine Verrechnungsmethode dar, da man an Stelle dem Arbeiter den Gesamtlohn auszuhändigen, die betreffenden Anteile dem Kreditor gutbringt.

Lohnunkosten.

a) Soziale Lasten.

Der Unternehmer ist verpflichtet, zu den einzelnen Sozialeinrichtungen ebenfalls Beiträge zu entrichten. Diese Beträge stehen einerseits in ursächlichem Zusammenhang mit dem Lohn, da sie nur dann geschuldet werden, wenn Lohn bezahlt wird. Ihrem Charakter nach unterscheiden sie sich von dem Lohn, da sie ja nicht mit der für die Lohnzahlung als Voraussetzung geltenden Arbeitsleistung, sondern mit der Lohnzahlung verknüpft sind.

Beispiel: 1. Arbeit ohne Bezahlung = Volontäre,
2. Bezahlung ohne Arbeit = Urlaub.

Der Arbeitgeberanteil der sozialen Lasten gilt als Aufwand. Damit ist auch die buchungsmäßige Behandlung gegeben. Als Gegenkonten gelten wie beim Arbeiteranteil die Finanzkonten, mit denen sie zusammen dann eine einheitliche Forderung der Sozialversicherungsträger an die Unternehmung bilden.

Die gewerbliche Unfallversicherung ist allein von dem Unternehmer zu tragen. Die buchungsmäßige Behandlung dieser sozialen Last weicht insofern von den anderen ab, weil die Forderung der berufsgenossenschaftlichen Beiträge jährlich postnumerando erfolgt auf Grund des Umlageverfahrens der §§ 749ff. der R.V.O. Der Aufwand wird also nur einmal im Jahr, und zwar oft erheblich spät festgestellt, was einerseits für die Jahresbilanz sehr unangenehm ist und andererseits während des Jahres ein falsches Bild vom Status der Unternehmung geben kann, da diese Summe oft vernachlässigt wird. Die dann einige Monate nach Ablauf des Jahres eintreffende Heberolle mit kurzer Zahlungsfrist kann manche Schwierigkeit bringen. Die Berufsgenossenschaft kann zwar nach § 738 Vorschüsse auf Beiträge verlangen; sie können entweder als Teilforderungen der Berufsgenossenschaft an die Unternehmung aufgefaßt werden, dann ist das Konto soziale Lasten zu belasten, da der Vorschuß als Aufwand betrachtet wird, die Zahlung selbst ist eine Buchung innerhalb der Finanzkonten, oder es wird die Vorschußzahlung als reine Vorausleistung betrachtet, so ist in diesem Falle das Kreditorenkonto der Berufsgenossenschaft zu belasten. Als Gegenkonto kommt das die Zahlung ausführende Finanzkonto in Frage.

Die Höhe der Umlagenforderung wird bestimmt — vom Standpunkt der Unternehmung aus — durch die von der Berufsgenossenschaft gegebene Gefahrenklasse, den Prozentsatz der Beiträge und der durch die Unternehmung zu bestimmenden Gesamtlohnsumme. Die Frage einer ev. Vorausbestimmung dieses Aufwandes ist nicht möglich, da zur Bestimmung des Aufwandes nur die eine der beiden erforderlichen Komponenten bekannt ist. Eine ev. Vorausbestimmung würde daher für die fehlende Komponente eine Schätzung auf Grund der letztjährigen Größe erforderlich machen. Täuschungen sind leicht möglich.

Die Buchhaltung bedarf dieser geschätzten Angaben nur dann, wenn sie diese zu einer Erfolgsrechnung als Unterlagen liefern soll, die kürzer als ein Jahr sind.

b) Arbeitgeberverbandsbeiträge, Haftpflicht- und Streikversicherungsbeiträge.

Diese Beiträge sollen im Gegensatz zu den vorerwähnten als mittelbare Lohnunkosten bezeichnet werden. Diese Gruppierung geschieht nicht nach dem Zweckstandpunkt, um dessentwillen der Aufwand gemacht wird, sondern nach der Art und dem gleichen Charakter. Die Arbeitgeberverbandsbeiträge dienen dazu, der Berufsinteressenvertretung die zur Geschäftsführung erforderlichen Mittel zu geben. Da auch hier der Lohn als Schlüssel für dieses Umlageverfahren besteht, ist mit der Lohnzahlung die rechtliche Forderung gegeben. Die von einzelnen Arbeitgeberverbänden daneben erhobene allgemeine Jahresgebühr ist im Verhältnis zu der Umlage so klein, daß diese fixe Kostengröße ohne Bedenken hier mitgebucht werden kann.

Die beiden folgenden sind in ihrem Zweck ganz anderer Art. Sie sind Versicherungen zur Umwandlung eines unbestimmten Risikos in einen festen, proportionalen Aufwand. Auch hierfür werden, wenigstens bei der Haftpflichtversicherungsanstalt für das Baugewerbe, zur Lohnsumme porportionale Prämien berechnet. Wichtig ist die Frage, ob Beitragszeitraum und die diesem Beitrag zugrunde gelegte Lohnperiode übereinstimmen. Wenn z. B. ein Arbeitgeberverband seiner Beitragszahlung für 1927 die im Jahre 1926 bezahlte Lohnsumme zugrunde legt, so ist eine zeitliche Divergenz gegeben, die in Zeiten erhöhter Konjunkturschwankungen zu nicht unerheblichen Abweichungen führen kann.

Lohnverteilung.

Im Haben des Lohnkontos erfolgt die Verteilung der Bruttolohnsumme nach dem Aufwand, d. h. auf die einzelnen Betriebe, für die die Lohnausgaben gemacht wurden. Die Angaben, in welcher Höhe jeder Betrieb zu belasten ist, macht die Kostenrechnung. Als zweckmäßig bei der praktischen Durchführung haben sich Lohnverteilungen auf eigenem Formular erwiesen.

Das von der Lohnabteilung auszustellende Formblatt enthält die Angaben für das spätere Gesamtlohnkonto, also im Soll die Verrechnung der Bruttolohnsumme, im Haben die Aufwandsverteilung. Der Einfachheit halber ist gleich die Invalidenmarkenverrechnung angeschlossen. Es sind zunächst die gesamten erforderlichen Invalidenmarken aufzuzählen. Dieser Gesamtbetrag wird gleich nach Arbeitgeber- und Arbeitnehmeranteil gegliedert. Dem Konto Invalidenmarken in der Finanzkontengruppe werden die beiden Teilbeträge im Haben gebucht, so daß ein ev. Saldo stets den Rückstand an nicht geklebten Marken bzw. den Bestand an Marken bei Überschüssen angibt. Ob nun die Marken tatsächlich geklebt oder als Bestände in der Invalidenmarkenkasse sind, kann selbstverständlich nicht aus diesem Konto ersehen werden, sondern muß aus dem Invalidenmarken-Kassenbuch hervorgehen. Die Frage ist nun, für welche Zeiten und in welcher Höhe diese Verteilungen und damit Belastungen der Betriebskonten vorgenommen werden sollen. Mit Peiser gehe ich dahin einig, daß die Löhne sich nicht das ganze Jahr über anhäufen dürfen auf dem Sammelkonto. Die Verteilung hat prinzipiell pro Lohnperiode zu erfolgen. Die Größe der Lohnperiode kann verschieden sein und spielt für diese Frage keine Rolle.

Bezüglich der Höhe der Belastung ist zu entscheiden, ob die Lohnunkosten gleich mit auf die Betriebe verteilt werden sollen, oder ob die Lohnunkosten gesammelt und den Betrieben anteilig nach ihrer Lohnsumme belastet werden sollen.

Beim ersten Verfahren muß für jeden Arbeiter der Gesamtbetrag der sozialen Lasten errechnet und dem betreffenden Betrieb belastet werden. Die dabei auftretenden Schwierigkeiten sind, insbesondere in der Selbstkostenrechnung, groß. — Die Verwischung von reinem Lohn und Unkosten ist zu leicht möglich auf den einzelnen Betriebskonten und dadurch ist die Gewinnung von Vergleichszahlen schwierig.

Es ist daher zweckmäßiger, die Lohnunkosten zu sammeln und die Aufteilung im Verhältnis der Lohnsummen vorzunehmen.

Gehälter.

Die Abgrenzung Gehalt und Lohn kann nach folgenden Gesichtspunkten erfolgen:

1. Bezahlung nach Stunden oder längeren Zeiträumen.
2. Kündigung mit und ohne Frist[1]).
3. Nach der Zugehörigkeit zur Angestelltenversicherung.
4. Nach der Beschäftigung, ob reine Handarbeit oder Aufsichtspersonal.

[1]) Der Tarifvertrag sieht für die Bauarbeiter keine Kündigungsfrist vor.

Im allgemeinen werden sich die Ergebnisse der einzelnen Möglichkeiten decken. Diese Frage führt zunächst zu der Diskussion, ob überhaupt eine Gliederung in Lohn- und Gehaltskonto notwendig sei, ob also nicht diese eine größere Arbeit mit sich bringende Unterteilung durch ein gemeinsames, vielleicht

Dienstleistungskonto

ersetzt werden könnte. Diese Frage ist mit folgender Begründung zu verneinen: Es handelt sich wohl um Dienstleistungen, die jedoch in ihrer Art verschieden sind, da es sich bei den „Lohnzahlungen" in den meisten Fällen um Zahlung für direkten Aufwand handelt, während Gehälter meist als „Unkosten" zu betrachten sind, da sie nicht direkt an dem Produkt beteiligt sind, sondern allgemeinen Betriebserfordernissen dienen.

Die Lohnunkosten können hier kurz dahingehend behandelt werden, daß man sie trennt in solche, die mit den Lohnunkosten

der Lohnempfänger gemeinsam,
" " verschieden

sind. Zu ersteren gehören Krankenkasse, Berufsgenossenschaft, Streikversicherung, Arbeitgeberverband. Zu letzteren gehört die Angestelltenversicherung.

Die Aufteilung der Gehälter auf Betriebe erfolgt wie die Lohnaufteilung. Bei nachweisbar ausschließlich längerer Beschäftigung zugunsten eines bestimmten Auftrages ist dieser Auftrag zu belasten.

Die Gehaltsverteilung kann in ähnlicher Weise wie die Lohnverteilung erfolgen.

Sonderkosten.

Zu Sonderkosten gehört der gesamte Aufwand, der auf einen einzelnen Auftrag feststellbar, jedoch nicht zu Material oder Lohn gehört. Sonderkosten sind in der Hauptsache Verbrauchsaufwendungen. Gebrauchsaufwendungen können Sonderkosten nur dann sein, wenn feststeht, in welcher Anzahl und in welchem Umfange der Gebrauch für einzelne Aufträge in Frage kommt, wenn also der Anteil des Gebrauchsaufwands an jedem einzelnen produzierten Stück bekannt ist. Der Aufwand wird rechnerisch auf die einzelnen Kostenträger, und zwar in einem genau bekannten Verhältnis aufgeteilt. Da im allgemeinen nur wenige Kostenträger in Frage kommen, könnte man Sonderkosten als Verbrauchsaufwand bezeichnen, mit der Einschränkung, daß Material und Lohn ausgeschlossen sind.

Vom anderen Gesichtspunkt des direkten und indirekten Aufwands ist zu sagen, daß Sonderkosten stets zum direkten Aufwand gehören.

Die Sonderkostengruppe bildet eine bestimmte Abgrenzung in den einzelnen Kontengruppen. Material und Lohn waren sowohl direkt wie indirekt, überwiegend direkt

Sonderkosten nur direkt,
Unkosten nur indirekt.

Diese Unterscheidung ist mit voller Absicht so scharf gewählt worden, da mit dieser Frage schwierige Probleme der Kostenrechnung zusammenhängen.

Sonderkosten umfassen hauptsächlich Leistungen fremder Wirtschaften oder eigener Betriebe mit getrennter Abrechnung.

Bei der Einteilung nach Leistungen fremder Wirtschaften sind zu unterscheiden:

1. Behördliche Leistungen,
2. Leistungen fremder Unternehmungen,
3. Rechtliche Forderungen Dritter.

Vom Standpunkt des Baufortschritts kann die Betrachtung so erfolgen nach Aufwand:

1. Durch und bei Inbetriebnahme der Baustelle,
2. während des Baubetriebes,
3. bei Abbruch.

An behördlichen Abgaben können in Betracht kommen:
Plangenehmigung, Straßenherstellungskosten, Prüfungsgebühren für elektrische Anschlüsse, Vertragsstempelgebühr.

Bei Leistungen fremder Wirtschaften sind einige erwähnenswert: Leihgebühr für Maschinen. Die für einen einzelnen bestimmten Zweck benötigten Maschinen wird man nicht anschaffen, wenn man diese Maschinen nur ein oder wenige Male benötigt. Man wird sie dann billiger in Miete nehmen. Betriebswirtschaftlich ist also dieser Vorgang eine Überführung des indirekten, unbestimmten Aufwandes für eine Anlage in einen für die Gebrauchszeit genau bestimmten Sonderkostenfaktor.

Benützung fremder Baustelleneinrichtungen, z. B. Holzziehen des Zimmergeschäftes mit dem Aufzug der Baufirma.

Einen zahlen- und artmäßig großen Anteil an den Sonderkosten nehmen die Unterlieferanten bei schlüsselfertigen Bauten ein.

Sonderkosten in der Buchhaltung.

Die Unterlieferantenleistungen werden wohl auf einem eigenen oder mehreren, nach Unterarten gegliederten Konten zusammenzufassen sein, denn dadurch ist die Möglichkeit gegeben, jederzeit diese Summe feststellen zu können. Man kann dann leicht auf Grund der Gesamtumsatzzahlen durch Abzug dieser Sonderkosten den Betriebsumsatz ermitteln (S. 11).

Inwieweit es sich lohnt, für sonstige typische Sonderkosten eigene Konten zu bilden, wird jede Unternehmung auf Grund ihrer Erfahrung feststellen müssen. Als Beispiel sei auf die Unterteilung im Kontenplan am Schluß des Buches verwiesen.

Unkostenkonten.

Wie bereits im vorigen Kapitel klargelegt, handelt es sich bei den Unkosten nur um indirekte Aufwendungen, da der Begriff indirekt sich ebenso wenig vom Unkostenbegriff trennen läßt, wie der Begriff direkt von den Sonderkosten.

Daraus folgt, daß Zusammenhänge und gegenseitige Übergänge zwischen Unkosten und Sonderkosten in Frage kommen.

Anders verhält es sich bei Material und Lohn. Dort wurde gesagt, daß auch

indirektes Material: Unkostenmaterial,
indirekter Lohn: Unkostenlohn,

in Frage kommen. Diese Posten wurden unter den dortigen Kontengruppen behandelt.

Bei der Frage, was alles als Unkosten in Frage kommt, läßt sich die Antwort am besten negativ geben:

1. Alles, was nicht Material und nicht Lohn ist und
2. alles, was nicht auf einen bestimmten Auftrag aufgeteilt werden kann.

Der erste Teil dieser Begriffsbestimmung stimmt genau mit derjenigen für Sonderkosten überein. Sie gibt gewissermaßen auf die Frage nach der Art Antwort. Der 2. Teil dieser Begriffsbestimmung gibt ebenso wie die der Sonderkosten Aufschluß über die Zuteilung zu direktem oder indirektem Aufwand. Daraus läßt sich eine Ähnlichkeit zwischen Sonderkosten und Unkosten feststellen: Beide sind gleicher Art und sollen als sonstiger Aufwand bezeichnet werden. Auch bei den vorher behandelten Aufwandsarten: Material, Lohn wurde das Einteilungsprinzip nach der Art in den Vordergrund gestellt und in 2. Linie die Aufteilungsmöglichkeit auf den Einzelauftrag erwogen.

Man kann folgendes Schema bilden:

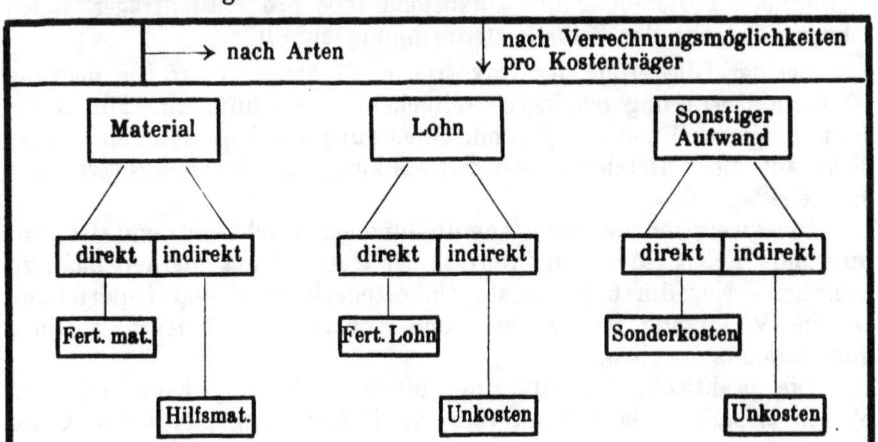

Abb. 3.

Aus dieser theoretischen Gleichstellung darf nicht auf Gleichheit der praktischen Bedeutung bei der Durchführung geschlossen werden. Im allgemeinen ist festzustellen, daß Unkosten größere Schwierigkeiten bieten als Sonderkosten.

Man muß sich darüber klar sein, daß im Endergebnis auch der indirekte Aufwand auf das einzelne Produkt verteilt werden muß, sind doch diese Produkte Träger der Kosten im wahrsten Sinne des Wortes, da sie ja den Gesamtaufwand der Unternehmung wieder hereinbringen müssen. „Indirekt" kann man den Aufwand nur nennen, weil er erst auf „indirektem Wege" und mittels Zuschlagsverfahren dem Produkt zur Last geschrieben werden kann.

Es ist nunmehr noch kurz festzustellen, was bei der Unkostenbehandlung in die Buchhaltung und was in die Selbstkostenrechnung genommen werden soll.

Bei den direkten Aufwendungen war diese Frage klar: Die Sammlung des Gesamtaufwandes und dessen Verteilung auf die Betriebe war Sache der Buchhaltung, während die Feststellung der Einzelkosten im weitesten Sinne Sache der Selbstkostenrechnung sein wird. Die Unkosten werden in der Buchhaltung gesammelt. Die Verteilung auf die Betriebe muß ebenfalls in der Buchhaltung vorgenommen werden, soll doch die Buchhaltung nach den ihr gestellten Aufgaben die Einzelergebnisse pro Betrieb feststellen. Die Größe der Unkostenanteile wird bestimmt einerseits durch die Gesamtsumme der Unkosten — dieselbe liefert die Buchhaltung — andererseits durch den Verteilungsmaßstab, den die Selbstkostenrechnung liefert. Die Buchhaltung gibt also der Selbstkostenrechnung die gesamten Unkosten nach Arten gegliedert an, die Selbstkostenrechnung gibt sie nach Betrieben gegliedert wieder zurück. Nach Feststellung des Unkostenanteils pro Betrieb bleibt noch Feststellung des Unkostenanteils pro Kostenträger, welch letztere Aufgabe der Selbstkostenrechnung zufällt.

Bei der Gliederung der Unkosten nach Arten in der Buchhaltung ist diese Gliederung möglichst weitgehend durchzuführen. Mit Recht fordert Werner[1]) „eine eingehende Gliederung der Unkosten mit Rücksicht auf die Entstehung und Schwankung im Rechnungswesen der Betriebe".

Diese weitgehende Unkostenaufteilung verursacht Zeit- und Materialaufwand. Er ist jedoch im Interesse der Buchhaltungsklarheit nicht zu umgehen. Nur durch genaueste Unkostenerfassung und Unterteilung ist eine Verfolgung der Unkosten und rechtzeitige Maßnahme zu ihrer Eindämmung möglich.

Die praktische Durchführung dieser Aufteilung kann auf zwei Wegen erfolgen. Mann kann für jede Unterteilung gleich ein Konto

---

[1]) Werner, Allgemeine Betriebswirtschaft, Bd. II, S. 36.

bilden, oder aber man bildet Sammelkonten und unterteilt dieselben statistisch.

Vorteil des ersteren Verfahrens ist, daß man die zweite Art des Aufteilens spart, Nachteil, daß leicht der Überblick verloren werden kann. Auf alle Fälle darf man bei der Aufteilung nicht alle vielleicht später einmal wissenswerten Untergliederungen herausstellen, sondern muß sich auf die allgemein wissenswert erscheinenden Punkte beschränken.

Einteilung der Unkostenarten.

Die in jeder einzelnen Unternehmung anfallenden Unkosten sind speziell und können nicht verallgemeinert werden. Nur einzelne Gruppen sollen erwähnt werden.

Öffentliche Lasten.

In diese Gruppe gehören alle Steuern, Umlagen, sonstigen öffentlichen Gefälle, die nicht direkt in Beziehung zu Lohn stehen, also nicht zu den Lohnunkosten gehören können, Umsatzsteuer, Vermögenssteuer usw.

Kosten zur Abwendung unbestimmter Risiken.

Versicherungsprämien:

1. Feuerversicherungen für Rohstoffe, Anlagewerte, angefangene Arbeiten.
2. Transportversicherungen.
3. Haftpflichtversicherungen für Gebäude.
4. Obhutversicherung.

Delkredereversicherungen, Transportversicherungen, soweit sie einen einzelnen Auftrag betreffen, sind als Sonderkosten zu behandeln.

Kosten der Kreditbeschaffung.

Der bereits erwähnte, große Kapitalbedarf der Bauunternehmungen läßt auch auf entsprechend hohe Kosten des Kreditverkehrs schließen. Als Kreditquellen kommen in Frage:

Darlehen von Dritten, insbesondere Banken, als Kontokorrentkredit.

Hypotheken von Hypothekenbanken oder Sparkassen auf die Immobilien der Bauunternehmung.

Wechselkredite durch Begebung von Akzepten an Lieferanten. Gerade dieses Sammelkonto dürfte einer genauesten Unterteilung und stetigen Prüfung würdig sein. Zweckmäßig wird es sein, diese Unterteilung so zu treffen, daß die Kosten jeder Kreditart genauestens festgestellt werden können.

Kosten für Werbung.

Die Werbung in der Öffentlichkeit ist wohl in den meisten Fällen bei Großfirmen auf Prestigegründe, bei mittleren und kleineren Firmen auf das Streben, die Firma bekannt zu machen, zurückzuführen. Eine Werbung, wie sie z. B. für Artikel des täglichen Bedarfs durchgeführt wird, wäre sinnlos. Als einzelne Werbungskosten kommen in Frage:

Inserate, Geschenkartikel, Ausstellungen.

Abschreibungen.

Bereits im Abschnitt über Anlagekonten wurde das Wesen der Abschreibungen kurz gestreift. Warum werden Abschreibungen vorgenommen? Maschinen nützen sich nicht generell ab, sondern immer nur Teile, die dann entweder repariert oder durch neue ersetzt werden. Der dadurch entstehende Aufwand — Reparaturen — zählt auch zu den Unkosten und wird an anderer Stelle noch behandelt. Die Abschreibungen haben den Zweck, den durch die Anschaffung der Maschine gemachten Aufwand auf die Zeit der Verwendung im Betrieb — also von der Anschaffung bis zum Ausscheiden — zu verteilen. Warum die Maschine dabei aus der Unternehmung ausgeschieden wird, ist dabei nebensächlich. Gerade im Baugewerbe wird es meist Ersetzung der veralteten Maschinen durch moderne, neue sein.

Der Aufwand, den eine Unternehmung macht, ergibt sich durch den Einkaufspreis der Anlagenwerte zuzüglich aller Bezugskosten, Montagekosten, Aufstellungskosten.

Um nun den innerhalb der Gesamtgebrauchszeit zu erreichenden Abschreibungsbetrag zu ermitteln, wird von diesem Aufwand der bei Veräußerung der abgängigen Maschine mutmaßlich zu erreichende Veräußerungswert abgesetzt. Zu schätzen ist die vermeintliche Lebensdauer, die dann angibt, innerhalb welcher Zeit die Abschreibungen vorzunehmen sind.

Betriebskonten.

Diese Kontengruppe unterscheidet sich wesentlich von den bisher behandelten Kontengruppen. Sie ist wesensverwandt mit den Fabrikationskonten anderer Industriezweige. Abgesehen davon, daß man im Baugewerbe eigentlich von einer Fabrikation nicht sprechen kann, bestehen auch in der Art einige Unterschiede. In den gesamten Kontenrahmen gliedert sich diese Kontengruppe folgendermaßen ein: Die Aufwandsreihe erfaßt den Aufwand nach Arten in dem Augenblick, da er für die Unternehmung als Belastung erscheint.

Die einzelnen Stellen, wohin dieser Aufwand nun verschwindet, werden als Einzelbetriebe mit einem bestimmten Konto bezeichnet. So ist also für jede Aufwandsstelle ein Betriebskonto zu bilden.

Ganz allgemein ist festzustellen, daß dem Betriebskonto die für den betreffenden Betrieb gemachten Aufwendungen belastet, seine Leistungen erkannt werden. Es ist also einem Teil-Gewinn- und Verlustkonto seinem Charakter nach gleich zu achten.

Bildung von Betriebskonten.

Allgemein wird, insbesondere in der Maschinenindustrie eine Gliederung nach Betrieb, Verwaltung, Vertrieb gefordert, wobei Verwaltung anteilmäßig auf Betrieb und Vertrieb ev. zu verteilen ist.

Im Baugewerbe ist diese Teilung eine Unmöglichkeit. Einen eigenen Vertrieb herauszugliedern, ist unmöglich, da von Vertrieb im üblichen, hergebrachten Sinne im Baugewerbe nicht gesprochen werden kann. Projektbearbeitung, Kundschaftsbesuch werden seitens der technischen Abteilung irgendeinem Beamten zugewiesen, dem dann bei Auftragserteilung auch meist die Bauleitung übertragen wird. Bei Submissionen handelt es sich nur um ein schriftliches Angebot, zu dessen Ausarbeitung, in größeren Unternehmungen wenigstens, meist eine Kalkulationsabteilung vorhanden ist. Eher läßt sich eine Gliederung in Verwaltung und Betrieb durchführen.

Als Zweige der Verwaltung kommen in Frage:

- Kaufmännisches Büro,
- Technisches Büro (bei Architekturabteilung mit eigenen Leistungen getrennte Verrechnung derselben),
- Lagerverwaltung.

Als Betriebe kommen in Frage:

1. Hilfsbetriebe (solche, die keine direkten Leistungen hervorbringen):
   a) Schmiede,
   b) Werkzeugmacherei usw.
2. Nebenbetriebe (solche, die direkte Leistungen hervorbringen, jedoch solche nur, die an die Unternehmung selbst und nicht an Dritte liefern:
   a) Sandgrube,
   b) Fuhrwerk,
   c) Schreinerei,
   d) Steinbrüche,
   e) Holzbearbeitungsmaschinenbetrieb usw.
3. Hauptbetriebe:
   a) Maurer,
   b) Zimmerer,
   c) schlüsselfertig usw.

Man kann im Interesse der Vereinfachung auf eine Gliederung in Verwaltung und Betrieb verzichten und die Verwaltungen als Hilfsbetriebe führen, da sie ja auch keine direkten Leistungen hervorbringen und im Interesse der Gesamtunternehmung arbeiten. Wichtiger als diese Frage erscheint die tatsächlich richtige Aufteilung des aufgelaufenen Aufwandes.

Die Aufteilung ist Aufgabe der Selbstkostenrechnung, sie gibt der Buchhaltung die für eine bestimmte Zeitperiode pro Betrieb gemachten Aufwendungen.

Formen des Betriebskontos.

In anderen Industrien führt man noch ein Fabrikationskonto. Man erkennt das Fabrikationskonto zu Lasten des Fabrikatekontos mit den für das eine Produkt aufgelaufenen Selbstkosten und erkennt dieses beim Verkauf mit dem gleichen Wert zu Lasten des Verkaufskontos.

Dieses Verfahren für das Rechnungswesen im Baugewerbe beizubehalten, wäre zwecklos. Der Versuch, das Betriebskonto, wie es hier vorgeschlagen werden soll, in ein Betriebs- und Bestandkonto zu zerlegen, würde auf folgende Schwierigkeiten stoßen:

Das Betriebsbestandskonto könnte lediglich die bisher aufgelaufenen Selbstkosten als Bestand auffassen und diese dann bei Fertigstellung auf das Betriebserfolgskonto übertragen. Diesen Selbstkosten würden dann im Erfolgskonto der tatsächliche Erlös gegenübergestellt.

Nun stehen die Selbstkosten während des Jahres niemals fest. Die Unkosten für ein Jahr können erst am Ende des Jahres zuverlässig festgestellt werden.

Tatsächlich aufgelaufene Selbstkosten müssen nicht mit den kalkulierten übereinstimmen (Risiko der Vorkalkulation). Bei nicht richtiger Vorkalkulation ergäbe dann das Bestandskonto ein falsches Bild. Da ferner zur Ersparung unnötiger Arbeit die Selbstkostenrechnung für die Buchhaltung die Aufwendungen nur für bestimmte Zeitperioden sammelt, ist die Höhe der Selbstkosten in der Buchhaltung nur jeweils für diese Zeitpunkte feststellbar. Die Produktion schreitet stets fort, während die Buchhaltung zwischen zwei solcher Zeitpunkte stets nachhinkt. Es hat sich gezeigt, daß gerade im Baugewerbe bei der äußerst schwierigen Vorkalkulation kaufmännischer und technischer Art nicht selten zwischen den tatsächlich aufgewandten und den vorkalkulierten (und die Vergütung erfolgt fast ausnahmslos nach den festen Preisen der Vorkalkulation) gewaltige Differenzen liegen. Man würde also bei Einführung des Bestandskontos ev. unbewußt mit falschen Zahlen operieren und sich dadurch zu Fehlschlüssen leiten lassen. Die Höhe der zu einem bestimmten Zeitpunkt aufgelaufenen Selbstkosten gibt in einfacher Weise die Selbstkostenrechnung durch Aufaddition der von ihr zu führenden Stücknachrechnungen. Von einer Lagerhaltung in „Fertigfabrikaten“ kann im Baugewerbe nicht die Rede sein, nachdem nur Aufträge auf Bestellung (als solcher hat auch der auf S. 4 erwähnte Vorratsauftrag zu gelten) ausgeführt werden. Kurz nach Fertigstellung des Baues soll in ordnungsgemäß geleiteten Betrieben die Abrechnung erstellt werden, so daß das Bestandskonto nur den Zweck der Wertermittlung von angefangenen Bauten haben könnte. Die Selbstkostenrechnung liefert diese Zahl nach obiger Angabe errechnet schneller und einfacher.

Habenbuchungen.

I. Hauptbetriebsleistungen.

Eine andere Frage ist hier anzuschneiden, was als Kundenrechnung angenommen werden soll. Es ist bekannt, daß während der Bauausführung von den Kunden zur Erreichung von Abschlagszahlungen Teilrechnungen, „Zwischenrechnungen" oder „Aufstellungen" genannt, gefordert werden. Es ist strittig und bei den einzelnen Unternehmungen verschieden, ob diese Teilrechnungen bereits gebucht und dann bei der Erstellung der Schlußabrechnung nur der Rest gebucht werden soll, oder ob die Zwischenrechnungen nur als statistisches Hilfsmittel benutzt und nur die eine endgültige Schlußabrechnung gebucht wird.

Vorteil der Buchung von Zwischenrechnungen.

Der Vorteil der Buchung von Zwischenrechnungen beruht darin, daß das Debitorenkonto stets ein gewisses Bild der Forderungen der Unternehmung an den Kunden bietet und das Betriebskonto wenigstens einigermaßen den tatsächlichen Verhältnissen näher kommt. Als Nachteil ist zu erwähnen, daß leicht auf Grund der Zwischenrechnung Fehlschlüsse gezogen werden können. Im allgemeinen werden die Maße nur überschlägig ermittelt und gelten nicht als endgültig; die Produktion schreitet dauernd fort. Bis zur Fertigstellung einer solchen Zwischenrechnung wird wieder das Verhältnis zwischen errechneter Leistung und gemachtem Aufwand verschwommen sein, das heißt, der zur Verbuchung gelangte Aufwand stimmt nicht mit dem zur Verrechnung gelangten Erlös überein.

Es ist deshalb zu fragen, ob nicht die Verbuchung von Zwischenrechnungen unterbleiben soll, wenn nochmals endgültige Rechnungen aufgestellt werden und diese dann nur verbucht werden sollen. In der Praxis sind beide Methoden anzutreffen. Als vorteilhaft hat sich erwiesen, die Zwischenrechnungen gleich als einen Teil der endgültigen Rechnung zu verwenden, also die Maße nicht überschlägig, sondern gleich genau zu ermitteln. So hat z. B. eine größere Baugenossenschaft vorgeschrieben, daß bei Hochbauten nach jedem Stock eine Teilrechnung über die bis zur Fertigstellung dieses Stockwerkes geleisteten Arbeiten einzureichen sei. Die Schlußrechnung ist dann lediglich eine Aufstellung über die gesamten Teilrechnungen. Wenn Zwischenrechnungen in dieser Form aufgemacht werden, sind sie zur Verbuchung geeignet, es werden dabei Doppelarbeiten erspart, die Verrechnung wird auf einige Zwischenrechnungen verteilt, es häuft sich die Arbeit nicht so sehr an und buchhaltungsmäßig werden die obigen Vorteile erreicht.

„Astor" in der Zeitschrift „Soziale Bauwirtschaft"[1]) wünscht eine Buchung der Zwischenrechnungen nicht. Er verlangt zunächst einmal, daß Abschlagszahlungen über ein besonderes Konto zu führen seien, da eine Vermengung dieser Zahlen mit den Leistungen auf dem Bautenkonto unweigerlich Unordnung in die Buchführung bringen würde. Es ist selbstverständlich, daß Abschlagszahlungen mit dem Bautenkonto hier nichts zu tun haben. Als reiner Finanzvorgang sind nur Finanzkonten zu berühren.

Verrechnung von Hauptbetriebsleistungen.

Die Verrechnung der einzelnen Hauptbetriebsleistungen gestaltet sich insofern schwierig, als bei schlüsselfertigen Aufträgen lediglich eine Gesamtsumme zur Verrechnung kommt. In diesem Falle weist das Betriebskonto schlüsselfertige Bauten das Gesamterträgnis auf, während Maurer- und Zimmerer-Betriebskonten nur für ihren Anteil belastet werden können. Wie ist es nun mit dem Gewinn zu halten? Auch bei schlüsselfertigen Bauten ist sowohl dem Maurer- wie Zimmererbetrieb ein Anteil am Gewinn zuzubilligen und nicht allein dem Konto Schlüsselfertige Bauten. Anteilmäßige Errechnung dürfte nur auf Grund der Vorkalkulation möglich sein.

I. Kürzungen.

Bei den umfangreichen Berechnungen kommen nicht selten Kürzungen und Meinungsverschiedenheiten bezüglich der Feststellung der Mengen vor. Buchhaltungstechnisch wäre dies am einfachsten durch Rückbuchungen zu erledigen. Es dürfte aber dadurch ein falsches Bild entstehen, nachdem die Kürzung im Soll des Betriebskontos erscheint und dadurch bei einer summarischen Betrachtung des Aufwandes mit angesehen würde. Getrennte Erfassung und Rückbuchung erst bei Abschluß erscheint daher ratsam.

II. Nebenbetriebsleistungen.

Die Erfassung und Bewertung der Nebenleistungen erfolgt in der Kostenrechnung, da diese Erfassung stets pro Stück erfolgt. Das Betriebskonto wird nur pro Rechnungsperiode für die gesamten Leistungen erkannt. Diese Leistungen werden für die Hauptbetriebe zu Aufwendungen.

---

[1]) Soziale Bauwirtschaft 1927, S. 92.

III. Hilfsbetriebsleistungen.

Bei den Hilfsbetrieben sind meßbare Leistungen, wie bei Neben- und Hauptbetrieben nicht feststellbar, infolgedessen muß der von den einzelnen Hilfsbetrieben gemachte Aufwand nach irgendeinem Schlüssel auf die durch sie in Anspruch genommenen Produktionsbetriebe verteilt werden.

Sollbuchungen.

Bei der auf der Sollseite der Betriebskonten erfolgenden Sammlung des Aufwandes ist es gleichgültig, ob der Aufwand gemischt auf das Betriebskonto kommt, d. h. daß nur ein Betriebskonto geführt wird, oder ob der Aufwand auch hier nochmals nach Arten gesammelt wird.

Beispiel I.

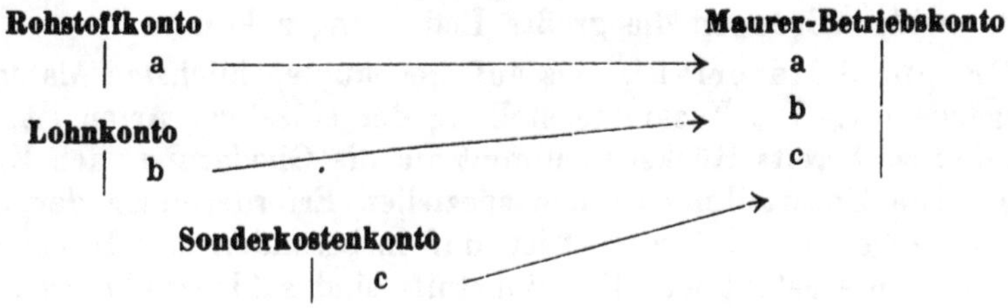

Beispiel II.

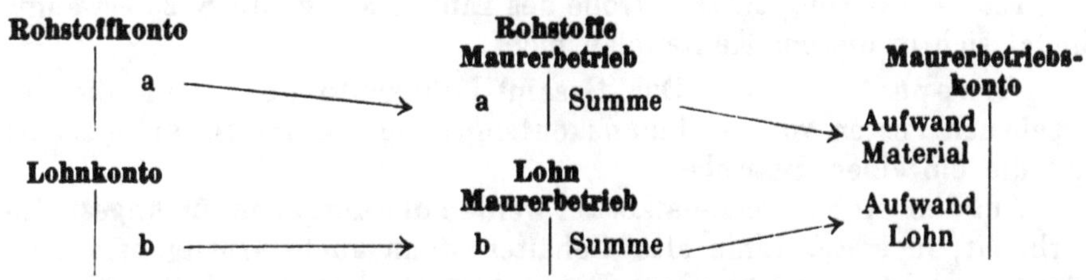

Das erstere Verfahren hat den Vorteil, daß es einfach ist. Beim zweiten Verfahren hat man einen stets genauen Überblick über die Zusammensetzung des Aufwands. Bei größeren Betrieben mit umfangreichen Buchungen wird dieses Verfahren vorzuziehen sein.

Kontenpläne.

I. Kontenplan nach der auf S. 19 erwähnten Kontengruppeneinteilung (s. Tafel I am Schluß des Buches).

Die einzelnen Konten sind nach dem Dezimalsystem bezeichnet. Dadurch ist es möglich, bei Bezeichnung von Gegenkonten in der Buchführung Schreibarbeit zu sparen.

Im Kontenplan sind folgende Kontengruppen festzustellen:

0 Abschlußkonten,
1 Finanzkonten,
2 Anlagekonten,
3—6 Aufwandskonten,
9 Betriebskonten.

Kontengruppe 1. Die Konten der Finanzgruppe erfordern entsprechende Nebenrechnungen, insbesondere Führung von Personalkonten usw.

Die Kontengruppe 2 Anlagen weist nur wenig Untergliederung auf, da solche in der Inventurkartei vorgenommen wurde.

Umsomehr untergegliedert sind die

Kontengruppen 3—6 Aufwandskonten. Ihnen und den Betriebskonten ist der breiteste Raum im ganzen Kontenplan eingeräumt, da den beiden Gruppen die größte Bedeutung zukommt.

Gruppe 3 Material ist bis auf die hauptsächlichsten Materialien untergegliedert. Die Zusammenstellung der einzelnen Arten ist so erfolgt, daß sie bereits Rücksicht nimmt auf die Gliederung nach Kostenstellen. Die Unterteilung ist den speziellen Erfordernissen der Unternehmung angepaßt. Interessant ist, daß insbesondere das Hilfsmaterial sehr stark untergeteilt ist. Die Rohstoffe sind zahlenmäßig weit überlegen, aber gerade dem Hilfsmaterial ist, nachdem es doch zum größten Teil Unkostenposten darstellt, erhöhte Aufmerksamkeit zu schenken.

Eine Gliederung zur Kontrolle des Einkaufs, wie auf S. 26 erwähnt, findet sich in diesem Kontenplan nicht.

Gruppe 4 Löhne. Das Gesamt-Lohnkonto übernimmt die angegebenen Posten von der Finanzkontengruppe und verteilt diese Löhne auf die einzelnen Betriebe.

Auf dem Konto Personalkosten werden die Ausgaben für Angestellte verbucht, in erster Linie also Gehälter, dann auch Arbeitgeberanteile für Angestelltenversicherung. Die Arbeitgeberanteile für die übrigen sozialen Lasten werden auf dem folgenden Konto Lohnunkosten mitgebucht und dann im Verhältnis der Lohnsumme aufgeteilt.

Auf dem Unterkonto „Platzreinigen" werden jene Unkostenlöhne gesammelt, die durch Reinigen, Aufräumen usw. des Werkhofes entstehen. Bei „Lehrlingen" werden alle jene Ausfallstunden gebucht (Schulbesuch, Gesellenprüfung), die dem Lehrling tariflich zu bezahlen sind, obwohl er nicht anwesend ist. Das folgende Konto Lohnausfall Tarifvertrag sammelt alle von der Unternehmung auf Grund des Tarifvertrages zu bezahlenden Lohnausfälle.

Gruppe 5 Unkosten. Die Gliederung der Unkosten erfolgt nach Arten. Die Unterteilung ist eine weitgehende. Eine eigene Erfassung der Submissionskosten erscheint mit Rücksicht auf die Höhe dieses

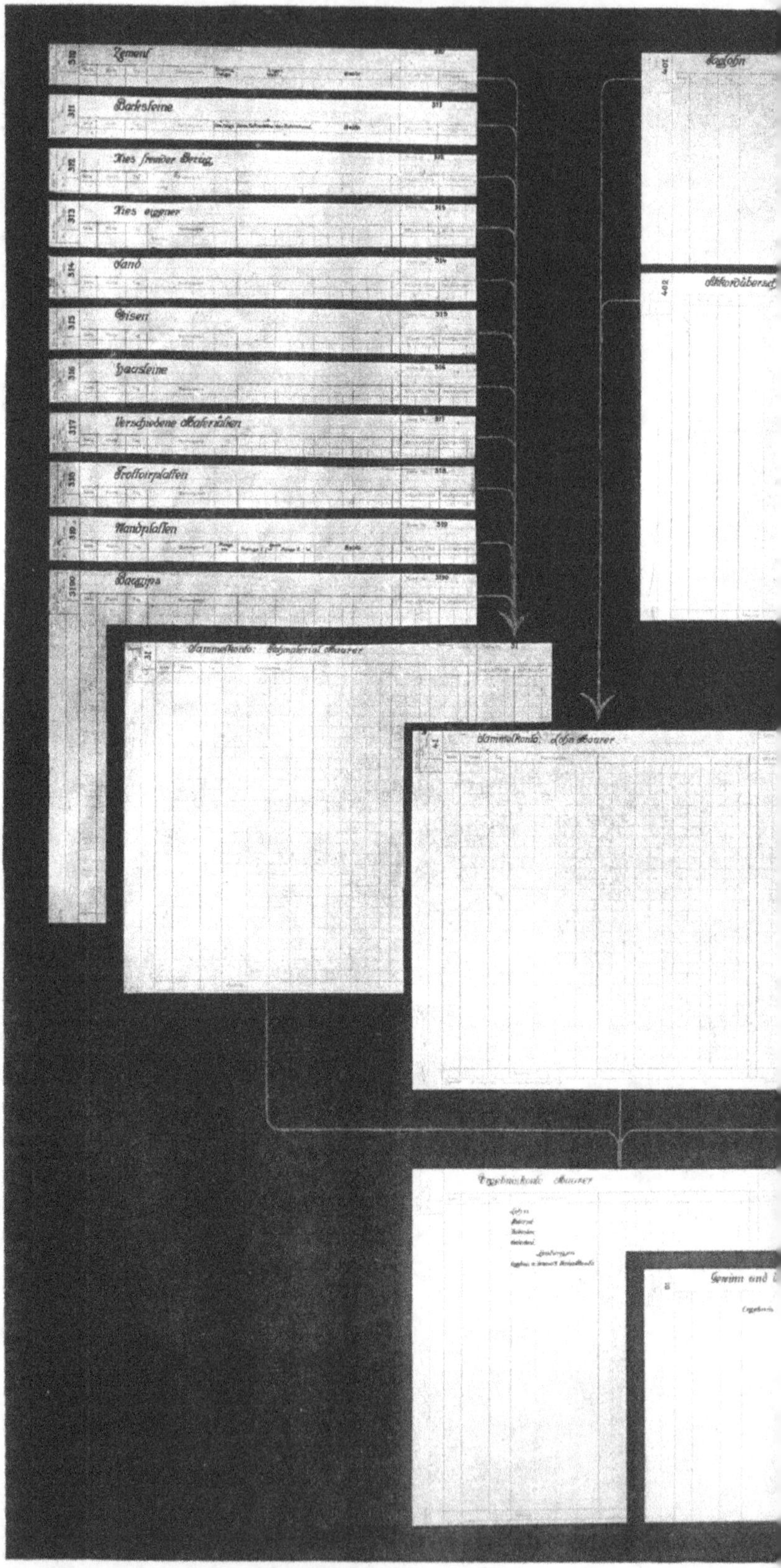

Falk, Baugewerbe.

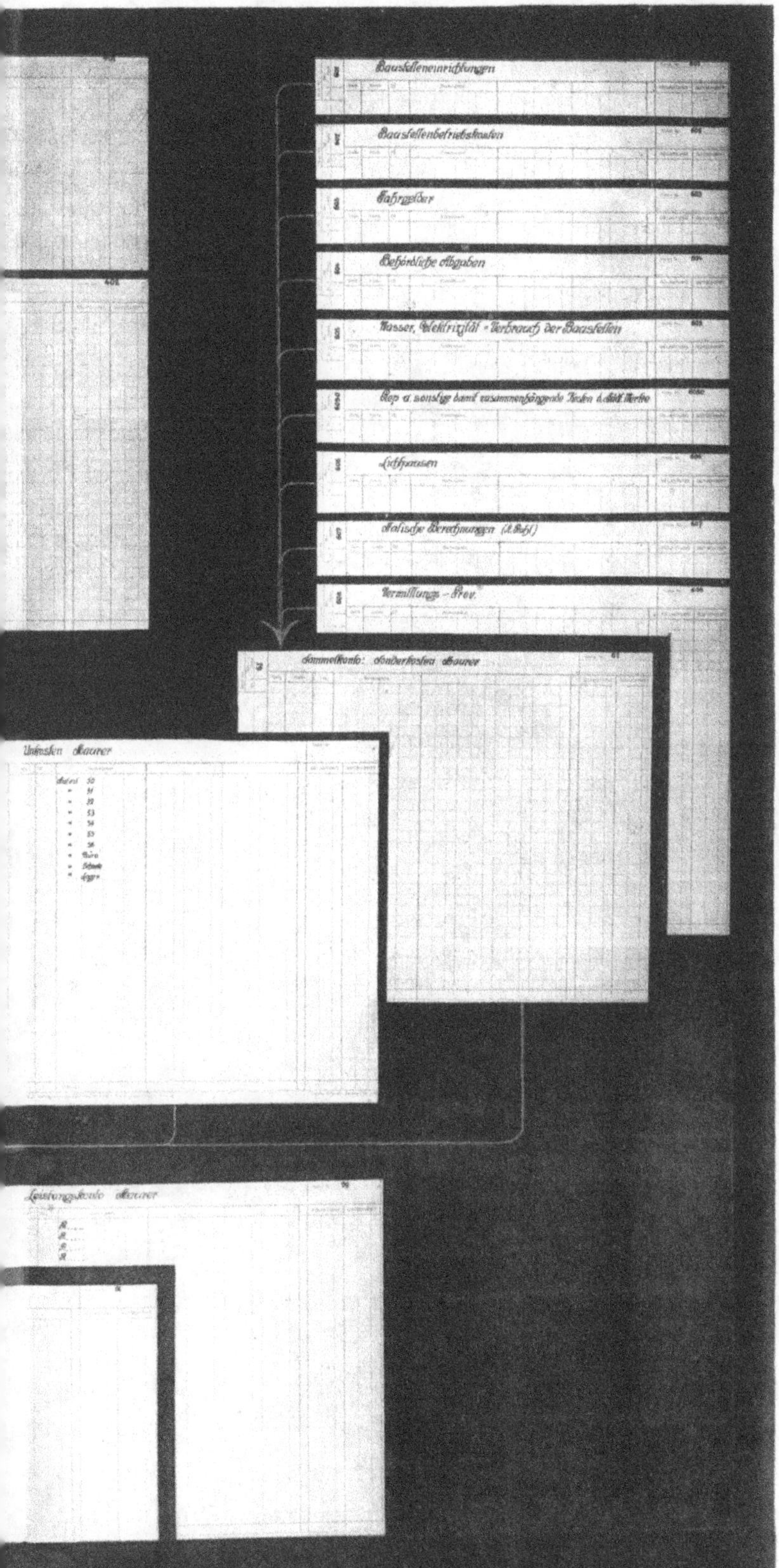

Verlag von R. Oldenbourg, München und Berlin.

Postens wünschenswert. Es werden auf diesem Konto alle für eine Submission erforderlichen Kosten verbucht, also Unterlagen, Lichtpausen, Berechnungen und Entwürfe fremder Firmen usw.

Gruppe 6. Die Unterlieferanten nehmen einen breiten Raum in dieser Kontengruppe ein. Es sind auch solche Berufsgruppen angeführt, für die ein eigener Nebenbetrieb besteht. Da es jedoch nicht selten vorkommt, daß dieser eigene Nebenbetrieb nicht alle Arbeiten bewältigen kann und fremde Firmen dafür herangezogen werden müssen, ist es erforderlich, für diese Leistungen durch Dritte ein Sonderkostenkonto zu führen.

Kontengruppe 9: Betriebskonten. Für jeden Betrieb sind 2 Konten gebildet worden:

1. ein Leistungskonto.

Auf diesem Leistungskonto werden sämtliche Leistungen des betreffenden Betriebes verbucht, also bei Hauptbetrieben, z. B. die ausgehenden Rechnungen. Da in der fraglichen Unternehmung möglichst wenig Nebenbücher zur Anwendung kommen sollten, wurde auf die Führung eines eigenen Rechnungsausgangsbuches verzichtet und jede Rechnung wird einzeln auf dem Leistungskonto verzeichnet. Der Saldo des Leistungskontos wurde auf das

2. Ergebniskonto

übertragen. Auf diesem Ergebniskonto werden im Soll alle Aufwendungen in Summen nach Arten zusammengefaßt verbucht. Die im Kontenplan senkrecht über den Ergebniskonten verzeichneten Aufwendungen kommen dafür in Frage.

Als Beispiel sei der Maurerbetrieb herausgegriffen.

Bei Verwendung einer Durchschreibebuchhaltung würden die einzelnen Konten folgendes Bild geben, wie aus Tafel II ersichtlich.

Die im Kontenplan in der Rubrik 9 mit * angelegten Felder sollen nur die Übertragungen dieser Konten aus den Aufwandsgruppen darstellen. Die durch Aufteilung mittels Schlüsselverfahrens gewonnenen Größen sind nur in halber Höhe gezeichnet.

Bei diesem Kontenplan ist der Versuch gemacht worden, gleich die kontenmäßige Unterteilung soweit als möglich durchzuführen, um auf diese Weise eine größere Anzahl späterer statistischer Aufteilungen zu vermeiden. Trotz dieser weitgehenden Unterteilungen sind nicht alle wissenswerten Aufteilungen kontenmäßig durchgeführt worden. Ein Teil dieser Aufzeichnungen wurde gleich auf dem Kontenblatt mitgeführt. Als Beispiel siehe die Konten für Zement, Kies.

Bei allen Materialien, bei denen Lagervorräte vorkommen, wurden die über Lager laufenden Posten gleich in einer Vorspalte ausgeschieden. Eine Abgrenzung der Textspalte wurde zur Aufzeichnung der eingegangenen Mengen verwendet. Auf diese Weise wurde z. B. eine ganze Einkaufsstatistik erspart. Man führt in der Einkaufsabteilung nur noch eine reine Preisstatistik.

Bei Kies war ein anderes Erfordernis geboten. Lagerhaltung für Kies kommt in dieser Unternehmung nie vor. Jedoch wird ein großer Teil des zu verarbeitenden Materials in eigenen Gruben gewonnen. Deshalb erfolgt hier — außer der Wertverrechnung in Gruppe 9 (Leistungskonto Sandgruben) — eine Mengenaufzeichnung nach eigenen und fremden Lieferungen. Diese statistischen Auswertungsmöglichkeiten wurden noch weiter ausgenützt, wie einige Beispiele oben zeigen.

Da es sich bei jedem Konto nur um einige Blätter handelt, die benötigt werden, lohnt es sich nicht, für jede Art eigene Vordrucke anfertigen zu lassen. Es wurden vielmehr die allgemeinen Vordrucke dem speziellen Bedarf angepaßt.

Auf Grund von Rundfrage und Besuch bei einer größeren Anzahl Bauunternehmungen konnte die Erfahrung gemacht werden, daß mit wenigen Ausnahmen die Finanz- und Anlagekonten meist in ganz einfacher, zusammengedrängter Form vorhanden waren. Die Aufwandskonten wurden größtenteils in Sammelkonten für Material, Lohn, Unkosten geführt. Letztere oft in statistischen Nebenrechnungen spezifiziert. Untergliederung in Betriebskonten erfolgte sehr selten und wenn eine solche vorgenommen wurde, nach Kostenträgern, nicht nach Kostenstellen. Ab und zu wurden Unkosten für Nebenbetriebe noch herausgegliedert. Eine richtiggehende Gliederung nach Arten wurde vermißt. Meist erfolgt ein großes Gemenge, z. B. Verbuchung nach Arten, dann wieder nach Stellen.

Das Baukonto (Betriebs-, Bauten-, Baugeschäfts-, Bauabrechnungskonto) war als einziges Sammelkonto für Soll- und Habenbuchungen wegen seiner Unübersichtlichkeit ohne praktische Bedeutung.

Durchführung von Monats- und Jahresabschlüssen.

Aufwandskonten. Im vorhergehenden Kontenplan sind allgemein bezüglich des Ranges zu unterscheiden:

Unterkonten (auf die die Buchungen vorgenommen werden),
Hauptkonten (zur Zusammenfassung der zu dieser Gruppe gehörigen Unterkonten).

Der Monatsabschluß kann in der Buchhaltung kontenmäßig durchgeführt werden oder auch außerhalb der Buchhaltung statistisch. Ein formeller Monatsabschluß bringt mehr Arbeit und weniger Übersicht als ein statistischer. Deshalb soll der letztere vorgezogen und kurz behandelt werden. Drei große Teile können bei diesem Abschluß unterschieden werden:

Falk, Baugewerbe.

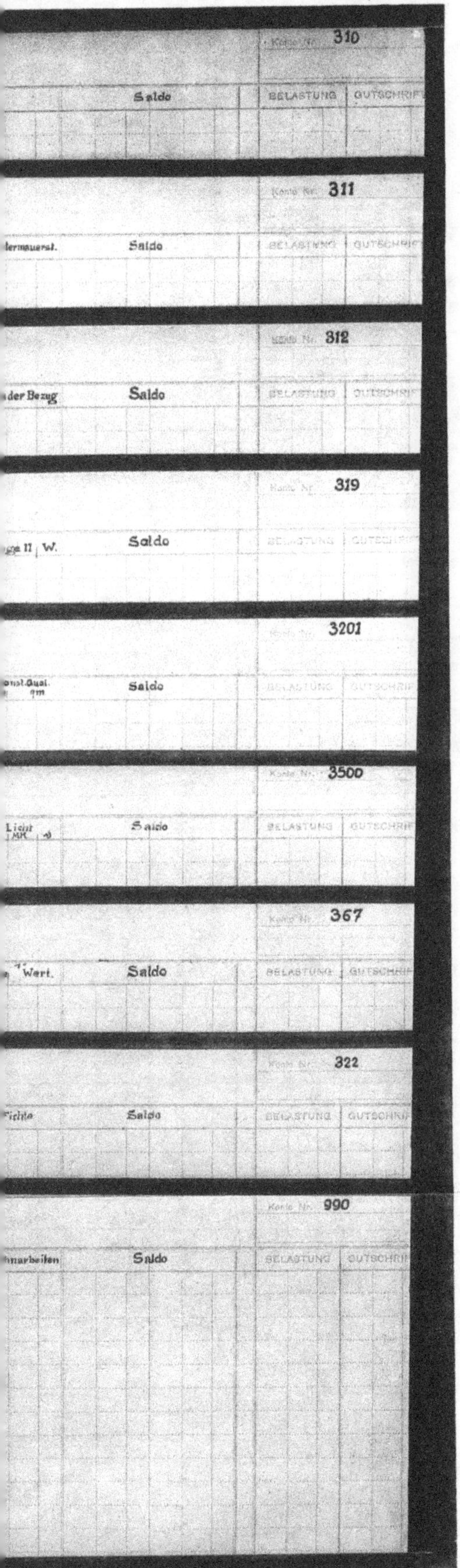

Verlag von R. Oldenbourg, München und Berlin.

1. Aufstellung der Umsatzbilanz:
   a) für den betr. Monat,
   b) für das bisher zurückgelegte Jahr.
2. Saldenbilanz für den Monat: Zerlegung des Saldos in
   a) Aufwand,
   b) Bestand.
3. Verteilung des Aufwandes auf Betriebe:
   a) direkter Aufwand,
   b) indirekter Aufwand.

Zu 2. ist es, da eine Zerlegung des Saldos in Aufwand und Bestand notwendig ist, erforderlich, den Bestand entweder

a) buchmäßig durch die Lagerbuchführung oder

b) tatsächlich durch Monatsinventur

festzustellen.

Dem letzteren Verfahren ist selbstverständlich wegen der größeren Exaktheit der Vorzug einzuräumen.

1. Umsatzbilanz. Bei dem für die Umsatzbilanz bestimmten Formular sind der Platzanordnung wegen drei Spalten nebeneinandergereiht. Die erste Spalte ist für die Finanz- und Anlagenkontengruppen gedacht, bei welchen der Saldo einfach als Bestand (sei es nun Soll- oder Habenbestand bei den Finanzkonten) darstellt. Bei den Anlagen sind eventuelle Abschreibungen zu berücksichtigen. Dies geschieht jedoch in der Aufwandsverteilung.

2. Aufwandsverteilung auf Betriebe. Verhältnismäßig einfach ist die Aufteilung des direkten Aufwandes. Bereits aus den einzelnen Hauptkonten geht in den meisten Fällen hervor, wohin der Aufwand gehört.

Schwierigkeiten bereiten allein die Unkosten. Zu ihrer Aufteilung ist ein eigenes Aufteilungsschema erforderlich, über dessen Einzelheiten später noch zu berichten sein wird. Die auf Grund dieses Aufteilungsschemas festgestellten Beträge werden im zweiten Teil der Aufwandsverteilung den Betrieben belastet.

Auf diese Weise hat man die Möglichkeit, den Aufwand für jeden Monat zu ermitteln. Zu berücksichtigen ist, daß ein großer Teil des Aufwandes zur Zeit der Erfassung noch nicht gebucht, also auch nicht ermittelt ist. Ferner ist es schwierig, ganz exakt den Aufwand nach Monaten abzutrennen. Deshalb ist man zum Teil auf Schätzungen angewiesen.

Schema des Verbandes sozialer Baubetriebe.

Der einzige meines Wissens veröffentlichte Kontenplan ist der Musterplan des Verbandes sozialer Baubetriebe[1]). Das Schema ist

[1]) Soziale Bauwirtschaft, S. 92, Jahrgang 1927.

deshalb interessant, weil es von der größten Anzahl der Bauhütten verwendet wird, also nicht nur von einer einzelnen Unternehmung, sondern von einer Vielzahl auf seine Brauchbarkeit geprüft werden soll. Außerdem nimmt dieses Schema ganz besondere Gesichtspunkte auf und steht in dieser Beziehung in direktem Gegensatz zu allen von mir in der Praxis angetroffenen Kontenplänen.

Dieser Kontenplan geht von dem Liquiditätsstandpunkt aus. Von den 9 Kontengruppen sind allein 5 mit reinem Finanzcharakter. Die dort mit A II bezeichnete Gruppe „Umlaufmittel" bringt Baustoffkonto mit Bank, Postscheck usw. zusammen. Weiter erscheint in dieser Gruppe noch ein „Baukonto" (Aufwendungen). Dasselbe soll die gesamten Aufwendungen sammeln. Im begleitenden Text heißt es „es soll sämtliche Aufwendungen, die für Bauarbeiten gemacht werden" aufnehmen. Demnach sind alle Löhne, Baustoffe, Fuhrlöhne, Frachten, Kosten und Betriebsunkosten auf das Bautenkonto zu verbuchen. Das Bautenkonto ist als reines Bestandskonto zu führen und entspricht dem Fabrikationskonto in der Industrie." Aus diesen Ausführungen geht deutlich das Mißverständnis hervor, dem auch der Verband sozialer Baubetriebe zum Opfer gefallen ist, indem er aufgelaufene Selbstkosten einem tatsächlichen Vermögensbestand gleichsetzt. Auch wenn diese Erläuterung nicht gegeben wäre, so müßte diese Auffassung schon allein aus der Eingliederung dieses Kontos unter dem Umlaufmittel hervorgehen. Als Umlaufmittel sollen in diesem Plane anscheinend alle jene Posten zusammengefaßt werden, die sich schnellstens in Geld verflüssigen lassen. Man erfaßt auf diesem Konto nicht nur direkte Kosten, sondern auch indirekte, deren abweichende Höhe von dem tatsächlichen späteren Ertrag ganz besonders leicht gegeben ist. Die Zerlegung dieses Baukontos in einem Nebenbuch soll dort wohl auch nach dem Gesichtspunkte der getrennten Betriebsnachweisung geführt werden.

Auffällig ist in der Gruppe des kurzfristigen fremden Kapitals die Einführung eines Kontos Vorauszahlungen des Bauherrn. Letztere ist eine Zahlungsleistung des Bauherrn, die als Geldeingang eines Debitors in Kasse und Debitorenkonto gebucht werden kann. Die Konten für Rückstände sozialer Lasten, Betriebssteuern, Lohnsteuer, Abzugskonten sind ebenso überflüssig. Krankenkasse, Finanzamt sind einfach Kreditoren wie jeder andere, die ebenso pünktlich wie andere Kreditoren bezahlt werden sollen. Bezüglich der Invalidenmarken kann für dieselben ein einfaches Kreditorenkonto eingeschoben werden, indem die Invalidenmarkenkasse als Kreditor gilt, der für Marken einen bestimmten Betrag anzufordern hat. (Auf die Fehlerhaftigkeit der Ausdrücke produktiver und unproduktiver Lohn braucht wohl nicht besonders hingewiesen zu werden.) Die Auffassung, daß soziale Lasten getrennt von den übrigen Kreditoren behandelt werden müssen, kann aus obigem

Grunde nicht geteilt werden. Wenn in genanntem Artikel die „aus Unkenntnis dieser Schuldenentstehung hervorgehenden unfreiwilligen Darlehen der Behörden gegen die Betriebe oft den Leiter eines Unternehmens über den wahren finanziellen Stand täuschen", so ist dies ein Fehler in der Organisation der Finanzpläne, auf deren Wichtigkeit schon hingewiesen wurde.

Unter Kontengruppe Aufwendungen sind Unkosten und Sonderkosten zusammengefaßt. Die Gliederung nach Kostenarten ist nicht rein durchgeführt, vielmehr werden zunächst Unkostenarten aufgezählt, dann werden sie in einer Gruppe nach Unkostenstellen gruppiert. Die notwendige Folge dieser unkonsequenten Gliederung ist eine ungleichmäßige Buchung gleichartiger Buchungsvorfälle. Die folgende Gruppe: Erträge, soll nur die wirklich errechneten und festgestellten Erträge aufnehmen, „um die Schwierigkeiten, die sich aus „gemengten Konten" ergeben und im Baugeschäfte besonders groß sind, zu vermeiden." In einfacher Weise werden hier die großen Schwierigkeiten weggelassen, die bezüglich der Unkostenverrechnung entstehen. Das Ertragskonto soll also lediglich die Salden der einzelnen Aufträge übernehmen.

Die Kontengruppe „durchlaufende Konten" stellt in eine Reihe Bürgschaftsforderungen, Wechselregreß-Anspruchskonto und Lohnkonto (produktiver Lohn). Mit welcher Berechtigung in diese Gruppe das Lohnkonto eingestellt wird, ist rätselhaft und geht auch aus dem Text nicht hervor. Wenn man auf dem Standpunkt steht, daß das Lohnkonto, da die gesamten Löhne wieder verteilt werden müssen, in die Gruppe durchlaufende Konten gehört, so müßte man sämtliche Aufwendungen im weitesten Sinne als durchlaufende Konten bezeichnen. Für um so zweckloser sind die Wechselregreßanspruchskonten zu halten. Von praktischer Bedeutung kann dieses einfache Konto nicht sein, weil aus demselben lediglich die Gesamtzahl der girierten und weitergegebenen Wechsel hervorgeht, aber nicht deren Güte, die jedoch für eine ev. Regreßverpflichtung wichtig sind und eine ev. Regreßverpflichtung sich allein darnach bemessen läßt. Der Hauptfehler des vorliegenden Kontenplanes beruht darin, daß er die Liquiditätsfrage in den Vordergrund rückt, ohne damit wirklich Unterlagen für einen Finanzierungsplan zu gewinnen. Die Aufstellung eines Finanzierungsplanes für das Baugewerbe ist in keiner Weise zu unterschätzen, kann aber nur statistisch erfolgen. Die Gliederung des gesamten Kontenplanes darnach ist abwegig. Zu diesen negativen Nachteilen gesellen sich noch positive. Die vornehmste Aufgabe einer Bauunternehmung ist wie für jedes privatwirtschaftliche Unternehmen: Produktion und in deren Interesse ist der Kontenplan aufzubauen. Die Aufwendungen im weitesten Umfange gehören zusammengenommen und beobachtet, ebenso wie die Erträgnisse in richtiger Form erfaßt gehören.

Formelle Durchführung der Buchhaltung.

Für die formelle Durchführung der Buchhaltung läßt sich allgemein Gültiges nicht sagen. Es sind mit jeder Buchführungsmethode gute Resultate zu erreichen, die verwendete Methode muß sich vollkommen den Erfordernissen der einzelnen Unternehmung anpassen und jede Unternehmung hat andere Erfordernisse.

Aus diesem Grunde soll hier nur das in der Praxis gewonnene Material systematisch geordnet und dargestellt werden, wobei bei jeder Anwendung die Vor- und Nachteile hervorgehoben werden sollen. Die Durchführung von Nebenrechnungen ebenso wie die Behandlung rein kaufmännischer Organisationen, so z. B. Kontokorrent, können hier nicht behandelt werden.

1. Amerikanisches Journal.

Das amerikanische Journal wird in vielen Variationen zur Verwendung gebracht.

1. Einfaches Journal. (Siehe Tafel IV.)

Bei dem vorliegenden Journal hat man soviel Kolonnen als möglich angeordnet. Eine größere Anzahl Kolonnen anzuordnen geht nicht, ohne das Journal unhandlich zu machen. Die übrigen Konten mußten daher in der Kolonne für Verschiedenes untergebracht werden. Selbstverständlich hat man dazu die weniger beanspruchten Konten gewählt.

Beim amerikanischen Journal ist die Anzahl der zur Verfügung stehenden Kolonnen begrenzt. Sie wird meist schon durch Finanz- und Anlagekonten zum großen Teil in Anspruch genommen, so daß für Aufwands- und Betriebskonten nur sehr wenig übrigbleibt. Und gerade im Baugewerbe, durch die Anzahl der Betriebe und erforderliche genaue Aufwandskontrolle wird die notwendige Kolonnenzahl so groß. In dieser Richtung bewegen sich denn auch ausnahmslos die Abänderungsversuche am einfachen Journal. Die praktischen Vor- und Nachteile dieser Abänderungen sind nur beim praktischen Gebrauch zu erfassen. Insbesondere die Zerlegung des Journals in 2 Bücher macht zum Teil die Vorteile des Journals illusorisch. Meines Erachtens dürfte es, nachdem feststeht, daß das Journal nicht ausreicht, am zweckmäßigsten sein, im Journal nur Sammelkonten zu führen und deren Unterteilung statistisch vorzunehmen.

Dies erscheint mir der gegebene Weg der Verbindung der bekannten Vorteile des amerikanischen Journals mit den Anforderungen genauester, detaillierter Rechnungslegung.

2. Durchschreibebuchhaltungen.

Vorweg sei bemerkt, daß fast jedes System manueller Durchschreibesysteme auf seiner Referenzliste Bauunternehmungen präsentieren kann, so daß daraus nicht auf Brauchbarkeit oder Unbrauch-

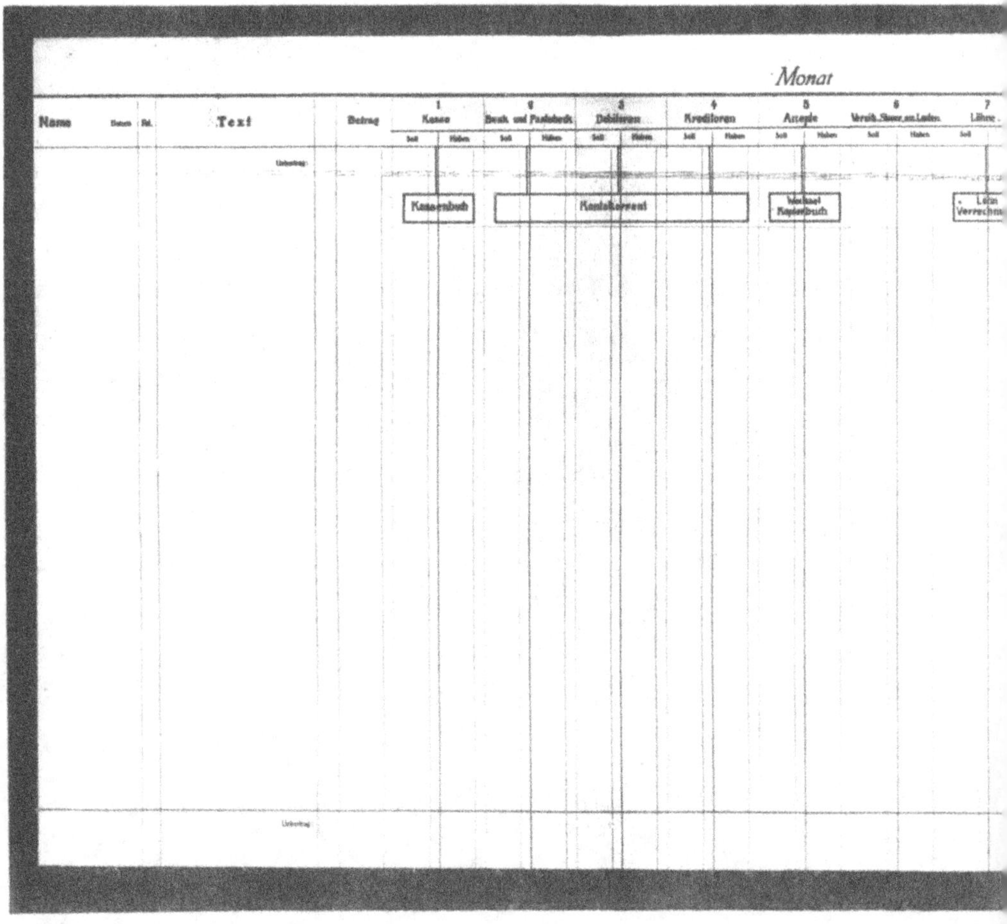

Falk, Baugewerbe.

Tafel IV.

19

9 Maschinenbetrieb		10 Baubetrieb		11 Fuhrwerksbetrieb		12 Schreinerei		13 Allgem. Unkosten		14 Nebenbetriebsunkosten		15 Unkosten für Büro		Verschiedene Konten			Umsatzsteuer		
Soll	Haben	Soll	Haben	Soll	Haben	Soll	Haben	Soll	Haben	Soll	Haben	Soll	Haben	Bezeichnung	Soll	Haben	1. Umsatzsteuer[illegible] Beträge	Befreiung	Umsatzsteuer[illegible]
														D 1. Privat D 2. Maschinenbestand D 3. Mobilien D 4. Grundstücke D 5. Gebäude D 6. Kapital D 7. Bilanz D 8. Fuhrwerksbestand D 9. Schmiedebetrieb D 10. Werkzeug D 11. Gerüstholz D 12. Zinsen D 13. Rohstoffunkosten D 14. Gewinn u. Verlust D 15. Wechsel D 16. Abschreibung D 17. Kürzungen D 18. Ungedeckt. Löhne D 19. Verpflichtungen aus dem Tarifvertrag					

Verlag von R. Oldenbourg, München und Berlin.

barkeit einzelner Systeme oder des ganzen Prinzips für das Baugewerbe geschlossen werden kann. Zum Teil sind Kombinationen zwischen amerikanischem Journal und Durchschreibebuchhaltung versucht worden. Der Vorteil der Durchschreibebuchhaltung ist der der unbegrenzten Unterteilungsmöglichkeit, kann jedoch für den, der sich darin nicht beschränken kann, zum Nachteil werden. Über diese Unterteilungsmöglichkeit gibt die Abbildung Nr. 5 S. 43/44 ein Beispiel.

Auf die allgemeinen Nachteile der Durchschreibebuchhaltung einzugehen, würde zu weit führen. Der Nachteil der Mehrarbeit gegenüber dem amerikanischen Journal ist noch erträglich, da insbesondere in der kaufmännischen Buchhaltung verhältnismäßig wenig Buchungen vorkommen und die innerbetrieblichen (Verfolgung des Aufwandes) ziemlich erheblich sind.

3. Maschinelle Buchhaltungen.

1. Lochkartenverfahren. Lochkartenverfahren, weder Hollerith, noch Powers, sind in Deutschland in Bauunternehmungen im Gebrauch. Es fragt sich, was als Grund dafür angesehen werden mag. Diese Frage zu beantworten, ist für den Außenstehenden sehr schwierig, nur Vermutungen können geäußert werden.

Daß der hohe Preis für Kauf, bzw. Miete Ursache sein könnte, scheidet für die größten Unternehmungen wohl aus, da es ihnen finanziell möglich ist, für eine gute Organisation solche Beträge aufzubringen. Die speziellen Verhältnisse im Baugewerbe, die verhältnismäßig geringe Anzahl von Buchungen, die Vielgestaltigkeit der Buchungsarten sind wohl ungeeignet für Lochkartenverfahren.

2. Elliot Fisher. I. Elliot Fisher Buchungsmaschinen sind in verschiedenen großen Bauunternehmungen im Gebrauch (Tafel V).

In obiger Anordnung ist ein Journal verwandt. An Karten ist eine Sach- und Personenkarte in verschiedenfarbiger Ausführung (Personen-Sachkontenkarten) vorhanden. Diese Anordnung weist gegenüber der Anordnung der Einzug-Durchschreibebuchhaltung keine Sonderheiten auf.

II. Äußerst interessant ist die auf Tafel VI dargestellte Organisation.

Gegenüber der ersten Anordnung werden hier 4 Journale verwendet:

1. Geldverkehrsjournal,
2. Warenverkaufsjournal,
3. Wareneinkaufsjournal,
4. Sachkontenjournal.

Bei dieser Zerlegung werden die einzelnen Buchungsvorgänge gewissermaßen sortiert. Die drei ersten Journale enthalten alle links die Gruppierung für Kontokorrentkonten. Die vorliegende Personenkarte kommt für alle drei Journale zur Anwendung.

1. Das Geldverkehrsjournal mit den beiden linken Teilen der „Warenjournale" bilden die Finanzkontengruppe.

2. Das Warenverkaufsjournal läßt deutlich die Gliederung nach den einzelnen Betrieben erkennen. Bereits vorgedruckt sind:

Sandgrube, Sägewerk,
Steinbruch, Schreinerei.
Bauten,

Außerdem sind noch mehrere Rubriken vorgesehen.

Mittels Durchschrift erfolgt gleich die Verbuchung auf die betreffenden Betriebskonten.

Das Warenverkaufsjournal enthält also im wesentlichen die Erträgniskonten, und zwar in exakter Gliederung nach Betrieben.

3. Das Wareneinkaufsjournal enthält die Aufwendungen gegliedert ebenfalls nach Betrieben. Durch diese Anordnung wird eine genaue Abrechnung für jeden Betrieb ermöglicht.

4. Das Sachkontenjournal enthält noch keine Vordrucke für die Konten. Die vorhandenen zwei verschiedenen Kartenvordrucke lassen darauf schließen, daß eine Mengen- und eine Wertverrechnung durchgeführt wird.

5. Für das Sägewerk ist noch eine besondere Mengenverrechnung mit 3 besonderen Journalen

Holzeingang,
geschnittenes Holz und
Holzausgang,

durchgeführt.

Die Gesamtanordnung macht den Eindruck einer vollendet angelegten Organisation, die bei richtiger Führung geeignet ist, dem Unternehmen ausgezeichnete Dienste zu leisten. Wenn einzelne Teile mehr — z. B. Sägewerk — andere weniger, z. B. Bauabrechnung, durchgeführt sind, so dürfte dies mit dem typischen Charakter der Gesamtunternehmung zusammenhängen.

III. In dem folgenden Beispiel (Tafel VII), bei dem nur Betriebsbuchhaltung abgebildet ist, ist die Gliederung nach Aufwandsstellen interessant. Der Baubetrieb wird in 4 geographisch verschiedene Bezirke zerlegt:

I. G. Farbenindustrie in Oppau,
Ludwigshafen,
Mannheim und
Merseburg.

Die kaufmännische Buchhaltung hat 5 Journale, und zwar ein Sachkonten-Journal, 2 Kontokorrent-Journale, ein Rechnungseingangs- und ein Rechnungsausgangsbuch.

	Name und Ort

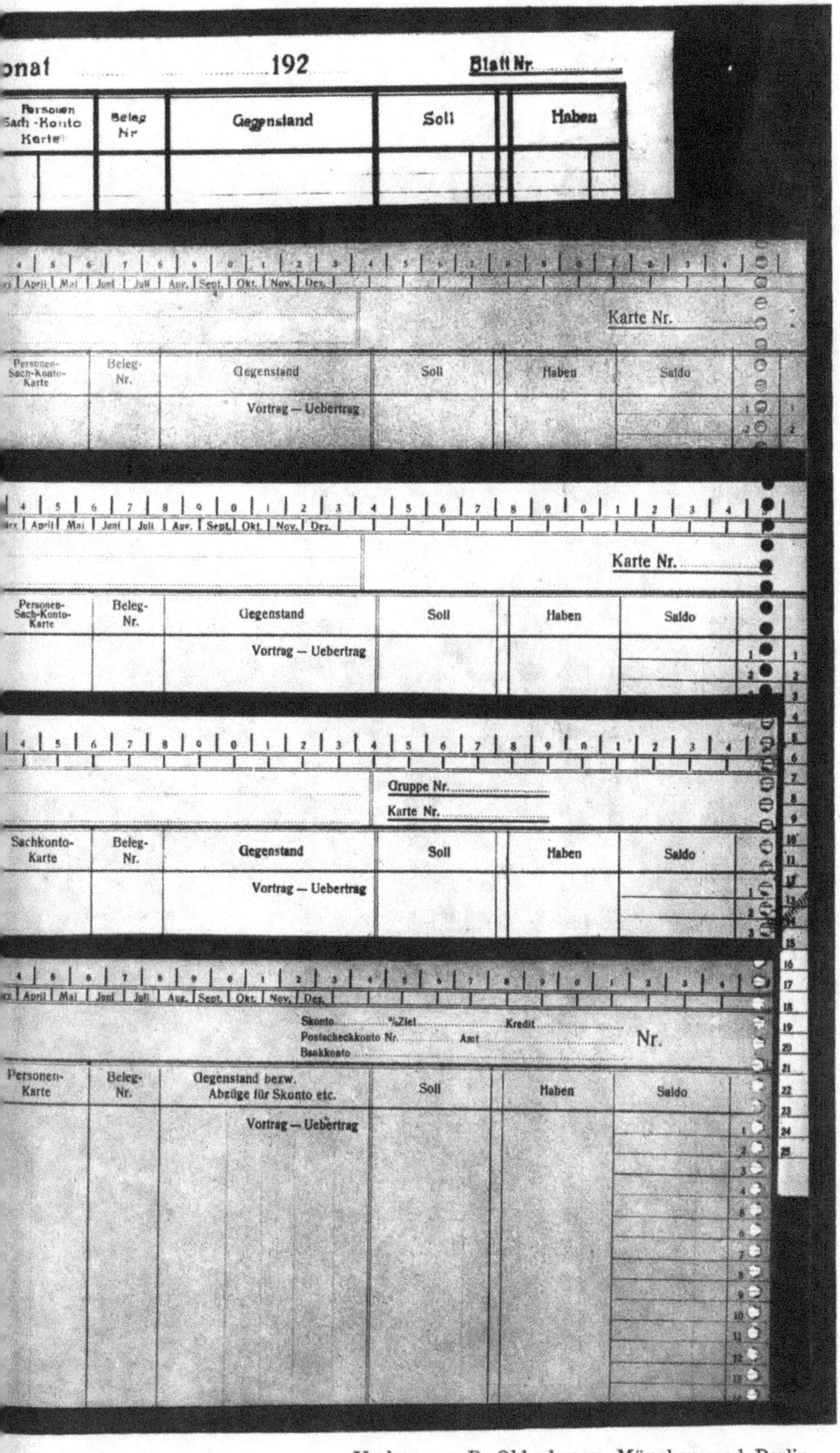

Verlag von R. Oldenbourg, München und Berlin.

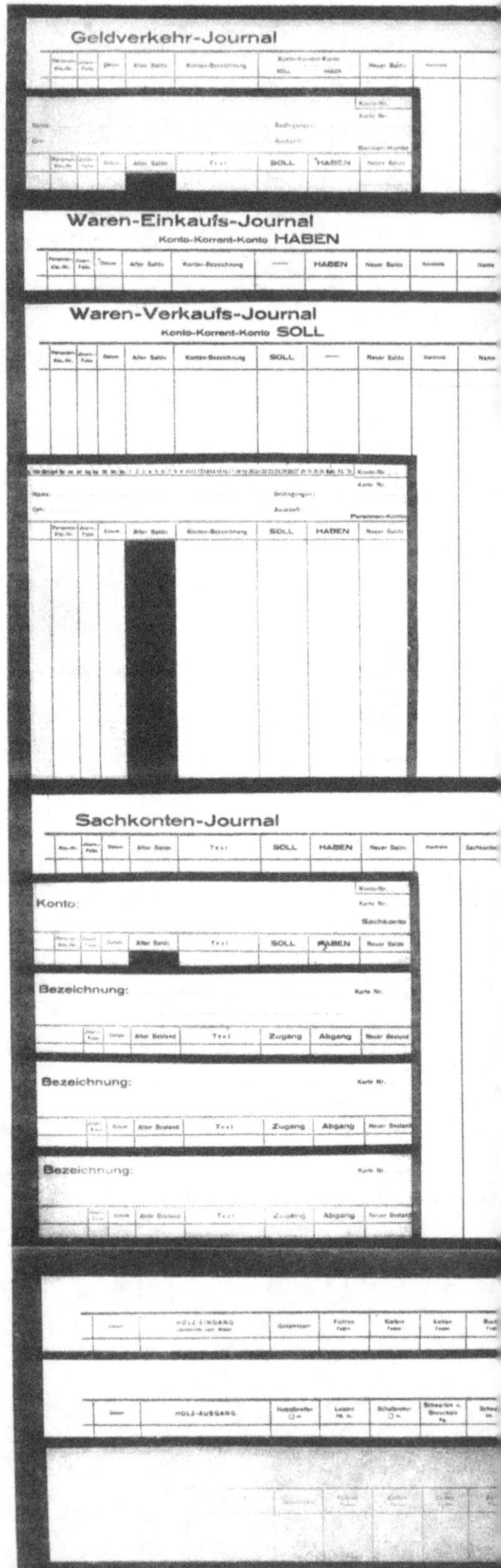

Falk, Baugewerbe.

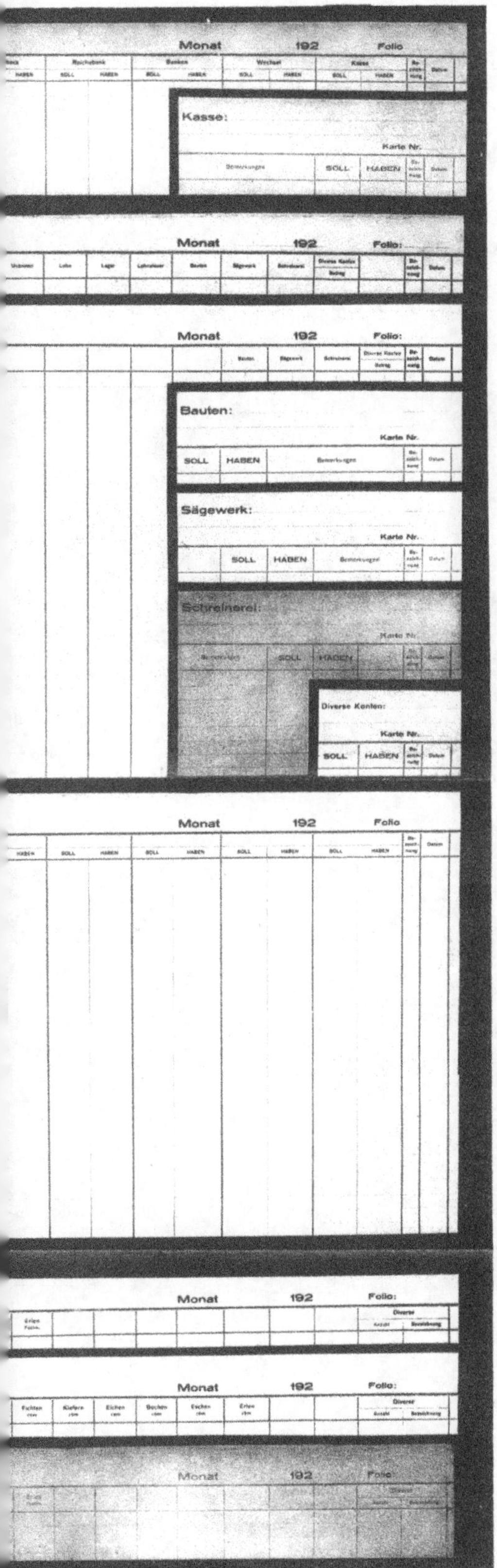

Verlag von R. Oldenbourg, München und Berlin.

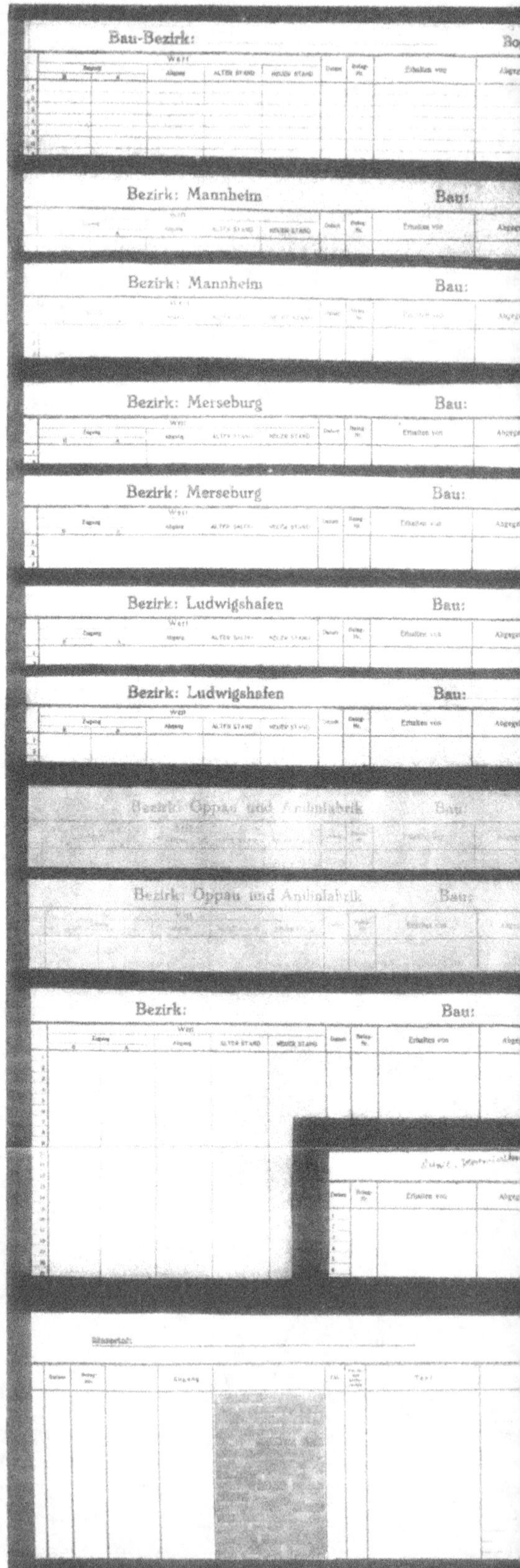

Bau-Bezirk: Bo[illegible]

Zugang		Abgang	ALTER STAND	NEUER STAND	Datum	Beleg-Nr.	Erhalten von	Abgegeben
		Wert						

Bezirk: Mannheim Bau:

Bezirk: Mannheim Bau:

Bezirk: Merseburg Bau:

Bezirk: Merseburg Bau:

Bezirk: Ludwigshafen Bau:

Bezirk: Ludwigshafen Bau:

Bezirk: Oppau und Anilinfabrik Bau:

Bezirk: Oppau und Anilinfabrik Bau:

Bezirk: Bau:

Material:

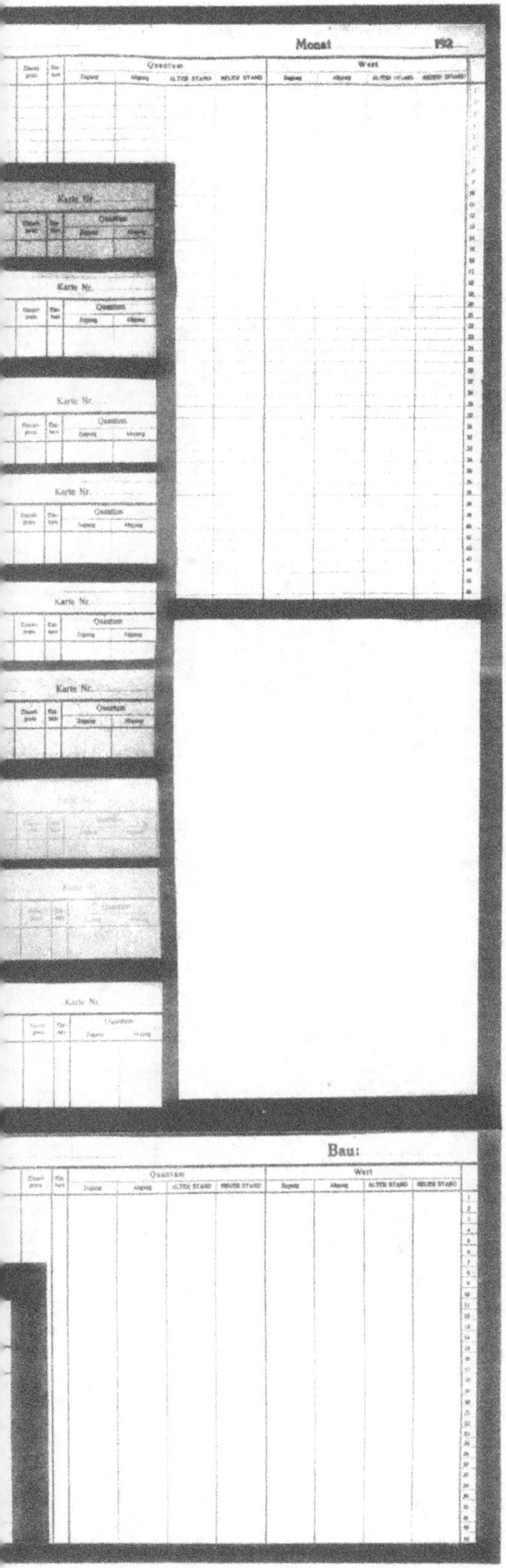

Verlag von R. Oldenbourg, München und Berlin.

Das Rechnungsausgangsbuch gliedert wie die Betriebsbuchhaltung nach 4 geographischen Bezirken. Außerdem haben wir als weitere Aufwandsstellen: Nebenbetriebe, Lagerplatz und Magazin.

Die Anlagen-Kontengruppe ist durch eine Spalte „Neuanschaffungen" vertreten, während die gesamten Unkosten in einer „Generalumkosten"-Spalte zusammengenommen werden.

Für die Konten werden verschiedenfarbige Karten verwendet, umd zwar:

1. für Kunden,
2. „ Lieferanten,
3. „ Untersachkonten,
4. „ Unkostensachkonten,
5. „ Sachkonten.

III. Kapitel.

Die Kostenrechnung im Baugewerbe.

Allgemeines.

Begriff: Kostenrechnung.

„Aller Aufwand der Unternehmung, der zur Erreichung des Zweckes der Unternehmung geschieht, gehört zu den Kosten der Unternehmung und bildet als Kostenelement die Grundlage für die Selbstkostenrechnung der Unternehmung. Hiernach gibt es also für alle Unternehmungen eine Kostenrechnung; sie ist eine Zusammenstellung aller Kosten in einem Zeitabschnitt, die für diese Zeit Aufwand sind, die verglichen werden mit den produzierten oder umgesetzten Mengen. In der Industrie, in den Produktionsbetrieben faßt man die Kostenrechnung aber meist enger auf, indem man hier schon bei der Fertigstellung des einzelnen Stückes den dies betreffenden Aufwandsteil zu ermitteln sucht und dann allen von dieser Rechnung nicht erfaßten, nicht erfaßbaren Aufwand als Unkosten, als Unkosten des Betriebes in die Gewinn- und Verlustrechnung (Aufwands- und Erträgnisrechnung) hineinnimmt“[1]).

Werner unterscheidet in dieser Definition deutlich:

1. Selbstkostenrechnung des Gesamtbetriebes,
2. Selbstkostenrechnung der Teilbetriebe,
3. Selbstkostenrechnung der Fabrikate.

Schmalenbach (Grundlagen der Selbstkostenrechnung und Preispolitik, S. 7) deutet eine Möglichkeit, den Begriff Selbstkostenrechnung noch weiter zu fassen, und zwar als „jede Rechnung, die auf die Errechnung von Kosten abzielt“.

Aus diesen beiden Zitaten geht klar hervor, daß vor allem das Objekt, für das die Kostenrechnung durchgeführt werden soll, bestimmt werden muß. Für diese Betrachtung der Kostenrechnung im Baugewerbe soll der Begriff der Kostenrechnung im weitesten Sinn (= jede Rechnung, die auf die Errechnung von Kosten abzielt) unberücksichtigt bleiben.

Hauptbetrachtungsobjekt soll die

1. Kostenrechnung der „Fabrikate“ (des Stückes)

sein. Dieses Stück ist nun technisch nicht als ein einheitliches Ganzes anzusehen, sondern als eine Zusammensetzung einzelner Leistungseinheiten. Damit tritt neben das erste Objekt

[1]) Werner, Allgemeine Betriebswirtschaft, Bd. II, S. 50ff.

2. die Kostenrechnung der Leistungseinheiten.

Diese beiden Rechnungen zusammen sollen als die Kostenrechnung im engeren Sinne gelten und Abgrenzung für dieses Kapitel sein. Im Vordergrund der betriebswirtschaftlichen Betrachtung steht immer das Stück als Gegenstand der Objektsrechnung. Die Kostenrechnung für die einzelnen Leistungseinheiten hat fast mehr technische Bedeutung und spielt betriebswirtschaftlich nur in gewissem Rahmen eine Rolle. Die Leistungseinheiten werden daher erst in zweiter Linie einer Betrachtung unterzogen.

Elemente der Kostenrechnung.

Als Elemente der Kostenrechnung haben alle die Kosten zu gelten, die die Unternehmung im Interesse ihrer Produktion aufwendet. Die Kosten werden nach verschiedenen Gesichtspunkten gegliedert. Bereits in der Buchhaltung wurde von direktem und indirektem Aufwand gesprochen. Diese Unterscheidung wird auch in die Kostenrechnung mit übernommen, und zwar wird hier gegliedert in direkte und indirekte Kosten. Diese Unterscheidung ist von dem Betrachtungsstandpunkt des einzelnen Stückes aus erfolgt.

Der A. W. F.[1]) gliedert in seinem Grundplan für Selbstkostenrechnung nach:

1. Kostenarten. Die Gliederung nach Kostenarten ist notwendig für alle Kosten, um zweifelsfrei festzustellen, „wohin sie gehören". Alle anderen Betrachtungen, zu welchem Zwecke, für welchen Auftrag, scheiden aus.
2. Kostenstellen. Die einzelnen Betriebsabteilungen, zu deren Gunsten Kosten aufgewendet werden, werden als Kostenstellen bezeichnet. Der Begriff Abteilung ist an keine räumliche Abgrenzung gebunden und muß auch nicht mit den sonst üblichen Abteilungsbezeichnungen übereinstimmen. Die Bildung von Kostenstellen hat lediglich den Zweck, die indirekte Verrechnung der Unkosten auf das folgende Element, auf die Kostenträger zu ermöglichen.
3. Die Kostenträger sind die letzten Leistungen des Unternehmens, in deren Interesse die gesamten Kosten aufgewendet werden; sie müssen dann also auch die gesamten Kosten tragen.

Maßstäbe der Kostenrechnung.

Wir haben 2 Maßstäbe zur Verfügung:

1. Mengenmaßstab,
2. Wertmaßstab.

[1]) A.W.F. = Ausschuß für wirtschaftliche Fertigung, Grundplan der Selbstkostenrechnung.

In der Buchhaltung wurde nur der Wertmaßstab verwendet. Mengenangaben hatten stets nur statistische Zwecke. Anders in der Kostenrechnung. Dort sind Mengen- und Wertmaßstäbe zu berücksichtigen. Die Mengenverrechnung dient vorwiegend technischen Zwecken und wird daher nicht selten als technische Kostenrechnung im Gegensatz zu der mit Geldwerten rechnenden kaufmännischen Kostenrechnung bezeichnet. Bei der Bezeichnung technische Kostenrechnung ist selbstverständlich klar, daß es sich dabei nicht um eine selbständige Kostenrechnung handeln kann, sondern nur um einen Teil der gesamten Kostenrechnung.

Da sich diese Gliederung durch die ganze Kostenrechnung hindurchzieht, ist es zweckmäßig, sie kurz zu betrachten und zu begründen. Die einzelnen Aufträge sind grundverschieden voneinander — eine typische Erscheinung der Einzelfabrikation. Beim Aufbau eines solchen Objektes lassen sich jedoch bestimmte Leistungseinheiten feststellen, die in ihrer Analyse vollkommen gleich sind. Erst die Verwendung — Form, Menge, Aufbau — dieser Leistungseinheiten bringt die Differenziertheit des Objektes. Wenn ich einen Vergleich gebrauchen darf: Die unzähligen chemischen Verbindungen lassen sich durch Analyse auf wenige Elemente zurückführen. In unserem Falle des Baugewerbes sind diese Elemente die Kostenarten. Diese Erkenntnis ist für die gesamte Kostenrechnung von Wichtigkeit für deren Aufbau. Die Kostenrechnung kann also in diesem Sinne der Analyse des Chemikers gleichgestellt werden. Um diesen Vergleich weiterzuführen, kann auch von quantitativer und qualitativer Analyse die Rede sein. Qualitativ ist die Feststellung der Kostenart, quantitativ die Feststellung der erforderlichen Menge und dafür aufzuwendenden Preise.

Die Planung legt also das Objekt nach Größe und Ausführung fest. Die Mengenrechnung hat nunmehr eine doppelte Aufgabe:

1. Feststellung der für eine einzelne Leistungseinheit notwendigen Menge an Kostenarten.
2. Feststellung der erforderlichen Mengen an einzelnen Leistungseinheiten.

Die Wertrechnung ermittelt:

1. Preis für jede Kostenart,
2. Preis für jede Leistungseinheit,
3. Preis für Kostenträger.

Das Endziel der Kostenrechnung, die Ermittelung der Kosten für einen Kostenträger ergibt sich durch Zusammenwirken der Mengen- und Wertrechnung.

Kostenträger A = ... (Menge) Leistungseinheit A
..... (Menge) Leistungseinheit B

Leistungseinheit = ... (Menge) Element A
..... (Menge) Element B
..... (Menge) Element C

Wert A × Wert B × Wert C = Wert Leistungseinheit A

Menge der Leistungseinheit × Werte derselben = Kostenträger.

Bei den Kostenarten kommen dann selbstverständlich jeweils noch die Unterarten in Frage, die noch im einzelnen besprochen werden.

Der oben angedeutete Weg ist also der, daß der Kostenträger mengenmäßig zunächst analysiert wird und dann wertmäßig wieder aufgebaut. Warum ist dies erforderlich? Genau so wie sich eine Analyse nicht mit dem Auffinden von Zwischenprodukten begnügen kann, ist es falsch, eine Kostenrechnung für Leistungseinheiten zu bilden, da Leistungseinheiten nicht als Elemente im Sinne der Kostenrechnung gelten. Die Preise sind daher stets für Elemente zu bilden und durch Synthese dann die Leistungseinheiten und schließlich den Kostenträger zu kalkulieren. Mit Rücksicht darauf soll hier auch gleich der Zweck des Vergleichs einzelner Objekte, der für die Kostenrechnung so wertvoll ist, eindeutig festgelegt werden. Der Vergleich soll die Unterlagen für eine exakte Mengenverrechnung liefern, um dadurch eine genaue Schätzung zu ermöglichen.

Die Nachrechnung.

Kostenarten.

Die unter diesem Abschnitt zur Erörterung gelangenden Fragen unterscheiden sich wesentlich von den bisherigen. Der Buchhaltung wird der größte Teil des zu verarbeitenden Materials automatisch zugetragen, während die Nachrechnung ihre Hauptschwierigkeit in der

Erfassung,
Bewertung und
Verrechnung der Kostenarten findet.

Dieser Fragenkomplex, insbesondere die mit der Erfassung zusammenhängenden Probleme greifen in das praktische Getriebe jeder Unternehmung ein und finden dort auch einen Hauptteil ihrer Schwierigkeiten. Deshalb sollen auch diese praktischen Fragen Berücksichtigung finden.

I. Materialerfassung.

Mit der Materialerfassung hängt das Materialbestellwesen eng zusammen, das, soweit für das Folgende erforderlich, hier erörtert werden soll:

Als Materialbedarfsstellen kommen in Frage:

a) Die einzelnen Baustellen,
b) der Werkhof für Zimmerer oder Lagerarbeiter,

c) Werkstätten der ständigen Betriebe[1]),
d) ev. selbständiges Lager.

Als Materiallieferanten können auftreten:
a) Bauherr,
b) fremder Lieferant,
c) eigenes Lager,
d) einzelne Baustellen,
e) Baustelle selbst.

Ein Großteil der benötigten Materialien wird vom Lieferanten direkt zur Baustelle geliefert. Die vom Lager für Maurerbetrieb gelieferten Materialien sind sehr minimal. Nicht selten stellt der Bauherr einen Teil des Materials selbst, oder aber es kann Betonmaterial an der Baustelle gewonnen werden. Je nach Vereinbarung ist für dieses Material eine Vergütung an den Bauherrn zu entrichten oder nicht.

Feststellung des Materialbedarfs.

Der Materialbedarf wird mit Hilfe der Stückliste festgestellt. Sie wird formell zweckmäßigerweise mit der Vorrechnung in Zusammenhang gebracht. Die in der Vorkalkulation angegebenen Mengen der Leistungseinheiten, die wieder mengenmäßig nach Kostenarten gegliedert sind, ermöglichen eine Feststellung des Bedarfs an jeder einzelnen Baustoffart. Diese Feststellung braucht noch nicht bei jeder Vorkalkulation ausgeführt zu werden, wenn bei der Vorrechnung noch nicht feststeht, wem der Auftrag zufällt. Nur für solche Materialien muß die Stückliste gleich aufgestellt werden, für die Mengenrabatte bei der Preisfeststellung zu berücksichtigen sind.

Die neben der Mengenbestimmung erforderliche Qualitätsbestimmung muß auch besonders verzeichnet werden.

Materialbeschaffung.

1. Nachdem Materialart und -menge feststeht, ist für jede Materialart festzustellen, ob größere, laufende Abschlüsse noch bestehen, auf Grund deren das Material beschafft werden kann. Solche Abschlüsse können nur für die Materialarten getätigt werden, die in Größe, Ausführungsart usw. vollständig gleich sind, oder sich auf wenige, bestimmte Sorten beschränken. In Frage kommen: Kies, Sand, Zement, Backsteine. Gerade in diesen Materialien, die in großer Menge benötigt werden, sind solche Abschlüsse beliebt.

2. Spezielle Materialien, die für den einen Auftrag in Frage kommen, können ihre Besonderheit haben in ihrer Art, Qualität, Form, Farbe, Größe und schließlich in ihrer seltenen Anwendung (z. B. Werk-

[1]) Ständige Betriebe sollen diejenigen sein, die eine feste Werkstätte haben, z. B. Schreinerei, Glaserei.

steine, Träger, Hohlblocksteine, Klinker, besondere Natursteine usw.). Diese Materialien müssen für den bestimmten Auftrag bestellt werden.

3. Lagermaterial ist meist solches Material, das oft, aber nur in kleinen Mengen benötigt wird (Isolierstoffe, Teer, Goudron, Stifte usw.).

Termine.

Für die laufenden und speziellen Materialien sind den Lieferanten zur rechtzeitigen Disposition ungefähre Mengen und der Zeitpunkt des frühesten Bedarfs anzugeben. Im übrigen muß darauf geachtet werden, daß es wohl möglich ist, auf Grund der Terminpläne den frühesten Bedarf anzugeben, daß aber die Angabe des tatsächlichen Zeitpunktes nicht möglich ist, da der Produktionsgang durch äußere Einflüsse (Wetter) sehr verlangsamt werden kann. Die benötigten Materialmengen sind groß, meist sperrig und benötigen viel Platz. Ein zu frühes Eintreffen der Materialien verursacht unter Umständen Lagerung, doppelten Transport und damit große Unkosten. Es muß darüber gewacht werden, daß die Materialien zu dem tatsächlichen Bedarfszeitpunkt eintreffen. Am besten haben sich graphische Terminkalender zur ursprünglichen Festlegung und zur späteren Verfolgung der Termine geeignet.

Materialbestellwesen.

In den meisten — wenigstens größeren Bauunternehmungen besteht eine eigene Einkaufsabteilung. Ihr unterliegt die gesamte Materialbeschaffung. Sie ist einfach bei nahe gelegenen Baustellen, die im Stadt- oder Vorortverkehr erreicht werden können. Der gesamte Materialbedarf wird der Einkaufsabteilung gemeldet, sie verfügt die Materialien zur Bedarfsstelle. Auswärtige Baustellen sind meist Schmerzenskinder für die Unternehmung. Die räumliche Entfernung bereitet bei Beschaffung und Kontrolle von Materialien Schwierigkeiten. Die Belieferung durch das eigene Lager ist bei nahe gelegenen Baustellen einfach. Auf auswärtige Baustellen kann aber im Interesse der Arbeitsbeschaffung nicht verzichtet werden, ja sie sind für große Unternehmungen oft eine Lebensfrage. Ist die Baustelle weit entfernt, wird man sie in den meisten Fällen mehr oder wenig selbständig handeln lassen müssen. Die Verwaltung wird sich darauf beschränken, Lieferverträge auf Abruf abzuschließen und den Abruf durch das Baubüro selbst vornehmen lassen.

Aus Kontrollgründen sollte jedoch davon erst Gebrauch gemacht werden, wenn es nicht zu umgehen ist. Dem Baubüro auch bei weiter Entfernung für den gesamten Bedarf Einkaufsvollmacht zu geben, ist grundfalsch. Wenigstens die mengen- und wertmäßig wichtigen Baustoffe sollten durch die Verwaltung gekauft werden und nur kleinere Einkäufe der örtlichen Bauleitung überlassen bleiben.

Organisation des Materialbestellwesens.

Bei dieser Betrachtung sollen die Bagatelleinkäufe, d. h. die Bestellung von kleinstem Werte ausscheiden und nur wichtigere Einkäufe betrachtet werden.

1. Materialien des freien Marktes sind solche Materialien, für die keine bestimmten Preise und keine bestimmten Lieferanten angenommen werden müssen. Welche Lieferanten für die einzelnen Materialien in Frage kommen, weist die Lieferantenkartei nach. Sie darf nicht etwa nach Namen gegliedert, sondern muß nach Branchen geordnet sein.

Nachfolgend ein Beispiel für eine solche Einordnung:

Adressenkartei und Katalogregister

1. Jede Adresse erhält dazugehörige Nummer
2. Jeder Katalog erhält Adressenkartei für alle in Frage kommenden Artikel

1. Baustoffe	2. Holz.	3. Hilfsstoffe	4. Bauausstattung	5. Werkzeuge Maschinen	6. Unterlieferant
10.	20.	31. Farben.	41. Normen Türen Fenster	51 Holzbearb. Maschinen.	61. Dachdecker
11. Isoliermat.	21. Schwarzw.	32. Leim	42. Beschläge	52. Feldbahnen.	62. Schreiner
12. Bims	22. Bayern	33. Riemen	43. Öfen, Herde	53. Transp. Ger.	63. Glaser
13. Gips	23. Mhm. Lu.	34. Oele, Fette	44 Möbel	54. Werkzeuge	64. Gipser
14. Kalk	24. Ausland H.	35. Kleineisen	45. Briefkasten Eiserne Art.	55. Sonst. Masch.	65. Tapezierer Dekoration
15. Kanalart.	25. Blochware	36. Decken, Säck.	46 Fussboden	56	66. Tüncher
16. Ton		37 Gummi	47 Elektr. Artikel Haush. Masch.	57.	67. Heizungen.
17. Eisen		38	48 Tapeten	58	68. Eisenkonstr.
18. Platten		39	49 Sanitäre Gegenstände.	59.	69. Rolladen
19. Teer					
7. Unterlieferant	8. Diverses	9. Büroartikel			
71. Installateur Spengler.					
72. Elektr. Inst.					
73.					
74.					
75.					

Abb. 4.

In gleicher Ordnung werden ev. Kataloge, Preislisten usw. aufbewahrt. Bei vorliegendem Bedarf wird auf einem Formblatt bei den in Frage kommenden Lieferanten Anfrage gehalten. Zweckmäßig ist es, auf der Lieferantenkarte jede Anfrage zu bemerken.

Die eingehenden Offerten sind zu prüfen und eine Auftragserteilung schriftlich zu bestätigen. Liefertermine müssen vorgemerkt und kontrolliert werden.

Ein wichtiges Instrument der Einkaufsabteilung ist die Preiskartei. Dort sind alle Materialpreise einzutragen, und zwar die aus gelegentlichen Offerten, Anfragen, Bestellungen und Marktberichten entnommenen. Auf diese Weise gewinnt man einen Überblick über die gesamte Preisgestaltung und hat wertvolle Unterlagen, sowohl für Einkauf, als auch für Kalkulation.

2. Materialien mit festen Preisen und
   a) beliebigen Lieferanten,
   b) einem Lieferanten.

									M. / J. / Nr.		Einheit	
Datum	Off.		K.	M.	Lieferant	Menge	Qualität		Einheitspreis			
	M.	S.							ab	K.M.	frei Lu.	frei Bau

Abb. 5.

Für viele Materialien liegen die Preise fest: Syndikate, Verkaufsstellen, Preiskonventionen unterbinden eine Preiskonkurrenz. Um nur einige wichtige Baustoffe zu nennen: Eisen, Zement, Backsteine, Wandplatten, nordische Hobelware. Einzelne Syndikate haben den Verkauf den Großhändlern überlassen, so daß man bei jedem Händler zum gleichen Preise kauft, oder sie haben eigene Verkaufsstellen eingerichtet. In diesem Falle kommt nur diese Verkaufsstelle als Lieferant in Frage. Diesen Zusammenschlüssen stehen die Verbraucher meist als die wirtschaftlich Schwächeren gegenüber und müssen sich den Bedingungen der Verkaufsstellen fügen. Als Vorteil ist die Stabilität der Preise gegenüber der freien Preisbildung zu nennen.

Auf weitere Einzelheiten des Einkaufs kann in diesem Rahmen nicht eingegangen werden.

Die Materialerfassung kann erfolgen:
1. bei der Anlieferung,
2. bei der Verwendung.

Beide Möglichkeiten sind im folgenden zu betrachten.

Materialanlieferung.

Kontrolle. Bei der Materialanlieferung hat, gleichgültig von wem die Lieferung erfolgt, eine Kontrolle bezüglich

der Menge und
der Qualität

zu erfolgen.

Als erste Frage taucht auf, wer diese Kontrolle übernehmen soll. Bei der Materiallieferung auf Lager ist die Antwort einfach, der Lagerverwalter oder ihm unterstellte Lagerbeamte sind dazu geeignet. Auf den einzelnen Baustellen fehlt eine solche Persönlichkeit. Der am Bau anwesende Bauführer hat in der Hauptsache die Überwachung der

Arbeiten. An größeren Baustellen sind Bauschreiber zur Unterstützung des Bauführers, die aber meist die genaue Materialüberwachung nicht durchführen können. Schon die Personenfrage bereitet also Schwierigkeiten.

Die Qualitätskontrolle ist selbstverständlich bei diesen Verhältnissen nur eine oberflächliche. Sie muß sich meist auf äußere Merkmale stützen, da Zeit und Einrichtung zu einer gründlichen Prüfung fehlen. Eine Großfirma hat aus diesem Grunde bei ihrer Zentrale eine Materialprüfungsstelle eingerichtet und läßt sich dorthin Proben, insbesondere von Zement, einsenden. Bei vielen Baustoffen ist die äußere Prüfung schon genügend.

Die mengenmäßige Kontrolle läßt sich in den meisten Fällen durch einfaches Zählen durchführen. Wenn nicht, muß Verwiegung entweder im Waggon oder Fuhrwerk erfolgen. Diesen Schwierigkeiten Rechnung tragend, wird auch die Mehrzahl der Baustoffe nach Stückzahl gehandelt.

Allgemein ist zu sagen, daß die Kontrollen auf das Mindestmaß beschränkt bleiben müssen, um dem Bauführer nicht zuviel Zeit von seiner Hauptarbeit entfernt zu halten.

Organisationsplan.

Der Niederschlag der Materialkontrollen ist die Bestätigung der erfolgten Lieferung. Auf die Form und Art der Bestätigung ist noch etwas näher einzugehen. Gerade bei der Materialerfassung besteht die Gefahr, daß entweder überorganisiert, oder Lücken im Organisationsplan eine zweckmäßige Fundation der Selbstkostenrechnung verhindern. Ehe daher in irgendeinem Betrieb mit Formularentwürfen usw. begonnen werden kann, muß die Organisation systematisch entworfen werden. Dieser Weg soll auch hier eingehalten werden.

Es kommen folgende 3 Stellen für gegenseitigen Materialverkehr in Frage:

1. fremder Lieferant,
2. Lager,
3. Baustelle.

(Die auf S. 56 erwähnten a) und e) (Bauherr und Baustelle selbst) sollen unter 1. mitbetrachtet werden.) Diese drei treten in Wechselwirkungen. Jedem Materialausgang bei der einen Stelle muß ein Eingang bei einer anderen Stelle entsprechen. Diese Wechselwirkung ist als Grundlage für die Formularbehandlung zu betrachten.

Das folgende Schema bringt diese Wechselwirkung zum Ausdruck.

Die acht theoretisch möglichen Fälle sind dargestellt. Für jeden Fall sind 2 Belege jeweils mit Mengenangabe erforderlich, die auf getrennten Wegen zur Verwaltung gelangen. Dazu kommt dann noch die W e r t a n g a b e. Sie kann entweder, wie es bei den Fällen 1, 2, 3 und 4 ist, gleich auf dem zweiten Beleg enthalten sein (bei außerbetrieblichem Verkehr), oder erst bei der Verwaltung (Fälle 5, 6, 7 und 8) mit Wertangabe versehen werden (innerbetrieblicher Verkehr). Die Summe der Vorfälle 3, 4, 5 und 6 ergibt den täglichen Materialbericht des Lagers an die Verwaltung, die Summe der Vorfälle 1, 2, 7 und 8 den Bericht der Baustellen. Hier ist die vorhin erwähnte Gliederung nach außerbetrieblichen und innerbetrieblichen Vorfällen verwischt.

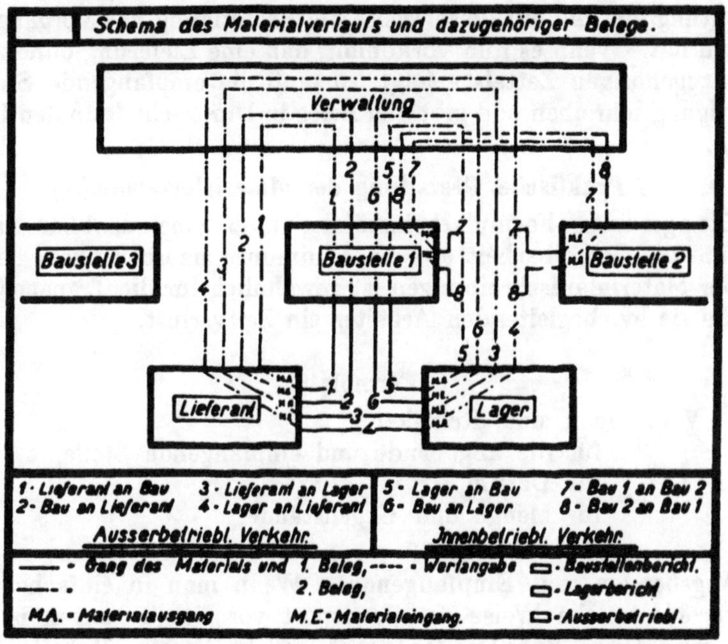

Abb. 6.

In anderen Industrien hat man mit Erfolg die **Materialanforderung** gleich mit diesen gesamten Funktionen betraut. Im Baugewerbe ist dies aus verschiedenen Gründen nicht möglich:

1. Einzelne Materialanlieferungen erfolgen laufend, so daß überhaupt keine Einzelanforderungen mit exakten Mengenangaben vorliegen.
2. Die Anforderungszettel enthalten meist angeforderte Tagesmengen und nicht Einzeltransporte. Es wird jedoch unbedingt erforderlich sein, jede Einzelanforderung zu bestätigen.
3. Manche Lieferungen erfolgen ohne Anforderungen, z. B. vorgeschriebene Baustelleneinrichtungsgegenstände = Sanitätskästen usw., ferner Rücklieferung von Gegenständen, z. B. Zementsäcken, nicht mehr benötigtem Material.

Als Prinzip für dic Materialerfassung hat daher zu gelten:

1. Die abgebende Stelle macht die Aufzeichnung; mittels Durchschreibeverfahren stellt sie einen zweiten Beleg her, der mit der Lieferung zur empfangenden Stelle kommt und dort bestätigt werden muß.

Infolgedessen muß jede Materiallieferung durch 2 Belege nachgewiesen werden können.

Jede Stelle liefert nun ihre Zettel unterschriftlich bestätigt zur Verwaltung ein, die auf diese Weise die Bestätigung des Vorganges von 2 Seiten hat. Wenn es nun vorkommt, daß eine Lieferung ohne Abgabe des dazugehörigen Zettels erfolgt, so muß die empfangende Stelle die Bestätigung schreiben und gibt den Beleg in Durchschrift an den Lieferer zurück.

Praktische Gestaltung der Materialerfassung.

Die gesamte Formularbehandlung muß eine denkbar einfache sein, um die Schreibarbeit auf ein Minimum einzuschränken, denn die Zeit der Materialaufschreibungen ist gewöhnlich für die Transportmittel und die sie ev. begleitenden Arbeiter ein Zeitverlust.

Formblatt.

1. Vorzusehen sind Rubriken
für die abgebende und empfangende Stelle,
für Datum,
für Menge und Gegenstände,
für Bestätigung

des Abgebenden und Empfangenden. Wenn man in einfacher Weise notiert, auf welche Weise der Transport vor sich gegangen ist (z. B. Fuhrwerk, Auto, Bahn), oder durch welche Person (Arbeiternamen) können bei Reklamationen leichter Rückfragen gehalten werden.

Bei den meisten Formblättern habe ich gleich eine Spalte für Einheits- und Gesamtpreise angetroffen. Eingetragen werden sie aber erst, wenn die Zettel zur Verwaltung zurückkommen. Manchmal werden die Materialzettel auch als Versandanzeigen oder Versandlisten bezeichnet. Dies ist typisch für die Firmen, die überwiegend auswärtige Baustellen haben. Das Format soll möglichst klein gehalten sein, damit die Zettel auch handlich und praktisch sind, denn die Aufschreibungen müssen zum Teil auf dem Lagerhof oder auf Baustellen gemacht werden, wo keine Büroeinrichtung zur Verfügung ist. Das Formblatt soll als Einheitsformblatt gelten und für alle Stellen Verwendung finden, die Materialzettel auszuschreiben haben.

2. Anzahl der Durchschriften. Mit dem Materialverlauf haben stets mehrere Betriebsstellen zu tun und alle müssen von dem Materialverlauf Kenntnis erhalten. In der Praxis trifft man die verschiedensten

Möglichkeiten an. Prinzipiell hat man die Möglichkeit, entweder jeder Stelle einen eigenen Materialzettel anzufertigen, oder einen Materialzettel zirkulieren zu lassen. Der Versuch, nur ein Exemplar zu schreiben, dasselbe entweder bei der ausschreibenden Stelle zu lassen, oder es dem Transport mitzugeben, ist gleichermaßen unzweckmäßig. Im ersteren Falle besteht die Gefahr, daß die empfangende Stelle die Materialanlieferung nicht prüfen kann, also einzelne Verluste während des Transportes bleiben unentdeckt. Im letzteren Falle kann der Zettel verlorengehen und damit ist die Möglichkeit genommen, die zum Versand gebrachte Menge zu prüfen. Die Anfertigung von 2 Exemplaren dürfte als das Zweckmäßigste anzusehen sein. Bei Anordnung der Organisation auf S. 61 erhält diese beiden Belege die Verwaltung, kann also beide Zettel vergleichen und weiterverarbeiten. Wenn ein Bedürfnis darnach bestehen sollte, daß die technische Abteilung ein Exemplar erhält, so kann ihr ja eines der beiden nach Prüfung überlassen werden. Die Anordnung von 4 Exemplaren, wie dies in einem praktischen Beispiel der Fall war, ist daher unnötig und macht die Gesamtorganisation zu kompliziert.

Bei der Anlieferung von Material durch fremde Firmen senden diese meist ihre Lieferscheine mit, die die notwendigen Angaben (Baustelle usw.) enthalten sollen und notfalls ergänzt werden müssen. Ebenso muß der Prüfungsvermerk gemacht werden. Um Schreibarbeit an der Baustelle zu sparen, kann man dem Bauführer einen Stempel geben, der gleich die Baustelle bezeichnet. Der Stempel ist dann der Prüfungsvermerk.

Begriff „Material“.

Bei der gesamten bisherigen Behandlung wurde mit Absicht lediglich von „Material“ gesprochen.

Der Ausdruck Material ließ nicht genau erkennen, was alles darunter zu fassen war. Es gehört dazu:

1. Rohmaterial,
2. Hilfsmaterial im weitesten Sinn, also
   - Gerüstholz,
   - Geräte,
   - Werkzeuge.

Durch diese weite Fassung des Begriffes „Material“ wird durch das gleiche Formular alles, was im Materialverkehr steht, erfaßt. Man muß sich darüber klar sein, daß es sich in diesem Falle um keine Ideallösung der Erfassung dieser Vorgänge handelt.

Lager.

Kurz muß auch das öfter erwähnte „Lager“ behandelt werden. Es soll ein Sammelbegriff ähnlich dem des „Materials“ sein, um damit alle Spezialfälle, die in den einzelnen Unternehmungen auftreten, zu erfassen. Das Lager soll in sich fassen:

Die Rohstofflager aller Art, Werkzeug-, Maschinen- und Gerüstholzverwaltung. Es soll damit nicht allein der Begriff der Aufbewahrung, sondern auch der Verwaltung erfaßt werden. Das Lager spielt in 2 Fällen für die Kostenrechnung eine Rolle.

Bestandsrechnung. Die Zu- und Abgänge sind durch die Bestandsrechnung zu erfassen.

Im allgemeinen wird die Bestandsrechnung in Karteiform geführt. Lagerbücher sind wohl nicht mehr in Gebrauch.

Für jede Rohstoffart wird eine Karte angelegt, auf der die Spalten gleich für Mengen- und Wertverrechnung eingerichtet sind. Beim Eintrag der Empfänger genügt es, um Schreibarbeit zu sparen, wenn nur die Kommissionsnummer verzeichnet wird. Eine Spalte Anweisungs-Nummer hat den Zweck, bei Einzelkäufen Bestellzettel-Nr. aufzunehmen, um dadurch bei ev. Rückfragen leichter diese Belege finden zu können.

Bei der Mengen- und Wertrechnung sind jeweils eine Spalte für Bestand vorgesehen, die den jeweiligen Vorrat und dessen Wert angeben.

Tagesberichte.

Eine weitverbreitete Einrichtung im Baugewerbe sind die Tagesberichte (auch Bauberichte, Rapporte, Meldungen usw. genannt). Auf sie soll wegen dieser weiten Verbreitung kurz eingegangen werden. In ihrer jetzigen Form sind sie größtenteils eine bunte Mischung aller möglichen Anfragen, die die Baustellenleitung beantworten soll.

Welchen Zweck sollen diese Berichte erfüllen? Sie sollen:

1. über den vergangenen Tag berichten, und
2. für den folgenden Tag disponieren.

Die Form, in der diese Fragen beantwortet werden müssen, hängt ab von der betrieblichen Eigenart der Baustelle. Ein Beispiel als Begründung: Eine von der Verwaltung weit entfernte Baustelle, der selbst Lastwagen zur Verfügung stehen, braucht nicht über Fuhrwerksbedarf zu berichten. Eine nahe gelegene kleine Baustelle, bei der die Verhandlungen mit dem Bauherrn direkt mit dem technischen Büro geführt werden, braucht darüber nicht zu berichten.

Allgemein erforderliche Angaben sind:

I. Bericht über den vergangenen Tag:

1. Arbeitsleistung,
   Arbeiterstand,
   Versäumnisse,
   Akkordausmaße,
   Materialanlieferungen,
   Beanstandungen,
   Maschinen- und Geräteanlieferung.

2. Bauherrnausmessungen,
   besondere Anordnungen der Bauleitung,
   Reklamation.
3. Wetterverhältnisse,
   behördliche Revisionen,
   Unfälle.
4. Baufortschritt.

II. Disposition für den folgenden Tag:
1. Material-, Geräte-, Gerüst- } Anforderung.
2. Fuhrwerks-, Waggon- } Anforderung.
3. Arbeiteranforderung.
4. Überflüssiges Material,
   überflüssige Arbeiter.
5. Sonstiger Bedarf.
6. Technische Anfragen.

Diese Angaben können zum Teil durch anderweitige Notierungen ersetzt werden. Insbesondere die Aufzeichnungen I 1, die hauptsächlich Erfassungen für die Selbstkostenrechnung darstellen. Für diese Angaben, Arbeitsleistungen, Anlieferungen braucht der Tagesbericht nur Sammelbogen zu sein, um die Anzahl der Einzelbelege festzuhalten. In diesem Sinne sind alle Notierungen der Vergangenheit aufzufassen. Bei Bauherrnausmessungen ist einfach auf die mitfolgende Ausmaßliste zu verweisen.

Die Disposition für den folgenden Tag muß sehr genau und sorgfältig aufgestellt werden.

Für auswärtige Baustellen müssen noch viel mehr Angaben gemacht werden, die sich jedoch meist auf technische Details beziehen werden.

Wesentlich ist, daß bei der jetzt üblichen Form der Berichte die für die Selbstkostenrechnung notwendigen Einzelangaben ausscheiden und dadurch Doppelarbeit vermeiden.

Erfassung der Materialverwendung.

Es ist bekannt, daß an jeder Baustelle ein kleinerer oder größerer Vorrat an Material lagert und daß dieses Material für die verschiedensten Leistungseinheiten verwendet werden kann. Diese Leistungseinheiten können unter einem technischen Gesichtspunkt und unter einem rechnungsmäßigen betrachtet werden. Während der technische Standpunkt sich nach der Art der Leistungseinheit gliedert, also z. B. Fundamentbeton, freistehender Beton, Eisenbetondecke, Glattstrich usw., unterscheidet sich der rechnungsmäßige nach der Verrechnung. Maßgebend dafür sind die Vereinbarungen mit dem Bauherrn.

Man unterscheidet:

Vertragliche,
Außervertragliche,
Taglohnarbeiten.

Außervertragliche Arbeiten sind solche, die nach Abschluß des ursprünglichen Vertrages zu bestimmten, pro Leistungseinheit vereinbarten Sätzen übertragen wurden, während bei Taglohnarbeiten die Grundstoffe nach dem Arbeitgeberverbandstarif ohne Rücksicht auf die Leistung in Rechnung gestellt wird. Der prinzipielle Unterschied gipfelt also darin, daß vertragliche und außervertragliche Arbeiten nach Leistung, Taglohnarbeiten nach Aufwand abrechnen.

Für die Selbstkostenrechnung ist die Tatsache wichtig, daß die Preise für außervertragliche Arbeiten meist „besser" sind, das heißt, daß Unkosten- und Gewinnzuschläge höhere als bei den vertraglichen sind, da die außervertraglichen Arbeiten stets unter geringerer oder gar keiner Konkurrenz zustande kamen. Übersetzung dieser Preise dürfte insbesondere bei Behörden kaum möglich sein, da sie durch die vertraglichen Preise kontrollierbar sind. Trotzdem ist durch sie die Möglichkeit gegeben, das Gesamtergebnis für den betreffenden Kostenträger zu beeinflussen. Das Gleiche gilt von den Taglohnarbeiten. Bei letzteren interessiert die Selbstkostenrechnung die Leistung überhaupt nicht, sondern nur den Aufwand. Diese Tatsachen sind in der Selbstkostenrechnung zu berücksichtigen. Die Erfassung der Materialverwendung pro Leistungseinheiten vom technischen Gesichtspunkt aus in systematischer Weise ist wegen der damit verbundenen Umständlichkeit und Kosten ausgeschlossen. Wer die Verhältnisse im Baugewerbe kennt, wird diese Unmöglichkeit zugeben. Anders mit der Gliederung im rechnungsmäßigen Sinne. Der Materialaufwand für die Taglohnarbeiten muß schon deshalb erfaßt werden, damit man ihn dem Bauherrn verrechnen kann. Aufgabe des Bauführers ist es, dafür zu sorgen, daß dieser Aufwand genauestens erfaßt wird. Seine Erfassung erfolgt am besten in Verbindung mit der zur Verarbeitung benötigten Arbeitszeit durch tägliche von dem Bauherrn oder dessen Beauftragten anzuerkennende Rapporten. Dieselbe gestaltet sich äußerst einfach, da lediglich die verbrauchten und gebrauchten Materialien mengenmäßig aufzuzeichnen sind. Beim Gebrauchsgut ist die Gebrauchszeit wegen der Leihgebühr festzulegen. Im Baugewerbe sind diese Zettel unter dem Namen Rapport- oder Regiezettel bekannt. Die Erfassung der Materialien für außervertragliche Arbeiten ist im Interesse einee durchsichtigen Kostenrechnung wünschenswert. Nicht selten stößr jedoch die Durchführung auf Schwierigkeiten. In diesem Falle ist eint getrennte Erfassung oft zu kostspielig und man muß die Selbstkostenrechnung für den gesamten Kostenträger aufmachen. Leicht durchführbar ist es, wenn eine zeitliche Abgrenzung möglich ist, und wenn vertragliche und außervertragliche Arbeiten nicht zu gleicher Zeit ausgeführt werden. — Die Erfassung des Materials für vertragliche Arbeiten ergibt sich durch die Differenzmethode:

Gesamtzugänge — (außervertragliche + Taglohn + Rücklieferungen) = Materialverbrauch.

Auch hier sind die Nachteile der Differenzmethode nicht zu verkennen: Materialverlust, Bruch usw. können nicht von dem tatsächlichen Material geschieden werden, so daß sie in diesem Fall der vertraglichen Arbeit belastet würden. Trotzdem dürfte sich die Differenzmethode deshalb empfehlen, weil dadurch wenigstens nur der Materialverbrauch für außervertragliche Arbeiten, der dazu noch mengenmäßig in den allermeisten Fällen der geringere ist, gesondert festzustellen ist. Ob nun eine Trennung tatsächlich durchführbar ist, muß von Fall zu Fall entschieden werden. Hat man ein Interesse, die Zahlen zu kennen oder überhaupt den Materialverbrauch für eine oder wenige Leistungseinheiten festzustellen (z. B. bei besonderen, neuen Konstruktionen usw.), bleibt es unbenommen, eine sog. technische Nachprüfung durchzuführen, indem man Einzelbeobachtungen anstellt. Dieselben haben aber mit der systematischen Selbstkostenrechnung nichts zu tun.

Die Forderung nach unbedingter Trennung des Aufwandes für Taglohnarbeiten, der möglichen Trennung des Aufwandes für außervertragliche Arbeiten gilt auch für die noch folgenden Aufwendungen Lohn, Sonderkosten usw. Diese Trennung läßt sich am leichtesten durchführen durch Zerlegung des Kostenträgers in einzelne Kommissionsnummern.

Einfach gestaltet sich die Materialerfassung bei gleicher Verrechnungsart. In diesem Falle genügt die Materialerfassung der Anlieferung; ev. Rücklieferungen werden gutgebracht. Eine eigene Erfassung der Verwendung ist vollkommen überflüssig.

Rode[1]) bringt folgenden Vorschlag:

„Der Werkstoffauszug gibt die Menge der vorgerechneten Baustoffe an. Eine Baustoffkartei soll für die einzelnen Baustoffe angeben, in welchen Mengen sie auf dem Bau eingegangen sind, was von diesen Baustoffen jeweilig verarbeitet, was etwa an andere Bauten abgegeben wurde, und was davon noch auf der Baustelle unverarbeitet vorhanden ist. Das Wochenergebnis dieser Baustoffkartei wird bei Lohnschluß durch die Baustoffzergliederungsliste . . . der Leitung gemeldet."

Dieser Vorschlag Rodes ist bemerkenswert, weil die theoretische Bedeutung dieser Anordnung ohne weiteres einleuchtet. Es fragt sich jedoch, ob dieses Verfahren praktisch so viele Vorteile zeitigt, daß der durch sie gemachte Aufwand sich lohnt, ob diese Einrichtung unbedingt erforderlich und deren Ergebnisse nicht auf andere Weise mit gewonnen werden können. Leider hat Rode diese Baustoffkartei nicht näher ge-

[1]) Rode, Der wirtschaftliche Baubetrieb S. 152.

schildert und auch kein Formblatt beigefügt. Aus dem Werkstoffauszug ist zu entnehmen, daß diese Angaben im wesentlichen Mengenangaben sind, lediglich die Spalte 7 „Kosten der verarbeiteten Baustoffe“ gibt Werte an. Aus den Angaben Rodes darf man entnehmen, daß die Baustoffkartei auf der Baustelle geführt werden soll, denn ihr Ergebnis soll ja der Baustoffabteilung gemeldet werden. Diese ganze Kartei bringt eine große Arbeit mit sich. Zunächst müssen alle Eingänge verzeichnet und Ausgänge erfaßt und auch verbucht werden. Diese ganze Arbeit muß außerdem auf der Baustelle vorgenommen werden. Die Materialzergliederungsliste dient dann in der Buchhaltung als Buchungsbeleg. Eine Hauptschwierigkeit dürfte die Wertverrechnung sein. Nach Rode müßte, wenn die Materialzergliederungsliste auch die angegebene Wertspalte enthalten soll, die Baustelle alle Einkaufspreise erst erfahren, damit sie ihre Verrechnung durchführen kann.

In der Praxis wird sich die Behandlung der Baustoffkartei so auswirken, daß der Bauführer in mehr oder weniger sorgfältiger Weise die am Ende der Woche vorhandenen Materialien abschätzt und dann den Verbrauch rekonstruiert. Die Zeit, die er dazu gebraucht, geht der Beaufsichtigung usw. verloren. Während dieser Zeit ist seine Baustelle ohne Aufsicht. Könnte nicht auf eine systematische Feststellung der Materialvorräte an der Baustelle verzichtet werden? Was soll die „Baustoffabteilung“ mit diesen Angaben tun? Sie weiß, selbst wenn sie die Angaben der Vorräte hat, noch lange den nächsten Bedarf nicht. Diese Fragen können nicht so automatisch beantwortet werden. Der Bauführer muß in seinem mündlichen oder schriftlichen Rapport angeben:

„Ich benötige vom .... bis .... Material.
Mein Vorrat reicht noch ungefähr bis ......“.

Selbstverständlich können und sollen die Materialbestellungen der Bauführer geprüft werden, aber nicht auf diesem, mit der Selbstkostenrechnung verknüpftem Wege.

Ich halte es für zweckmäßiger, den Materialaufwand in der Verwaltung in noch näher zu schildernder Weise feststellen zu lassen.

Bewertung der Rohstoffe.

Die Materialerfassung liefert die mengenmäßigen Unterlagen zur Materialverrechnung. Sie kann jedoch wertmäßig erst vorgenommen werden, wenn das für diese Bewertung zugrunde zu legende Prinzip behandelt ist. Jede Unternehmung muß sich über das Bewertungsproblem im klaren sein, es müssen Richtlinien zur Durchführung der Bewertung festgelegt werden.

Das ganze Bewertungsproblem beruht auf der Zeitdivergenz zwischen Einkauf, Verwendung und Weiterverrechnung. In diesen Zwischenzeiten kommen meist Preisschwankungen vor. Diese Preisschwankungen spielen auch innerhalb der einzelnen drei Betriebsvorgänge eine Rolle, z. B. bei Material auf Lager werden Einkäufe zu verschiedenen Preisen getätigt. In welcher Weise kann nun die Bewertung durchgeführt werden?

1. Einstandpreis. Der Einstandspreis ist schwer zu ermitteln, wenn Einkäufe zu verschiedenen Preisen und zu verschiedenen Zeiten getätigt werden.

2. Durchschnittspreis. Die Schwierigkeit und Ungenauigkiet des einfachen Durchschnittspreises beruht darin, daß er die Mengen unberücksichtigt läßt. Eine Verbesserung stellt der gewogene Durchschnittspreis dar, bei dem bei jeder Neuanschaffung der Durchschnittspreis auf Grund der gekauften Mengen und bezahlten Preise neu festgestellt wird.

3. Verrechnungspreise werden auf Grund von Erfahrungszahlen auf eine bestimmte Zeitperiode festgesetzt.

4. Tagespreise. Insbesondere beim Baugewerbe ist es nicht möglich die Preise täglich festzustellen. Bei einem Großteil der Materialien kann von einem Tagespreis nicht gesprochen werden, da diese Preise durch spezielle Preisbildung jedes einzelnen Lieferanten nur für den einzelnen Anbieter und keine allgemeine Gültigkeit haben.

Welche unter diesen kurz skizzierten Möglichkeiten kann für das Baugewerbe Anwendung finden?

Das Bewertungsproblem, gesehen unter einem Gesichtswinkel der speziellen Bedürfnisse des Baugewerbes, ergibt folgende Einzelfragen:

1. Wie sind die Rohstoffe, die direkt zur Baustelle geliefert werden, zu bewerten?
2. Wie sind Lagerrohstoffe zu bewerten?

Für die direkt gelieferten Rohstoffe ist der spezielle Einstandspreis sofort bekannt, die Anwendung deselben ist einfach und ohne irgendwelche Schwierigkeiten.

Fraglich ist nur noch die Bewertung der Lagermaterialien. Sie sind, wie bereits erwähnt, mengen- und wertmäßig klein. Die richtige Methode wäre die der Verrechnungspreise. Ist es nun zweckmäßig, die direkt bezogenen Materialien nach dem Einstandspreis, die Lagermaterialien nach dem Verrechnungspreis zu bewerten? Diese Unterscheidung muß eigentlich jede Unternehmung selbst treffen, und zwar meines Erachtens nach dem Gesichtspunkt des Anteils der Lagermaterialien an dem Gesamtbezug. Wenn z. B. die Lagermaterialien nur 10% der Gesamtsumme und die durch Verwendung des Einstandspreises gemachten Fehler 2% der Lagerwerte betragen würden, so würde dies für die Gesamtmaterialsumme 0,2% ausmachen. Dazu kommt, daß für viele Materialien, auch Lagermaterialien, durch Syndizierung usw. die Preise auf lange Zeit konstant bleiben.

Materialverrechnung.

Zu der Materialerfassung im ersten Abschnitt und der Materialbewertung im zweiten Abschnitt kommt noch die Materialverrechnung.

Bei der Verrechnungsfrage ist sofort zu klären, zu wessen Lasten die Verrechnung und in welcher Form sie erfolgt. In der Praxis gelangen die bereits mehrmals erwähnten Materialbelege in bunter Folge zur Verwendung. Die Sortierung dieser Zettel erfolgt nunmehr nach dem Gesichtspunkt der Verrechnung. Hier tritt die Gliederung nach direktem und indirektem Material das erste Mal in Erscheinung. Der indirekte Materialaufwand ist derjenige, der nur auf einzelne Kostenstellen und nicht auf Kostenträger nachgewiesen werden kann. Ursprünglich ist nicht zu entscheiden, um was für Material es sich handelt. Die Gruppierung zu direktem oder indirektem Material entscheidet sich erst mit dem Augenblick der Verwendung. Ferner muß noch das leihweise Material einer getrennten Verrechnung unterzogen werden. Die Verrechnung hat unter Berücksichtigung folgender Einzelheiten zu erfolgen:

Materialverrechnung auf Kostenstellen.

Bei der Materialverrechnung nach Kostenstellen ist zu unterscheiden zwischen

1. Kostenstellen, deren Kosten sofort vollständig auf Kostenträger verrechnet werden können,
2. Kostenstellen, deren Kosten ganz oder teilweise durch Schlüsselverfahren verteilt werden müssen.

Die Kosten für jede einzelne Kostenstelle müssen ermittelt werden, um sie in der Buchhaltung dieser betreffenden Kostenstelle belasten zu können.

Bei 1. ist diese Ermittlung sehr einfach. Da die Kosten auf die einzelnen Kostenträger bereits nachgewiesen sind, brauchen die Aufwendungen der betreffenden Kostenträger, die zu dieser Kostenstelle gehören, nur addiert zu werden.

Materialverrechnung auf Kostenträger.

Für einen einheitlichen Auftrag ist ein Kostenträger zu bilden. Einheitlich ist ein Auftrag dann nicht, wenn die Berechnungsgrundlage keine einheitliche ist (also vertragliche, außervertragliche, Taglohnarbeiten), oder wenn der Auftrag mehrere Hauptbetriebe umfaßt. Die Trennung im ersten Teil ist bereits nachgewiesen worden. Durch eine solche Abgrenzung ergibt sich das Erfordernis, gemeinsame Kosten nach einem bestimmten Verhältnis aufzuteilen. Trotz der Mehrarbeit, die diese Aufteilung macht, dürfte sie im Interesse der klaren Erkenntnis der Betriebsgebarung nicht zu umgehen sein.

Als Kombination kann der Fall eintreten, daß die Bauherrnverrechnung eine einheitliche, z. B. schlüsselfertiger Bau zu einer festen Summe, ist, die Leistung aber durch verschiedene Betriebe ausgeführt wird, also auch eine getrennte innerbetriebliche Abrechnung stattfinden muß. In diesem Falle wird ein Hauptkostenträger in dem Umfang der Bauherrnverrechnung zu bilden sein und die Leistungen der eigenen Betriebe genau so wie die fremder Unternehmungen dem Hauptkostenträger zu belasten. Daß für die betreffende Nebenbetriebsleistung eine eigene Nachrechnung aufgemacht werden muß, ist selbstverständlich.

Bezeichnung der Kostenträger.

Um jede Verwechslung auszuschließen, muß jeder Kostenträger einwandfrei bestimmt werden und seine Bezeichnung genau festgelegt werden. Gerade im Baugewerbe kommen einzelne Auftraggeber (insbesondere Behörden) außerordentlich oft, meist auch noch zu gleicher Zeit vor, so daß die Gefahr der Verwechslung sehr leicht gegeben ist. Am praktischsten dürfte die Verwendung von Kommissionsnummern sein, da in diesem Falle der Kostenträger wenigstens ganz genau bestimmt ist.

Mengenverrechnung.

Bei der Verrechnung ist nun nicht mehr eine Behandlung nach dem Sammelbegriff „Material" möglich, sondern exakte Trennung in Rohstoffe, Hilfsstoffe, Werkzeuge und Maschinen erforderlich.

Rohstoffe.

Die der Mengenverrechnung zugrunde zu legende Maßeinheit muß immer die gleiche sein. Es dürfen nur reine Grundstoffe zur Verrechnung gelangen. Beispiel: Es wird auf dem Lager Mörtel bereitet und in gebrauchsfertigem Zustand zur Baustelle geliefert und nicht erst an der Baustelle durch Mischen von Sand und Kalk hergestellt. Bei den Zimmerarbeiten dürfen z. B. auch keine „Treppentritte" berechnet werden, sondern nur die Rohstoffe Kiefern- usw. Holz in cbm oder qm. Diese Forderung ist aus verschiedenen Gründen zu erheben:

1. Die Feststellung der zu einer solchen Herstellung benötigten Grundstoffe wird durch Abfall, falsche Berechnungen usw. beeinträchtigt.
2. Die Nachprüfung gestaltet sich sehr schwer.
3. Zwischen der Lagerverrechnung und Nachrechnung müßte eine weitere Zwischenrechnung eingeschoben werden.

Ob eine Mengenverrechnung ausnahmslos für alle Rohstoffe zu erfolgen hat, ist eine Frage der praktischen Durchführung. Im allgemeinen wird diese Frage zu verneinen sein und die Mengenverrechnung auf die wichtigeren Rohstoffe zu beschränken sein. Die weniger wichtigen Rohstoffe werden dann als „verschiedene Rohstoffe" zusammengefaßt.

Die Durchführung einer vollkommenen Mengenverrechnung scheitert bei einzelnen Rohstoffarten daran, daß innerhalb dieser Art in Größe, Form, Gestaltung so viele Variationen möglich sind, daß diese nicht ohne besondere Mühe mengenmäßig verrechnet werden können und ein einheitlicher Nenner, auf den die einzelnen Variationen gebracht werden könnten, nicht besteht.

Eine weitere Schwierigkeit ist die, daß wohl ein solcher Nenner besteht, aber die einzelnen Variationen verschiedene Werte haben, so daß eine später zu errechnende Beziehung der Gesamtmenge zum Gesamtwert schwierig ist.

Wertverrechnung.

Die Wertverrechnung kann entweder so erfolgen, daß die Materialaufwendungen in Summen gesammelt erscheinen oder in Teilsummen nach Materialarten geordnet. Die Erfassung in nur einer Summe hat den Vorteil der einfachsten Arbeitsweise und des besseren Überblicks. Um nicht zu falschen oder ungenügenden Ergebnissen zu kommen, muß man zu der Anwendung von Teilsummen greifen, wenn die Einheitspreise für ein und denselben Kostenträger stark schwanken würden. In diesem Falle hätte man lediglich von der Mengenverrechnung die einzelnen Materialmengen, denen eine einzige Wertsumme gegenüberstünde. Es wäre also nicht möglich, die in der Gegenüberstellung von Mengen- und Wertrechnung gegebene Kontrolle auszunützen. Ebenso könnte keine Einheitsdurchschnittspreisberechnung erfolgen.

Die Gliederung des Rohstoffbezugs nach Lagerlieferung und direkter Lieferung spielt auch in der Wertverrechnung eine Rolle und muß berücksichtigt werden. Der Zweck, diese Gliederung hier anzuwenden, ist zunächst einmal in der formellen Kontrolle der Materialausgänge. Alles, was an Material vom Lager weggegangen ist, muß mit dem gleichen Wert auf einen Kostenträger übergegangen sein.

Das Rohmaterial, das zuerst zum Lager gebracht, dann vom Lager zur Verwendungsstelle kommt, verursacht mehr Kosten als der direkte Materialbezug zur Baustelle. Während die Materialbezugskosten der direkt angelieferten Baustoffe direkte Kosten sind, müssen die Lagerkosten auf die über Lager gegangenen Rohstoffe verteilt werden. Durch getrennte Wertverrechnung der Lagerrohstoffe ist eine gerechte Kostenverteilung gewährleistet.

Zeitpunkt der Verrechnung.

Der Verwaltung stehen stets zwei Belege zur Verfügung:

Materialausgangs-Beleg der abgebenden Stelle,
Materialeingangs-Beleg der empfangenden Stelle.

Dazu gesellt sich in vielen Fällen noch ein weiterer Beleg, der allerdings nur bei Lieferung durch Lieferanten in Frage kommt:

Die Bestellung an den Lieferanten.

Bei Verwendung dieser Belege zur Verrechnung ist folgendes zu beachten: Die beiden ersten Belege liefern nur reine Mengenerfassung. Die dazugehörigen Wertangaben sind, wenn mit dem Lieferanten Preise vereinbart wurden, durch den Beleg 3, die Bestellung bekannt. Bei interner Berechnung sind ebenfalls die Verrechnungspreise als bekannt vorauszusetzen. Wenn keine Preise vereinbart wurden, liefert erst die Rechnung die dazugehörige Wertangabe.

Die Belege gelangen nur ganz selten zu gleicher Zeit zur Verwaltung. Gewöhnlich ist die Reihenfolge:

Bestellung,
Materialausgang,
Materialeingang,
Rechnung.

Die Rechnung gelangt manchmal auch vor den Materialausgangs- und Materialeingangsbelegen zur Verwaltung, wenn die Sendungen größere Entfernungen reisen.

Für jede Unternehmung ist die Frage zu klären, auf Grund welches Beleges die Verrechnung vorgenommen werden soll.

Es kann ein Beleg, sei es nun ein solcher mit Mengen- und/oder Wertangabe oder zwei Belege, einer mit Mengen- und Wertangabe, oder alle Belege als erforderlich für die Buchung zugrunde gelegt werden.

Diese Frage hängt mit der formellen Durchführung der Verrechnung zusammen. Wenn sie es erlaubt, sollte nach Möglichkeit der zuerst einlaufende, vollständige Zettel zugrunde gelegt werden, da auf diese Weise am schnellsten eine zuverlässige Verrechnung gewährleistet ist. In engem Zusammenhang damit steht die Frage, wie groß die Abrechnungszeitperioden sein sollen. Rein theoretisch betrachtet, sollte ein Abschluß mit Rücksicht auf eine bestimmte Zeit nicht gemacht werden, sondern nur nach Fertigstellung des Stückes. Die Verbindung mit der zeitgebundenen Buchhaltung einerseits, die unbedingt notwendige Aufstellung von Kontrollzusammenstellungen andererseits, läßt jedoch die Einführung von Zeitperioden nicht vermeiden. Die Materialverrechnung fügt sich zeitlich in einfacher Weise in jeden Rahmen ein, da ja ihre Unterlagen rein stückmäßig erfaßt und täglich behandelt werden. Die zu wählende Zeitperiode wird daher in der Hauptsache auf den nächsten Kostenfaktor, den Lohn, Rücksicht nehmen und damit die Lohnperiode als allgemeine Zeitperiode zugrunde legen. Als allgemein dürfte dafür im Baugewerbe die Woche gelten.

Mit diesem Zeitmaß ist eine Divergenz gegen die Buchhaltung gegeben, die nach Monaten abrechnet. Einer der beiden Zeitmaßstäbe muß dem anderen angepaßt werden. Von der Erwägung ausgehend, daß das Zeitmaß der Kostenrechnung das kleinere ist, also öfter vorkommt als das der Buchhaltung, würde letzteres als Grundlage zu nehmen, umständlicher sein. Dazu kommt noch ein Zweites. Ein großer

Teil der Unterlagen wird von der Kostenrechnung geliefert. Diese Unterlagen, die sich größtenteils zwangsläufig aus der Kostenrechnung ergeben und damit auf deren Maßstab zugeschnitten sind, müßten dann wiederholt umgerechnet werden.

Damit werden selbstverständlich in der Buchhaltung einige Schwierigkeiten auftreten. Diese Aufteilung wird am Jahresanfang festgelegt.

Es ergibt sich, daß einzelne Monate 5 Wochen, andere nur 4 Wochen haben. Die Größe der einzelnen Monate ergibt Verschiedenheiten, die sich in der Unkostenverrechnung besonders auswirken. Die absoluten Zahlen sind bei einzelnen Monaten größer, bei anderen kleiner. Darauf ist bei Beurteilung Rücksicht zu nehmen. Die Verhältniszahlen dagegen liefern bessere Überblicke (z. B. Verhältniszahl Unkosten:Lohn).

Hilfsmaterial.

Beim Hilfsmaterial interessiert in erster Linie das

Gerüstholz.

Die Verrechnung des Gerüstholzes in der Buchhaltung geht von wesentlich anderen Gesichtspunkten aus, als die der Kostenrechnung. Bei der Buchhaltung ist die Frage des Anfangs- und Endbestandes und der dazwischenliegenden Abnützungen innerhalb einer Zeitperiode das Hauptproblem.

Die Kostenrechnung berücksichtigt die für ein bestimmtes „Stück" benötigten Mengen, um für die Aufteilung dieser „Gebrauchskosten" einen gerechten Maßstab zu finden. Direkte, pro Stück erfaßbare Mengenverluste müssen selbstverständlich dem betreffenden Stück belastet werden.

Daraus ergibt sich also für die Kostenrechnung eine zweifache Verrechnung des Gerüstholzes:

1. natürlicher Verschleiß,
2. Mengenverlust.

Diese Gliederung ist wohl pro Kostenträger möglich, nicht aber in der Buchhaltung. Der Zweck dieser Ausscheidung des „Verlustes" ist nicht etwa, wie auf den ersten Blick vermutet werden könnte, in dem Streben der Überführung von indirekten in direkte, sondern in der dadurch gegebenen Kontrollmöglichkeit begründet. Selbstverständlich ist auch bei Gerüstholz eine Mengen- und Wertverrechnung erforderlich. Die Durchführung bedarf noch einer näheren Erläuterung. Der einzelnen Baustelle wird Gerüstholz zur Verwendung überlassen, das nach Gebrauch wieder zurückzugeben ist. Die Mengenverrechnung ist klar: Überlassenes Gerüstholz wird belastet, zurückgeliefertes erkannt; Differenzen sind Verluste. In der Wertverrechnung entstehen Schwierigkeiten, da es sich nicht um Verbrauchs-, sondern um Gebrauchsmaterial handelt. Es besteht nun die Möglichkeit:

Den Materialausgang an die Baustelle mit seinem ganzen Wert der Baustelle zu belasten, dann bei Rücklieferung wieder gutzuschreiben. Bei dieser Gutschrift kann entweder die Abnützung sofort abgesetzt, oder durch getrennte Belastung erfolgen. Ein eventueller Verlust an Gerüstmaterial wird auf diese Weise automatisch mit errechnet. Meines Erachtens entspricht dieses Verfahren nicht den wirtschaftlichen Tatsachen. Mit der Abgabe von Gerüstmaterial ist die Tatsache oder Forderung verbunden, daß dieses Material leihweise ist und wieder zurückgegeben werden muß. — Eine Gefahr liegt ferner in der Anwendung dieses Verfahrens. In der Belastung des Kostenträgers sind Zahlen enthalten, die gar keine Belastung tatsächlich darstellen, da das Material doch zum größtenTeil zurückgeliefert wird. Vielleicht mag dieses Verfahren für große Eisenbetonarbeiten seine Berechtigung haben, bei denen die Abnützung des Holzes so groß ist, daß praktischerweise aus dem Gebrauchsmaterial ein Verbrauchsmaterial wird.

Als zweckmäßiger erscheint es, auf Grund der Mengenverrechnung die Wertverrechnung so zu gestalten, daß für den einzelnen Kostenträger

1. für den tatsächlich errechneten Verlust dessen Gesamtwert,
2. für die Abnützung ein Abschreibungssatz, errechnet in Prozentsätzen der zurückgelieferten Materialien

verrechnet wird.

Diese doppelte Methode hat den Zweck, die die einzelne Baustelle treffenden Verluste (1) von den normalen Abschreibungen zu trennen. Die letzteren Abschreibungen werden durch die Buchhaltung ermittelt. Man bildet eine eigene Kostenstelle „Gerüstholz". Dort werden gleich die mit der Lagerung, Verwaltung, Instandsetzung verursachten Kosten gesammelt. In diesem Rahmen handelt es sich also nicht um reine Abschreibungsbeträge, sondern gleichzeitig um mitzuverteilende Unkosten.

Das Bewertungsproblem

für Gerüstholz wird dadurch kompliziert, daß es an einer exakten Bewertungsmöglichkeit der einmal gebrauchten Hölzer fehlt. Die Anwendung von Einzelabschreibungen ist ebenfalls nicht möglich, da wie bereits erwähnt, es sich um Gattungen handelt. Durch den ständigen Zugang an neuem Material, Verlusten sowohl an neuem, wie an altem, ist eine Bewertung unmöglich und man ist gezwungen, zu einer Aushilfe zu greifen. In der Kostenrechnung wird es sich nicht vermeiden lassen, mit dem Neuwert des Materials zu rechnen und auf diesen Neuwert bestimmte Abschreibungen zu machen.

Sonstiges Hilfsmaterial.

Als sonstiges Hilfsmaterial kommen kleinere Hilfsmittel in Frage, die zum Teil für den einzelnen Kostenträger nachgewiesen werden können, zum Teil aber nur als Unkostenmaterial erfaßbar sind. Nach Möglichkeit soll das Hilfsmaterial weitgehendst gleich auf den Kostenträger nachgewiesen werden.

Werkzeuge.

Viele Werkzeuge und Geräte sind von der Unternehmung den Arbeitern zur Verfügung zu stellen; manchmal werden kleine Handwerkszeuge auch von den Arbeitern gestellt. Der Nachweis der vorhandenen Geräte wird von der Inventarkartei geführt. Jede einzelne Baustelle, bzw. jeder einzelne Arbeiter ist verantwortlich für den Werkzeugbestand, Anlieferungen und Rückgaben sind zu verzeichnen. Diejenigen Werkzeuge, die dem einzelnen Arbeiter zur dauernden Benützung übergeben werden, d. h. die er von seinem Eintritt bis zum Ausscheiden aus der Unternehmung in dauernder Benützung und in eigenem Verwahr hat, werden dem betreffenden Arbeiter belastet. Für eventuelle Verluste ist er verantwortlich. Die Aufzeichnungen werden in praktischer Weise mit der Arbeiterkartei in Verbindung gebracht.

Die Aufzeichnung der an einzelne Baustellen gegebenen Werkzeuge ist so vorzunehmen, daß die Zusammenstellung artmäßig erfolgt. Es muß also klar ersichtlich sein, wieviel Spaten zum Beispiel auf der betreffenden Baustelle sind. Auch die Gutschriften müssen so erfolgen. Die Schreibarbeit muß auf ein Minimum beschränkt werden. Daher hat man in der Praxis lediglich eine Bezugsnummer, die den Grundbezug angibt (Materialausgangs- oder Ausleihzettel) und die dazugehörige Menge. (Beispiel in der Beilage.)

Die auf diese Weise festgestellten Verluste sind oft erhebliche. Sollen nun diese Verluste der einzelnen Baustelle belastet oder nicht belastet werden?

Zweifellos handelt es sich hier um einen Aufwand, der zwar nicht beabsichtigt, aber durch die Ausführung des einzelnen Kostenträgers entstanden ist. Theoretisch müßte also eine Belastung möglich sein. Die praktischen Schwierigkeiten jedoch werden darauf verzichten lassen. Mit welchem Wert soll ein einzelnes Werkzeug belastet werden? Anschaffungswert ist zu hoch, da doch in vielen Fällen schon Abschreibungen getätigt wurden. Außerdem hätte man in der Vorrechnung diese Beträge zweckmäßigerweise in Form der später noch zu behandelnden Betriebsunkosten mit erfaßt. Eine getrennte Belastung in der Nachrechnung darf daher wohl unterbleiben.

Lohn.

Maßstäbe für die Arbeitsleistung.

Für die Arbeitsleistung gibt es 2 Maßstäbe:

1. Die Zeit führt zum „Taglohn".
2. Die tatsächliche Leistung führt zum Akkordlohn, entweder

als Einzelakkord, wenn ein einzelner Arbeiter die Leistung ausführt oder, was als die Regel zu gelten hat, Gruppenakkord, wobei eine ganze Arbeitergruppe gemeinsam die Arbeit leistet und der erzielte Verdienst gemeinsamer Verdienst ist und anteilmäßig im Verhältnis der anteiligen Stundenzahl aufgeteilt wird.

Für die Kostenrechnung ist wichtig, daß im ersten Falle der Aufwand nach einem rein äußerlichen Verhältnis zu bezahlen ist, das nicht mit der Leistung übereinstimmen muß. Bei Akkordarbeit ist nach dem Tarifvertrag der Zeitlohn zu garantieren (Reichstarifvertrag Akkordvereinbarung vom 30. März 1927; Absatz 2), d. h. wenn der Arbeiter im Akkord arbeitet, muß ihm mindestens der Betrag bezahlt werden, den er bei Taglohnarbeit in der gleichen Zeit erhalten hätte. Daraus folgt, daß der Taglohnmaßstab der grundlegende ist und sich der Akkord nur in Form eines Überschusses darstellt. Diese Unterscheidung ist für die späteren Ausführungen von Bedeutung. Auf den Reichstarifvertrag muß auch ihm Rahmen dieser Arbeit hier kurz eingegangen werden. Seinem Charakter nach ist er ein Manteltarif, dessen Normativbestimmungen hier besonders interessieren. Als Grundsatz gilt, daß der Lohn nur für die wirklich geleistete Arbeitszeit bezahlt wird. Von dieser Bestimmung ist zugunsten einiger Sonderfälle eine Ausnahme gemacht. Dazu kommt noch die Bestimmung, daß dem Arbeiter Urlaub gewährt werden muß.

Verrechnungsmöglichkeiten der Arbeitsleistung.

Die Schwierigkeit liegt in den verschiedenen Verrechnungsarten der einzelnen Arbeitsleistung.

1. Die Verrechnung nach dem Leistenden, also nach dem Arbeiter oder der Arbeitergruppe. In diesem Falle ist die mit der Persönlichkeit des Leistenden verbundene Arbeitsleistung das ausschlaggebende Moment.

Diese Gliederung ist erforderlich zur Errechnung des „Lohnes im engeren Sinne“, überhaupt zur Lohnabrechnung.

2. Die Verrechnung nach dem Auftraggeber.

Vertraglich, Außervertraglich, Taglohn.	Bereits beim Material wurde dafür eingetreten, daß bei Vorkommen verschiedener Arten nach Möglichkeit je ein Kostenträger zu bilden sei. Auch für Lohn ist dies beizubehalten.

3. Die Verrechnung nach Kostenträger. Der Kostenträger ist also in diesem Sinne als Hauptrechnungsziel für die betriebswirtschaftliche Abrechnung anzusehen. Als Unterteilung kann die Leistungseinheit in Frage kommen.

Der Begriff Leistungseinheit ist noch näher zu detaillieren.

1. direkte = unmittelbar zur Herstellung einer bestimmten, vom Auftraggeber zu bezahlenden Leistung;
2. indirekt = nur pro Kostenträger nachweisbar.

Bezüglich der Bewertung:

1. Leistungseinheit im Sinne des Bauherrnvertrages,
2. Leistungseinheit im Sinne des Akkordtarifvertrages.

Nach Aufzählung dieser möglichen Fälle kann folgende Gruppierung vorgenommen werden:

1. Die Verrechnung nach dem Leistenden
2. Die Verrechnung nach dem Auftraggeber

} sind beide außerbetrieblich orientiert.

Die Verrechnung nach dem Kostenträger ist eine rein innerbetriebliche Verrechnung.

Eine weitere Gliederung ist die nach sachlichen und persönlichen Richtlinien.

1. Persönlich = die in erster Linie mit der Person des Leistenden zusammenhängt.
2. Sachlich = bei Gliederung nach dem Objekt.

Eine weitere Gliederung ist die technische und kaufmännische Nachrechnung.

Diese Gliederung durchzieht alle die angegebenen Punkte. In der weiteren Ausführung wird nach Erfassung und Verrechnung gegliedert. Die Erfassung bezieht sich lediglich auf die technische Selbstkostenrechnung, stellt also nur Mengenmaßstäbe auf, sei es nun Zeit- oder Leistungsmaßstab.

Die Verrechnung bezieht sich in der Hauptsache auf die wertmäßige Weiterverarbeitung dieser Erfassung. Daneben wird die leistungsmäßige Erfassung noch ausgewertet.

Mit Rücksicht auf die praktischen Erfordernisse muß diese weitgehende Gliederung so gestaltet werden, daß eine einfache Organisation möglich ist.

Erfassung des Lohnes.

Im Gegensatz zum Material handelt es sich bei der Zeitlohnerfassung um eine einheitliche Leistung „Arbeitszeit". Diese Leistung wird nach Zeitmaßstäben erfaßt. Die Eigenart des Lohnes und seine Stellung in der Kostenrechnung bringt es mit sich, daß zu gleicher Zeit der einheitliche Vorgang der Arbeitsleistung nach verschiedenen Gesichtspunkten hin erfaßt werden soll.

Es soll nochmals betont werden, daß es sich bei dieser Erfassung nicht um die Erfassung einer einheitlich meßbaren „Leistung" handelt, sondern um die Erfassung der vom Arbeiter an der Baustelle zurückgelegten Arbeitszeit.

Die erste Gliederung ist die nach dem Arbeiter und der von ihm geleisteten Zeit. Sie führt zur Lohnverrechnung.

Die weitere Gliederung ist die nach dem Kostenträger, d. h. die für eine bestimmte Baustelle geleistete Arbeitszeit und führt zur Stückrechnung. Sie bedarf noch verschiedenartiger Untergliederungen.

1. Es gibt Arbeiten, die den Arbeitern, obwohl sie sonst im Akkord arbeiten, daneben noch besonders auf Zeitbasis vergütet werden. Sie werden einfach als „Taglohnarbeiten für Maurer" bezeichnet: Beispiel = Bauhütteneinrichtungen, Materialtransport usw. Die spätere Verrechnung von Taglohn und Akkord erfordert bereits hier eine Trennung in Akkord- und Zeitarbeit. Da die Zeitarbeit insbesondere bei den Maurern ein beliebtes Mittel ist, den Akkord zu „schieben", d. h. möglichst viel Zeitstunden zu schreiben und dadurch den Akkordüberschuß zu erhöhen, ist dieser Erfassung besondere Sorgfalt zuzuwenden. In diesem Falle ist eine genaue textliche Bezeichnung, wofür die Arbeiten geleistet wurden, unerläßlich, damit auch im Büro nachgeprüft werden kann. Diese Nachprüfung muß sich darauf erstrecken, ob

1. die notierte Arbeit nicht akkordtariflich ist, und ob
2. für nicht akkordtarifliche Arbeit zu viel Stunden notiert wurden.

2. Die Untergliederung, wie die Verrechnung mit dem Auftraggeber gestaltet wird, muß auch gleich bei der Erfassung erfolgen. Es ist als Vorteil zu bezeichnen, daß man sofort bei Erfassung der Arbeitszeit weiß, wie die Leistung zu verrechnen ist, da die Leistung zeitlich vor der Erfassung liegt. Beim Material haben wir gesehen, daß die Erfassung zuerst erfolgt und dann erst die Verwendung (beim einzelnen Kostenträger), woraus oft Schwierigkeiten bezüglich der Errechnung erfolgen können.

Als innerbetriebliche Leistung soll die tatsächliche Verwendung, Verarbeitung oder Arbeitsausführung verstanden sein, im Gegensatz zur außerbetrieblichen Leistung, die lediglich die Zurverfügungstellung oder Anlieferung, aber noch nicht die Verwendung bezeichnen soll. Dadurch ist die Möglichkeit gegeben, die Lohnerfassung gleich nach den entsprechenden Gesichtspunkten zu gliedern. Eng damit hängt die Frage einer Erfassung der Arbeitszeit pro Leistungseinheit zusammen. Diese Frage ist aus den verschiedensten Gründen ungleich wichtiger, als die Materialerfassung pro Leistungseinheit.

Die Leistungseinheit ist der eigentliche Verrechnungsgegenstand für die Unternehmung in ihrer Verrechnung mit dem Bauherrn. Dort, wo keine Akkordarbeit geleistet wird, kann eine Kontrolle des zur Herstellung einer bestimmten Leistungseinheit vorkalkulierten Stundensatzes mit dem tatsächlich benötigten erfolgen. Auf diese Weise ist ferner eine Kontrolle des Verhältnisses der benötigten Arbeitszeit und der Leistung durchführbar. Bei Akkordarbeit kann dadurch die Gewinnung richtiger

Akkordsätze möglich sein und bei schlechtem Akkord die Feststellung der Verlustquellen.

Ist die Durchführung einer solchen Erfassung der Arbeitszeit pro Leistungseinheit im Rahmen der durch die Praxis gegebenen Umstände möglich? Beim Material wurde die Frage verneint; bei Beschränkung auf die Hauptleistungseinheiten ist hier die Frage zu bejahen mit folgender Begründung:

Diese Erfassung ist verhältnismäßig einfach und mit wenig Zeitaufwand möglich. Die Erfassung erfolgt zunächst einmal nach der innerbetrieblichen Leistung. Würde sie vorher erfolgen, so müßte die Erfassung ein zweites Mal zur Aufteilung auf Leistungseinheiten erfolgen, da dies bei der ersten Erfassung noch nicht feststeht. Weiter ist die Mengeneinheit leicht feststellbar und eher abgegrenzt. Ein Arbeiter kann, ohne die Uhr benützen zu müssen, leicht angeben, was er von Arbeitsbeginn bis zur 1. Pause, von der 1. Pause bis zum Essen gearbeitet hat und ferner was er am Nachmittag gearbeitet hat. Dadurch sind schon wertvolle Zeitmaßstäbe gegeben. Es kann die Beobachtung gemacht werden, daß sich der Arbeiter dieser Rechenerleichterung bedient. Selbstverständlich ist diese Erfassung auf Hauptleistungseinheiten zu beschränken. Zu beachten ist noch eines. Die Angaben über die auf eine Leistungseinheit verwendete Zeit muß der Arbeiter machen. Aus falscher Furcht macht er nicht selten falsche Angaben, da er dadurch eine Kontrolle befürchtet. Mit dieser Eventualität ist zu rechnen. Diese Erfassung wird ferner noch durch eine Arbeitsteilung wesentlich erleichtert. Die Nebenarbeiten werden meist von einzelnen, dazu beauftragten Arbeitern erledigt, so daß die Haupttruppe der Arbeiter nur einige wenige Leistungseinheiten täglich zu verrichten hat.

Mit der Erfassung pro Leistungseinheit soll nicht ev. eine Detaillierung für jeden Handgriff gemeint sein. Die Leistungseinheit Fundamentbeton z. B. umfaßt das Abladen der Materialien, mehrmaliges Mischen, Naß-Mischen, Transport zur Verwendungsstelle und dort Einstampfen. Eine solche Gliederung und Erfassung wäre ausgeschlossen im Rahmen der Kostenrechnung. Die Feststellung der einzelnen Arbeitsvorgänge ist eine Frage der Arbeitsuntersuchung. Auf die gesamte Leistungseinheit ist eine Erfassung wohl möglich und im Interesse einer klaren Kostenrechnung wünschenswert.

Die Frage, wer die Arbeitszeit erfaßt, ist von nicht zu unterschätzender Bedeutung.

Es bestehen folgende Möglichkeiten:

Erfassung durch den Arbeiter,
Erfassung durch den Partieführer,
Erfassung durch den Bauführer oder Bauleiter.

Jede dieser Möglichkeiten hat ihre Vor- und Nachteile. Die Betrachtung erfolgt unter der Annahme, daß in der Unternehmung alle

Bauarbeiten, von der einfachsten, durch einen Arbeiter auszuführenden Reparatur, bis zur großen Baustelle vorkommen. Trifft letzteres nur zu, so vereinfacht sich die Arbeit wesentlich.

Es hat sich als praktisch erwiesen, bei Einzelarbeiten die Erfassung durch den Arbeiter selbst, bei Partien durch den Partieführer für alle ihm unterstellten, d. h. zu einer Partie gehörigen Leute durchführen zu lassen. Prinzipiell hat eine genaue Kontrolle der Erfassung durch den Bauleiter zu erfolgen. Getrennt davon muß die Taglohnarbeit für den Bauherrn durch besondere Erfassung, die vom Bauherrn bestätigt werden muß, erfolgen. Diese ist in die Hände des Bauführers zu legen. Diese Erfassung wird jedoch getrennt erfolgen müssen, um gleichzeitig dem Bauherrn einen Beleg übermitteln zu können.

Der Zeitraum, der jeweils einer einzelnen Erfassung zugrunde gelegt werden soll, ist noch zu ermitteln.

Auf S. 73 wurde als allgemeiner Zeitmaßstab die Woche gewählt, da der Lohn ja wöchentlich zur Auszahlung zu bringen ist. Die Lohnerfassung kann nun ebenfalls wöchentlich erfolgen und auch die Belege dann nur einmal in der Woche zur Ablieferung gebracht werden.

Obwohl dieses Verfahren in vielen Unternehmungen noch üblich ist, ist dringend davor zu warnen aus verschiedenen Gründen. Gelangen die Belege nur einmal in der Woche zur Verwaltung, so müssen diese Belege in 1½ Tagen fertig verarbeitet sein; werden sie aber täglich der Verwaltung zugestellt, kann die Verarbeitung laufend erfolgen und nur die Abschlußarbeiten sind in kürzerer Zeit fertig zu machen.

Bei der Erfassung selbst besteht die große Gefahr, daß die Erfassung verschoben wird von einem auf den anderen Tag und dann am Wochenschluß sind die Details vergessen. Daher ist tägliche Erfassung der Arbeitszeit als das Richtige zu betrachten.

Erfassung des Akkordes.

Die Akkorderfassung hat die mengenmäßige Feststellung der Leistung eines oder mehrerer Arbeiter innerhalb einer gewissen Zeitperiode zur Aufgabe.

Die Feststellung von Leistungen geht auf die Erfassung von Leistungseinheiten hinaus, wenn auch in einzelnen Akkordtarifverträgen dies nicht exakt durchgeführt ist. Insbesondere sind unterschiedlich die zur Herstellung einer Leistungseinheit erforderlichen Vorarbeiten, z. B. Gerüste, Material abladen, Materialtransport usw. geregelt. Die vorherige genaue Festlegung dieser Einzelheiten ist, falls im Tarifvertrag nicht bereits geschehen, erforderlich.

Unterschiedlich ist auch die Behandlung der Grundlagen. Es kann die Erfassung der Mengen sowohl durch exaktes Ausmessen an der Baustelle, als auch durch Ermittelung der Maße im Werkplan geschehen.

Bequemer und schneller ist das Verfahren der Messung nach den Plänen. Haben die Arbeiter nun nicht genau nach den Plänen gearbeitet, so beeinflussen diese Differenzen ihr Akkordergebnis.

Das andere Verfahren liefert gleichzeitig eine Kontrolle der ausgeführten Arbeiten.

Das Unternehmen sollte den Maßstab zur Anwendung bringen, den der Auftraggeber bei der Abrechnung einwendet, um dadurch einerseits die sonst erforderliche zweimalige Aufnahme zu ersparen, andererseits eine gewisse Ausmaßdifferenz zu vermeiden.

Ebenso sollte es auch mit den Einzelheiten des Ausmaßes erfolgen, damit nicht in einem Fall z. B. Fensterlichten übermessen werden, im anderen nicht. Die Reichsverdingungsordnung ist berufen, hier genaue Unterlagen zu schaffen.

Der Zeitraum der Akkorderfassung darf nicht zu kurz sein, damit sich auch eine Mengenaufnahme lohnt, und nicht zu lange, um nicht den Arbeitern ihren Verdienst zu lange zu entziehen und eine Aufnahme zu umfangreich werden zu lassen.

Als zweckmäßiger Zeitraum hat sich der von 2 Lohnwochen erwiesen.

Die Erfassung muß zwei große Gesichtspunkte, genau wie die Taglohnerfassung berücksichtigen:

Die betreffende Akkordgruppe,
den Kostenträger, zu dessen Gunsten die Arbeit ausgeführt wurde.

Die Bezeichnung der Akkordgruppe erfolgt meist nach dem Namen des „Partieführers", die einzelnen auf einen Kostenträger treffenden Akkorde werden laufend numeriert.

Diese exakte Trennung muß sein, da an größeren Kostenträgern stets mehrere Akkordpartien arbeiten, und Spezialakkordpartien oft die Baustelle wechseln nach Erledigung ihrer Spezialarbeit (z. B. Erdarbeiten).

Praktische Durchführung der Lohnerfassung.

a) für Zeitlohn.

Die Notierung kann in festen Büchern oder auf Zetteln erfolgen. Die Frage ist unbedingt zugunsten der Zettel zu entscheiden, ja bei täglicher Erfassung sind fast nur Zettel möglich. Das gebundene Buch hat selbstverständlich auch seine Vorteile, die vor allem darin zu sehen sind: Ein Verlust ist nicht so bald möglich, die Aufbewahrung von Büchern ist bequemer als von Zetteln. Der Zettel kann, nachdem er ausgefüllt ist, seinen vorgeschriebenen Weg gehen, ohne daß man ihn zurückgeben muß wie beim Buch. Als zweckmäßig hat es sich erwiesen, die Zettel in Form von Blocks auszugeben und eine Zweitschrift im Block zu belassen. Einem ev. Verlust ist dadurch die Möglichkeit der Ergänzung gegeben. Das Format muß handlich sein und darf eine bestimmte

Größe unter keinen Umständen überschreiten. Din A 5 oder Din A 4 zusammenlegbar auf Din A 5 haben sich als praktisch erwiesen. Der Vordruck selbst muß Tag, Baustelle, Namen des oder der Arbeiter, geleistete Stundenzahl, genaue Arbeitsbezeichnung und schließlich noch die Arbeiterklasse, ob Fach- oder Hilfsarbeiter usw. tragen.

Als das Ideal müßte es angesehen werden, wenn es möglich wäre, mit einem Formular auszukommen. In der Praxis jedoch werden zwei Formulare, eines ganz allgemeiner Art und eines für den speziellen Zweck von Akkordpartien einzurichten sein.

Das allgemeine Formular kann der Einfachheit halber gleich in Hilfs- und Nebenbetrieben Anwendung finden und ev. auch für solche einzelne Arbeiter der Hauptbetriebe, die zu einem bestimmten Zweck für eine bestimmte Zeit an einer Baustelle tätig sind, ohne einer Partie zugeteilt zu sein. Diese genaue Trennung in Leute innerhalb und außerhalb einer Akkordpartie ist deshalb erforderlich, damit die Arbeiter, die nicht bei der Partie sind, auch nicht an der Akkordverrechnung teilnehmen.

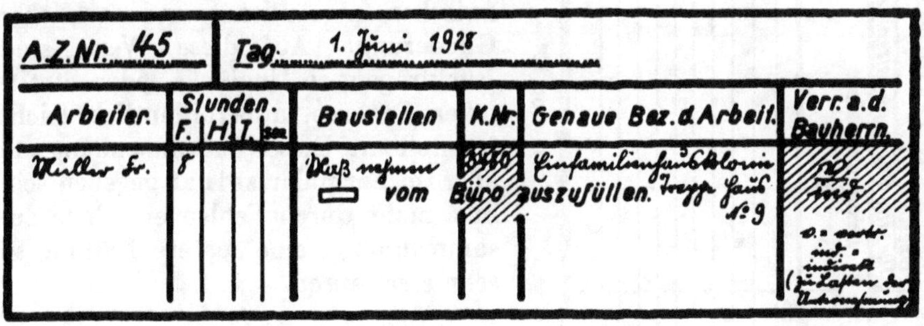
A.Z.Nr. 45 — Tag: 1. Juni 1928

Arbeiter	Stunden F.	H.	T.		Baustellen	K.Nr.	Genaue Bez. d. Arbeit	Verr. a. d. Bauherrn
Müller Fr.	8				Maß nehmen vom Büro		Einfamilienhaus Kolonie auszufüllen. Trepp Haus No 9	

Abb. 7.

Das Formular für Akkordpartien muß selbstverständlich alle Angaben enthalten, die im theoretischen Teil gefordert wurden. Es ist daher eine sachliche und eine persönliche Gliederung erforderlich.

Die persönliche muß Namen, Begriff, Gesamtstundenzahl enthalten; die sachliche die Gliederung nach

Akkordstunden
Taglohnstunden } bezüglich der Verrechnung mit der Partie,

Vertragliche
Außervertragliche } bezüglich der Verrechnung mit dem Bauherrn.

Eine ausführliche Ausführung dieser Detaillierungen würde zu weit führen. Es lassen sich einzelne Angaben als Differenz zweier bekannter Zahlen errechnen.

Die Akkordarbeitsstunden sind z. B. zu bestimmen durch Gesamtstunden (Taglohnstunden). Ferner lassen sich einzelne Schreibarbeiten durch entsprechende Anordnung vermeiden.

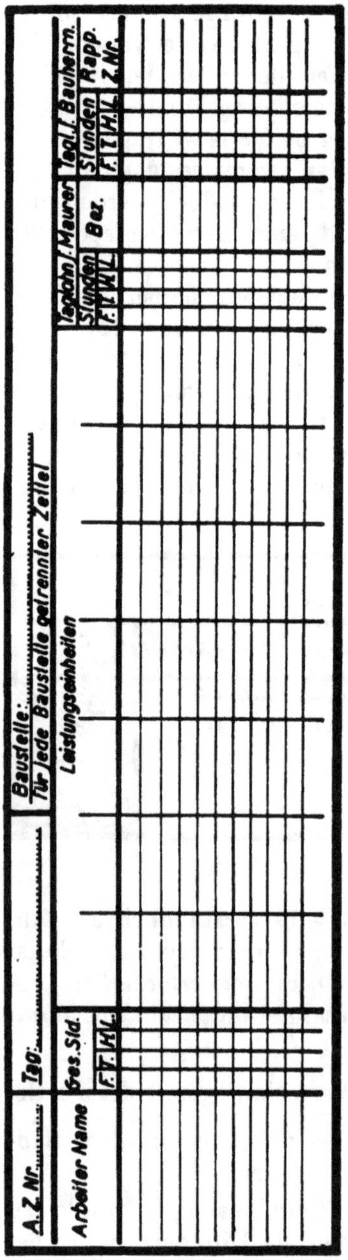

Abb. 8.

Das ziemlich umfangreiche Formular läßt sich nicht mehr vereinfachen, ohne an wünschenswerter Exaktheit einzubüßen. Die Leistungseinheiten selbst sind nicht eingetragen, da die Anordnung aller ev. möglichen Leistungseinheiten (es können 60—100 vorkommen) das Formular unmöglich groß machen würde. Mit dem Fortschreiten des Baues ändern sich auch die Leistungseinheiten. Die Schwierigkeiten beim Anordnen der Leistungseinheiten mit Bezeichnung ergibt sich aus der noch folgenden Lohnverrechnung.

Ein weiteres Erfordernis ist der deutlich sichtbare Zusammenhang zwischen persönlicher und sachlicher Gliederung. Auf diese Weise sind Rückfragen, in Unglücks- oder Streitfällen Beweise, außerordentlich leicht feststellbar. Dieser Zusammenhang soll aber im Formular selbst gegeben sein und nicht durch Fehlen einzelner Zusammenhänge eine spätere Prüfung so sehr erschweren.

b) Für Akkord.

Die formelle Durchführung ist denkbar einfach. Es handelt sich um eine einfache Mengenaufstellung.

Da bei dieser Aufstellung sofort eine Gliederung, soweit sie erforderlich ist, um Kostenträger und Arbeiterpartien getrennt abrechnen zu können, durch Einzelaufstellungen gegeben ist, kann 1. die später folgende Wertverrechnung angeschlossen werden, 2. sofort die für die Arbeiterpartie auszufertigende Abschrift der Mengen- und Wertverrechnung mittels Durchschreibeverfahren erfolgen.

Die Lohnabteilung benötigt nun diese Unterlagen zur Weiterverarbeitung und der Bauführer zur Kontrolle und bei weiteren Aufnahmen.

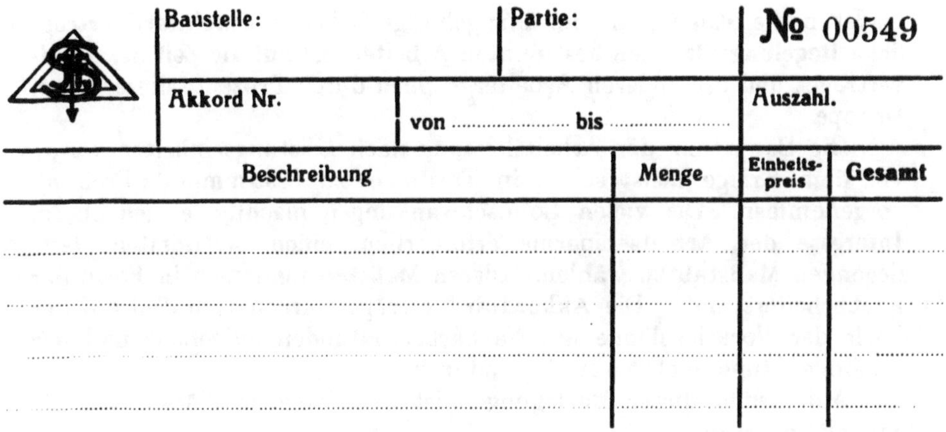

Abb. 9.

Es ist daher empfehlenswert gleich 3 Exemplare in einer Durchschrift herzustellen. Damit man bei Aufnahmen auf der Baustelle und auch im technischen Büro beim Arbeiten mit Plänen das unangenehme Hantieren mit Durchschreibepapier vermeidet, läßt man die einzelnen Blätter am besten karbonisieren und in Bücher zum Herausnehmen von 2 Blättern binden. Das 1. Exemplar ist als Beleg bis zur Verbuchung, das 2. für die Partie, das 3. für den Partieführer bestimmt.

Lohnverrechnung.

Die Bewertungsgrundlagen sind einheitliche, durch Tarifvertrag festgelegte Einheitssätze, und zwar solche für Zeitlohn, als auch für Akkordlohn.

Die Einheitssätze sind differenziert nach Arbeitergruppen: Facharbeiter, Hilfsarbeiter usw. Da es sich hier um keine einheitlichen Sätze handelt, muß dies in der Mengenverrechnung berücksichtigt werden.

Alle Kategorien haben ein vollständig gleiches Mengenmaß: Die Stunde. Sie unterscheidet sich nur für die einzelnen Gruppen durch verschiedenartige Bewertung.

Als führende Gruppe, wenn so gesagt werden darf, muß die Facharbeitergruppe angesehen werden, da nach ihr durch prozentuale Abschläge die anderen Gruppenlöhne ermittelt werden. Wenn man vom Standpunkt der Leistung aus dieses Verhältnis betrachten würde, müßte man zu der Ansicht gelangen, daß die prozentuale Abstufung dem Unterschied im Verhältnis der Leistung entsprechen müßte. Dieser Standpunkt wird aber stets durch lohnpolitische Gesichtspunkte überflügelt.

Das Bewertungsproblem für die Arbeitsleistung nach dem Zeitmaßstab ist also dadurch gekennzeichnet, daß ein einheitlicher Mengenmaßstab, die Stunde, und der dazugehörige Geldwert durch tarifvertragliche Regelung für einen bestimmten Arbeiter fest auf die Zeit des Tarifvertrages und die anderen Arbeitergruppen durch Prozente dieser einen Gruppe.

Die Bewertung der Arbeitsleistung nach Leistungseinheiten wurde vor dem Kriege meist schon in Tarifform zu bestimmten „Preisen“ vorgenommen. Die vielen Lohnschwankungen machten es jedoch im Interesse der Arbeitsersparnis erforderlich, einen bestimmten, festliegenden Maßstab zu wählen. Diesen Maßstab fand man in Form der Facharbeiterstunde. Die Akkordtarifverträge wurden zum Teil auf der Basis der Vorkriegslöhne auf Facharbeiterstunden aufgebaut und der jeweilige Stundenlohn war die Indexziffer.

Auf Grund dieser Darlegungen ist die Frage zu klären, was als Einheitsmaßstab

für die Menge und
für den Wert

gelten soll. Die einfache Zeitstunde kommt nicht in Frage, weil für sie ja verschiedene Wertmaßstäbe gelten. Als Grundlage für die Mengenrechnung ist daher

die Facharbeiterstunde

zugrunde zu legen. Die Hilfsarbeiterstunde drückt sich dann in gewissen Prozentsätzen dazu aus, wobei nochmals betont werden soll, daß dieser Prozentsatz nicht als tatsächlicher Unterschied in der Leistung gewertet werden darf.

Als Werteinheit gilt der jeweilig tarifvertraglich festgelegte Betrag für eine Facharbeiterstunde. Die Lohnverhandlungen gehen daher in erster Linie gerade auf die Frage der Vergütung für eine Facharbeiterstunde hinaus. Die Lohnschwankungen sind nicht selten erheblich und daher der Wertbetrag eine ungenaue Einheit, insbesondere für längere Zeiteinheiten, wenn innerhalb dieser Zeit Veränderungen des Tarifvertrags vorkommen. Für Gewinnung von Unterlagen für spätere Vorkalkulation ist daher einzig und allein der Zeitmaßstab der richtige.

Diese Fragen sind wichtig für die folgende

Lohnabrechnung.

Die Lohnverrechnung mit den Lohnempfängern wird in der Praxis mit Lohnabrechnung bezeichnet. Die Lohnabrechnung ist im Baugewerbe mit Rücksicht auf die große Anzahl von Arbeitern (vorherrschend Handarbeit) eine ziemlich umfangreiche. Die Lohnabrechnung hat 2 Aufgaben:

1. Taglohnabrechnung. Für jeden einzelnen Arbeiter werden die in der Lohnwoche geleisteten Stunden festgestellt und durch Multiplikation mit dem tariflichen Stundenlohn der Bruttolohn errechnet.

Dazu kommen dann noch besondere Zuschläge für Überstunden, Nachtarbeit, Sonntagsarbeit, Schmutzarbeit usw., deren der Tarifvertrag eine ganze Reihe vorsieht.

2. Akkordabrechnung. Bei der Abrechnung nach der Indexmethode werden für die geleisteten Mengen die im Akkordtarif dafür angegebenen Stunden eingesetzt und auf diese Weise die gesamte, der Partie auszubezahlende Stundenanzahl festgestellt. Diese Stundenzahl wird am Schluß mit dem zur Zeit der Abrechnung geltenden Stundenlohn vervielfältigt und so erhält man den Bruttoakkordbetrag. Man kann aber auch statt der gesamten Berechnung nach Stunden für jede einzelne Leistungseinheit gleich den Markbetrag einsetzen. Beide Wege müssen zum gleichen Ergebnis führen. Vom Bruttoakkordbetrag sind dann noch die bereits darauf bezahlten Stunden in Abzug zu bringen, da ja mit den einzelnen Arbeitern bereits taglohnmäßig abgerechnet ist. Der nach Abzug dieser Taglohnbeträge verbleibende Bruttoüberschuß wird dann noch um den Betrag der einzubehaltenden Steuern usw. gekürzt und dann den Maurern im Verhältnis der an dem Akkord beteiligten Stunden verteilt.

Lohnverrechnung nach Kostenträger.

Die Lohnverrechnung nach Kostenträger hat die Aufgabe, die gesamten von der Unternehmung auf den einzelnen Kostenträger gemachten Lohnaufwand festzustellen. Diese Feststellung kann in der Form erfolgen, daß sie nur den reinen Geldwert berücksichtigt, oder aber daß sie, ebenfalls wie beim Material, eine Art Wertrechnung durchführt, d. h. daß sie die Anzahl der aufgewendeten Stunden nach einer bereits geschilderten Einheit festlegt. Diese letztere stundenmäßige Verrechnung auf den Kostenträger erscheint mir zwecklos. Die Lohnverrechnung nach Kostenträger ist eine rein betriebswirtschaftliche und keine technische. Die technische Lohnverrechnung erfolgt nach Leistungseinheiten. Wenn man beachtet, welch verschiedenartige Leistungen durch den einheitlichen Stundenmaßstab zusammengeworfen werden, so geht daraus hervor, daß eine Feststellung der Stunden ohne jeden Zweck wäre und lediglich Mehrarbeit bedeuten würde. Die Lohnverrechnung nach Kostenträger erfolgt also einfach durch Feststellung des gesamten Lohnaufwandes in Geldwert ausgedrückt. Der Gesamtlohnaufwand setzt sich zusammen aus Taglohn und Akkordüberschuß.

Taglohn.

Die gesamten Taglohnerfassungen werden nach Kostenträgern sortiert, bewertet und dem Kostenträger belastet. Es wird keine Rücksicht genommen auf die nach technischen Gesichtspunkten innerhalb dieses Kostenträgers zu treffenden Unterteilungen. Die Belastung des

Kostenträgers mit der Taglohnaufwendung ist die Mindestaufwendung und kann daher ohne Rücksicht auf irgendwelche Akkordergebnisse gebucht werden. Akkordergebnisse können diese Aufwendungen nur noch erhöhen, aber nicht mehr ermäßigen.

Akkord.

Der Akkordüberschuß für den einzelnen Kostenträger wird gleich mit der Akkordabrechnung festgestellt, nachdem die Akkordabrechnungen nach Kostenträgern gegliedert vorgenommen werden. Da der Akkordüberschuß für längere Zeitabstände als die Taglohnabrechnung erfolgt, wird es zweckmäßig sein, die Belastung für Taglohn und Akkord getrennt vorzunehmen, um nicht mit der Taglohnabrechnung solange in Rückstand zu bleiben.

Praktische Durchführung.

Taglohn.

Es sind prinzipiell zwei Wege möglich:

1. Die Summe sämtlicher Leistungseinheiten ergibt den Kostenträger. Darnach müßte die Aufwendung für jede einzelne Leistungseinheit dann gleich sein der gesamten Aufwendung für den Kostenträger. Man könnte dieselbe feststellen durch Addition der auf die Leistungseinheiten gemachten Aufwendungen. Die praktische Durchführung ließe sich jedoch nicht in Verbindung mit der persönlichen Abrechnung bringen, da sonst in der praktischen Durchführung die Verrechnung zu kompliziert werden würde.
2. Einfache Belastung der gesamten geleisteten Stunden auf den einzelnen Kostenträger, wenn möglich in Verbindung mit der Lohnabrechnung ohne Rücksicht auf die Gliederung nach Leistungseinheiten. Dieser zweite Weg ist auch nach den obigen Ausführungen der praktischste.

Von der ursprünglichen Stundenzettelaufzeichnung

a) zur Lohnabrechnung und
b) zur Kostenträgerbelastung

gibt es verschiedene Wege, die darzustellen zu weit führen würde.

Lohnverrechnung nach Leistungseinheiten.

Wesentlich schwieriger ist die Lohnverrechnung nach Leistungseinheiten. Auf S. 77 wurden die Verrechnungsmöglichkeiten der Arbeitsleistung dargestellt. Von diesen Verrechnungsmöglichkeiten kommen folgende für die Leistungseinheiten in Frage.

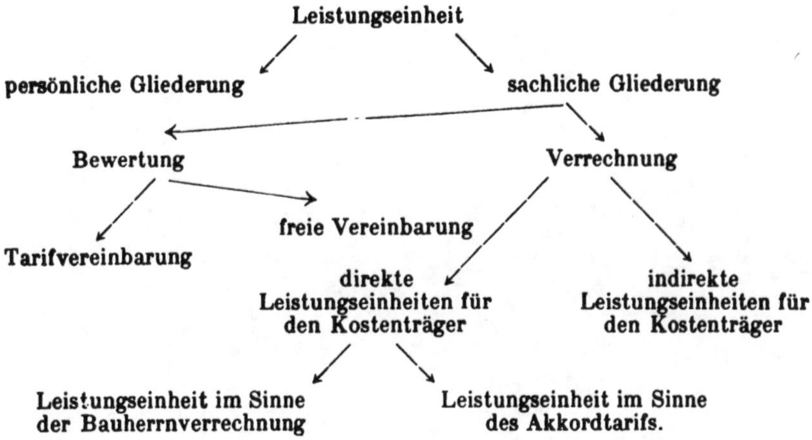

Jede Leistungseinheit muß darnach einmal nach der persönlichen und dann nach der sachlichen Gliederung eingeteilt werden. Als Untergliederung kommen Taglohn und Akkord in Frage. Für die einzelnen Leistungseinheiten in den späteren Aufzeichnungen die Arbeiternamen aufzuführen ist nicht erforderlich, es sei denn daß die Leistungseinheit speziell zum Zwecke von Arbeitsuntersuchungen gemessen wurde. In diesem Falle ist die Person des Arbeiters wichtig wegen der Beurteilung der Leistung. Bei der sachlichen Gliederung kommen Unterteilungen nach Bewertung und Verrechnung in Frage. Jede Leistungseinheit unterliegt in ihrer Bewertung entweder der Akkordvereinbarung oder der freien Vereinbarung. Taglohnarbeiten mit bestimmten Stunden sind unter Tarifvereinbarung einzureihen. Die Verrechnung erfolgt einerseits nach Kostenträgern, wobei direkte und indirekte Leistungseinheiten unterschieden werden können. Als letzte Trennung kommt die Gliederung nach Leistungseinheiten im Sinne der Bauherrnverrechnung und im Sinne der Akkordtarifvereinbarung in Frage. Die Gliederung nach vertraglichen, außervertraglichen und Taglohnarbeiten für den Bauherrn scheidet aus, da für jede dieser Art ein eigener Kostenträger gebildet wird.

Die Einteilung erscheint auf den ersten Blick ziemlich kompliziert, ist aber tatsächlich einfach, wenn man berücksichtigt, daß dies lediglich die Gliederung der Leistungseinheiten ist. Die Leistungseinheiten werden auf der Baustelle in der angegebenen Weise aufgezeichnet und dann nach dieser Aufzeichnung eingetragen. Darauf erfolgt dann erst die Gliederung. Diese Gliederung hat folgende Zwecke:

1. Genaue Gliederung der Akkord- und der Taglohnleistung.
2. Festlegung der bezahlten freien Vereinbarungen, die wichtig sind für später vorkommende, gleiche Arbeiten.
3. Verrechnung nach direkten und indirekten Leistungseinheiten

Die Gliederung nach Leistungseinheiten ist die gleiche wie beim einfachen Verrechnungsbogen. Es werden jedoch die errechneten Mengen für sämtliche Akkorde zusammengestellt. Da man für die einzelnen Taglohnarbeiten, die doch auch insgesamt verteilt werden müssen, keinen einheitlichen Maßstab hat, mußte dabei auf den Preis zurückgegriffen werden, z. B. Bauhütte aufstellen erfordert nicht 3 Maurer-, 4 Taglöhner- und 3 Handlangerstunden, sondern

$$
\begin{aligned}
3 \times 1{,}20 &= 3{,}60 \\
3 \times 1{,}\text{—} &= 3{,}00 \\
3 \times 0{,}90 &= 2{,}70 \\
\hline
\text{zusammen RM. } & 9{,}30.
\end{aligned}
$$

Eine Umwandlung in einen einheitlichen Mengenmaßstab 9,30:1,20 = 7,75 Facharbeiterstunden ist selbstverständlich möglich. Da oft mehrere Partien vorkommen und die Anordnung für mehrere Partien nebeneinander nicht möglich ist (es steht auch nur die Zahl der an einem Kostenträger verwendeten Akkordpartien fest), so wurden für mehrere Akkordpartien diese Verrechnungen in Form von Aufklebevorrichtungen eingerichtet. Es wird also für jede weitere Partie ein Zettel aufgeklebt. Die Quer-Addition gibt dann in Spalte II die gesamten in der persönlichen Verrechnung abgerechneten Leistungen in Summen an. In der folgenden Abteilung III werden diese Leistungen aufgeteilt, genau wie in dem Einzelbogen. Die indirekten Löhne sind noch in Prozenten der Lohnsumme anzugeben. In Abteilung IV werden demgegenüber die in den Bauherrnrechnungen verrechneten Mengen gegenübergestellt, um dadurch eine Vergleichsmöglichkeit zu haben. Für große Bauten hat sich diese Abrechnung außerordentlich bewährt.

Sonderkosten.

Charakterisierung.

Die speziell auf das Stück nachweisbaren Kosten, die nicht Material und nicht Lohn sind, also nicht innerbetrieblich entstehen, fallen unter den Begriff Sonderkosten. Bei dieser Einteilung nach Arten sind zu unterscheiden:

1. Leistungen, die der Bauherr fordert,
2. Nebenleistungen, die der Bauherr mitverlangt und
3. Leistungen, die die Unternehmung zur Erfüllung ihrer Vertragsleistungen machen muß, oder sie im eigenen Interesse vornimmt.

1. Zusatzleistungen.

Der Umfang ist von vornherein für Zusatzleistungen genau bestimmt, es handelt sich um ausgesprochen vorkalkulierte Leistungen.

Aufgabe der Nachrechnung bezüglich der Zusatzleistungen ist die Gegenüberstellung dieser Kosten zu den vorkalkulierten.

2. Nebenleistungen.

Als Nebenleistungen haben zu gelten:

Alles das, was bei der Erfüllung eines bestimmten Auftrages ohne besondere Vergütung mit auszuführen ist, was ebenfalls nicht im eigenen Betriebe hergestellt wird.

Wertmäßig sind diese Nebenleistungen im Verhältnis zur Gesamtsumme nicht von allzugroßer Bedeutung. Als typisches Beispiel kann dafür das Bauschild, das von einem fremden Maler geschrieben wird, gelten; ferner die Erfüllung der durch den Vollzug der Bauordnung erforderlichen Sicherungen: Anbringung von Warnungsplakaten, Unfallverhütungsvorschriften u. ä.

3. Risikoabwälzungen.

Eine Risikoabwälzung kommt in den meisten Fällen in der Nachrechnung der Bildung von Sonderkosten gleich, sofern Einzelversicherung vorgenommen wird. Wenn diese Risiken generell abgewälzt werden für alle gleichen Risiken (in Form einer Kollektiv-Versicherung für alle Kostenträger), so werden diese meist über Unkosten verrechnet werden müssen.

4. Spezielle Betriebskosten.

Zur Einrichtung, Fortführung und zum Abbrechen einer Baustelle erforderliche Kosten, z. B. elektrische Leitungen, Anschlußgebühren usw. Bei auswärtigen Bauten: Fahrgelder.

Erfassung der Sonderkosten.

Die Erfassung ist einfach: Sie muß sich, nachdem keine innerbetriebliche Verrechnung dafür in Frage kommt, in Form von eingeaufenen Rechnungen und Belastungen ergeben.

Sonderkosten für eine Kostenträgergruppe.

Nicht selten entstehen für einzelne Aufträge mehrere Kostenträger. Gerade in diesen Fällen wird es oft vorkommen, daß einzelne Sonderkosten für eine Kostenträgergruppe entstanden sind und dann umgelegt werden müssen. Ratsam ist dies jedoch nur, wenn der Umfang der Kostenträgergruppe nicht zu groß ist, wenn ferner die einzelnen Kostenträger zeitlich nicht voneinander entfernt sind und ein einigermaßen gerechter Verteilungsschlüssel gefunden werden kann. Eine Kostenträgergruppe sollte also hier nur für innerlich verwandte Aufträge gebildet werden. Wenn dagegen Kosten mit gewisser Regelmäßigkeit für eine ganze Anzahl von Aufträgen immer wiederkehren, so ist hierfür m. E. zweckmäßigerweise eine Kostenstelle zu bilden.

Beispiel: Nebenleistungen: Liefern eines Bauschildes bei Ausführung von Maurer- und Zimmererarbeiten: halb und halb verteilt.
Risikoabwälzung: Beispiel: Kreditversicherung für schlüsselfertigen Bau. Verteilung im Verhältnis zum Endumsatz.
Zu Betriebskosten: Elektrische Leitung zum Aufzug: Im Verhältnis zur Lohnsumme bzw. zur Anzahl der benötigten Maschinenstunden.
Diese Beispiele ließen sich noch um ein Vielfaches vermehren.

Praktische Durchführung.

1. Kontenmäßig: Schwierigkeiten: Es bestehen nicht genügende Unterteilungsmöglichkeiten nach Arten, z. B. bei schlüsselfertigen Bauten müßten mindestens 20 Arten berücksichtigt werden, also ebensoviele Konten angelegt werden, oder entsprechende nachträgliche statistische Aufteilung.
2. Praktisch: Folgender Vorschlag dürfte sich als praktisch erweisen: Tabellenförmig, gleiche Karteikarten wie bei Material, wöchentliche Übertragung nach der Sammelkarte. Am Schluß erfolgt die Zusammenstellung und Vergleich gegenüber der Vorrechnung.

Indirekte Kosten.

Der Begriff „indirekt“ ist unbestimmt. Zu seiner Klärung kann folgendes Schema aufgestellt werden.

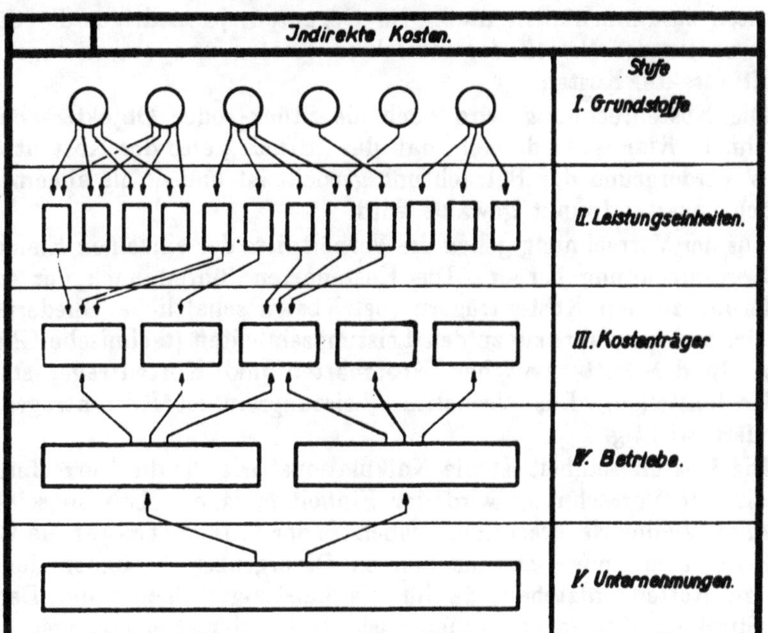

Abb. 10.

Es soll angenommen werden, daß in diesem Schema in jeder wagrechten Reihe bestimmte Einheiten zusammen dargestellt sind. Als Ausgangspunkt sind die „Grundstoffe" anzusehen. Dazu gehören

a) Material: Zement usw.,
b) Arbeitsleistung,
c) Sonderkosten,
d) Unkosten.

Es sind also die eigentlichen Elemente der Fertigung, aus denen die Betriebe ihre Leistungen aufbauen. Ihrem Wesen nach sind es Kostenarten in ihrer weitgehendsten Unterteilung.

Diese Kostenarten ergeben die Leistungseinheit. Die Leistungseinheiten zusammengenommen, ergeben Kostenträger. Die gesamten, gleichgearteten Kostenträger stellen zusammen die Produktion eines Betriebes dar und die Betriebe in ihrer Gesamtheit stellen die Unternehmung dar. Die Zusammenfassung der Elemente zu Leistungseinheiten und die von Leistungseinheiten zu Kostenträgern erfolgt in verschiedenster Weise. Die Pfeile nach den verschiedenen Richtungen sollen dies zum Ausdruck bringen. Das Streben der Kostenaufteilung geht den gleichen Weg wie im Schema angedeutet. Das Verhältnis von direkten und indirekten Kosten ist auf jeder Stufe ein anderes. Von diesem Standpunkt aus betrachtet, kann man feststellen, daß in diesem Falle der Begriff indirekte Kosten nicht unbedingt mit dem Begriff Unkosten zusammenfallen muß. Im Gegenteil, je niedriger die Stufe, um so weiter der Begriff der indirekten Kosten und um so enger der Begriff direkte Kosten.

Die Kostenrechnung wird auch als Stück- oder Objektsrechnung bezeichnet. Klar ist es danach, daß das „Stück", also der Kostenträger in den Vordergrund der Betrachtung gerückt ist und er als allgemeiner Betrachtungsstandpunkt gewählt wird.

Aus der Vorrechnung gehen die Verhältnisse der einzelnen Elemente der Kostenrechnung hervor. Die Kostenarten führen nach der einen Gliederung zu den Kostenträgern (betriebswirtschaftliche Gliederung), nach der anderen führt sie zu den Leistungseinheiten (technische Gliederung). In der Mitte zwischen Kostenarten und Kostenträger stehen die Kostenstellen. Das Verhältnis Leistungseinheit: Kostenträger ist besonders wichtig.

Die Leistungseinheit ist die Kalkulationsbasis für die Vorrechnung, d. h. in der Vorrechnung wird der Einheitspreis pro Leistungseinheit errechnet. In der Nachrechnung jedoch ist der K o s t e n t r ä g e r die Basis zur Kostensammlung. Daraus können Divergenzen bezüglich der indirekten Kosten entstehen, da für die Leistungseinheiten der Begriff der indirekten Kosten ein anderer ist als für den Kostenträger. Ein Beispiel aus der Praxis kann dies bestätigen.

In der Vorrechnung einer Bauunternehmung wurde der reine Lohn im Sinne der Leistungseinheit zugrunde gelegt und indirekte Löhne (z. B. Bauhütten stellen) mit den Unkosten zusammengenommen. Die Nachrechnung nahm den Kostenträger als Standpunkt, erfaßte auch die indirekten Löhne im Sinne der Leistungseinheit als direkte Löhne und verrechnete darauf den gleichen Unkostenprozentsatz wie die Vorrechnung. Die strittigen Löhne wurden also zweimal verrechnet, einmal als direkte, dann noch in Form eines Zuschlages. Durch diese Divergenz wurden wesentliche Fehler in die Nachrechnung hineingetragen.

Für das Prinzip der Kostenaufteilung ist folgendes festzustellen:

Es hätte als das Ideal zu gelten, wenn alle Kosten auf die kleinste Einheit — auf die Leistungseinheit — aufgeteilt werden könnten. In diesem Falle würde sich das Kostenproblem sehr vereinfachen. Die Kostenaufteilung würde dann nur in der Richtung I → V erfolgen im Schema S. 93. Es wäre dann:

Summe der Kosten für die Leistungseinheiten von A:
= Kosten des Kostenträgers A.
Summe der Kosten für die Kostenträger von B:
= Kosten des Betriebes von B.
Summe der Kosten aller Betriebe:
= Kosten der Unternehmung.

Die rückläufige Bewegung, die jetzt noch erforderlich ist, wonach die indirekten Kosten erst für die nächst höhere Stufe gesammelt und dann auf die niedrige wieder rückwärts verteilt werden müssen, ist als ein Nachteil anzusehen.

Bei der Kostenfeststellung auf die Leistungseinheit treten bereits beim Material Schwierigkeiten auf, die in der Unmöglichkeit der praktischen Erfassung begründet sind. In konsequenter Verfolgung obigen Prinzips wäre also Material vom praktischen Standpunkt der Leistungseinheit gesehen, indirekte Kosten, die auf dem Weg über die nächst höhere Reihe, die Kostenträger, wieder auf Leistungseinheiten verteilt werden müßten. Z. B. Verwendung von Zement, Aufteilung der gesamten verbrauchten Menge im Mischungsverhältnis auf die einzelnen Betonarten. Diese Art wird in der Praxis tatsächlich auch manchmal durchgeführt.

Unkosten und indirekte Kosten.

In der Buchhaltung (S. 33) wurden die Unkosten als das definiert, was nicht auf die Kostenträger aufgeteilt werden kann. Der Begriff indirekt wurde also hier auf die Kostenträger bezogen. Unkosten sind also indirekte Kosten im engeren Sinne, wobei der Begriff indirekt sich auf den Kostenträger bezieht, im Gegensatz zu den indirekten Kosten im weiteren Sinne, wobei sich der Begriff indirekt auf eine andere der in dem Schema aufgestellten Stufen bezieht.

In der Buchhaltung wurden die Unkosten nach Arten gegliedert, während die Gliederung in der Selbstkostenrechnung nach Verwendung, bzw. nach dem Stück erfolgt. Durch die Gliederung nach Arten wurden die Hauptarten „Material“, „Lohn“ von den Unkosten geschieden, obwohl in ersterem

„Unkostenmaterial“,
„Unkostenlohn“

enthalten waren. Unkostenmaterial und -lohn gehören ohne weiteres zu den indirekten Kosten, die in der Selbstkostenrechnung der Einfachheit halber ebenfalls mit unter Unkosten (im weiteren Sinn) genommen werden sollen. Für sie ist lediglich das Charakteristikum maßgebend, daß sie nicht direkt auf einen Kostenträger nachgewiesen werden können. Diese Erscheinung ist typisch für die Einzelfabrikation und unbekannt für Massenfabrikation.

Die Erfassung der Unkosten,

soweit diese außerbetriebliche Leistungen darstellen, erfolgt durch Erfassung der Rechnungsbelege.

Unkostenmaterial und Unkostenlohn werden genau so wie die direkten Kostenarten erfaßt.

Unkostengliederung in der Kostenrechnung.

Die Buchhaltung gliederte die Unkosten nach Arten (S. 33). In der Kostenrechnung erfolgt die Gliederung nach der Aufteilungsmöglichkeit im Sinne des auf S. 93 erwähnten Schemas.

1. Allgemeinunkosten = solche, die die Gesamtunternehmung betreffen.

   Beispiel: Personalkosten für Leitung. Repräsentationskosten.

2. Betriebsunkosten = solche, die einzelne Betriebe betreffen. Eine zweckmäßige Untergliederung ist daher die weitere Einteilung nach Betrieben.

   Beispiele: Lagerplatzkosten,
   Reinigungskosten,
   Submissionskosten (nach Betrieben getrennt),
   Elektrisches Licht und Kraft.

3. Spezielle Unkosten sind Material- und Lohnunkosten.

Die Einteilung der Unkosten im Baugewerbe wurde zum großen Teil von ganz anderen Gesichtspunkten aus vorgenommen.

Meist wurde bei dieser Gliederung nur die Betrachtung nach der Vorrechnung angestellt, ohne Rücksicht zu nehmen auf die Nachrechnung.

Rode z. B. schreibt: „Die Unkosten sind im allgemeinen bei verschiedenen Bauten nicht gleich.“ Es ist natürlich, daß die Einrichtung für eine große Baustelle mit einem großen Maschinenpark im allgemeinen eine andere sein wird als für ein kleines Bauvorhaben. Außerdem spielen hier noch die Zufahrtsverhältnisse, die Entfernung der Baustelle von der Bahnstation und anderes eine Rolle.

Nach dieser Darstellung dürfte eine Verwechslung von Unkosten und Sonderkosten nach den vorhergegangenen Ausführungen vorliegen. Rode teilt weiter ein:

„A. Bauunkosten. Die Bauunkosten sind alle auf einem Bau unmittelbar erwachsenden Kosten und können wieder gegliedert werden in:

I. Personal,
II. Einrichtung der Baustelle,
III. Hilfsmittel."

Bei dieser Unterteilung bringt Rode[1]) unter Unkosten dann auch noch indirekte Leistungseinheiten mit herein.

„B. Zentralunkosten.
C. Soziale Lasten."

Eine solche Gliederung führt zu Schwierigkeiten in der Durchführung der Selbstkostenrechnung.

Willems gruppiert nach Unkosten und Betriebskosten, wobei er unter Unkosten Allgemeine und Betriebsunkosten in unserem Sinne nennt und unter Betriebskosten die auf die einzelnen Baustelle treffenden indirekten Kosten feststellt.

Diese beiden Auffassungen widersprechen in ihrer Gliederung auch den allgemeinen betriebswirtschaftlichen Auffassungen über Unkosten.

Verrechnung der Unkosten in der Kostenrechnung.

Die in der Buchhaltung gesammelten Unkosten sind zeitgebunden. Einzelne Arten sind direkt in ihrer Verrechnung danach eingestellt, andere können indirekt mit einem Zeitmaßstab in Verbindung gebracht werden, durch Festlegung der Zeit, für die ihr Aufwand ausreicht bzw. sie Aufwand sind. Da die Unkosten also nur zeitgebunden ohne bestimmte festzulegende Proportion zum Kostenträger nachzuweisen sind, muß die Verrechnung mittels einer theoretischen Proportionalitätsrechnung durchgeführt werden. Folgende Größen sind in der Nachrechnung als gegeben anzusehen:

1. Die Gesamthöhe der Kosten;
2. ein Verteilungsschlüssel, der sowohl für die Gesamtheit, als auch für den Kostenträger bekannt ist.

Dadurch kann dann die fehlende Größe der anteiligen Unkosten, die auf den einzelnen Kostenträger treffen, ermittelt werden. Diese Größe hat als Unbekannte in der Proportion zu gelten.

[1]) Rode, „Der wirtschaftliche Baubetrieb" S. 110. Willems in der Zeitschrift „Das Baugewerbe" S. 448; 1926.

Schematisch ist der Gang der Aufteilung folgender:

Aufteilung der Allgemeinunkosten auf Betriebe	ergibt	Allgemeinunkosten für den Betrieb.
Allgemeiner Unkostenanteil für den Betrieb + Spezielle Betriebsunkosten	ergeben	Betriebsunkosten
Anteilige Betriebsunkosten + Spezielle Betriebsunkosten	ergeben	Unkostenzuschlag für Kostenträger.

Dieses Verfahren soll als das stufenweise Zuschlagsverfahren bezeichnet werden.

Verteilungsschlüssel.

Als Maßstäbe für Verteilungsschlüssel bestehen folgende Möglichkeiten:

1. Lohn,
2. Material,
3. Technische Maßstäbe, Größe usw.

Eine aus dem Forschungsinstitut für rationelle Betriebsführung im Handwerk[1]) stammende Aufstellung der in der Praxis verwendeten Maßstäbe zeigt folgendes Bild:

Mannheim	Lohn	65%
Würzburg Material und	Lohn	36%
Nürnberg	Lohn	42%
Augsburg	Lohn	50%
Saarbrücken	Lohn	50%
Marburg.	Lohn	30%
Dessau (Anh.)	Lohn	55%
Weimar	Lohn	34%
Karlsruhe	Lohn	28—30%

Daraus ist ersichtlich, daß der Lohn überwiegend als Aufteilungsmaßstab verwendet wird. Auch theoretisch ist diese Tatsache zu begründen: Die Unkosten sind, wie bereits erwähnt, zeitgebunden und müssen nach einem auf Zeitmaß berechneten Schlüssel verteilt werden. Der Lohn ist von den obenerwähnten Möglichkeiten die einzige. Der Lohn fällt von Anfang bis zum Ende des Baues an. Er umfaßt den ganzen Zeitraum des Baues.

---

[1]) Jetzt Deutsches Handwerksinstitut, Abteilung kaufmännische Betriebswirtschaft.

Es fragt sich jetzt noch, ob unter dem Begriff Lohn

1. die Bruttolohnsumme,
2. die Summe der direkten Lohnaufwendungen

zu rechnen ist.

Auch in dieser Frage muß einheitliche Behandlung von Nach- und Vorrechnung erreicht werden, um Doppelbelastungen zu vermeiden. Der verwendete Schlüssel soll Gewähr dafür bieten, daß er den wirtschaftlichen Verhältnissen gerecht wird und die Verteilung nicht einfach eine rechnerische ist, die mit den tatsächlichen Verhältnissen in Widerspruch steht. Für Betriebsunkosten wird bei einzelnen Arten vielleicht ein technischer Maßstab geeignet sein, ebenso wie die speziellen Unkosten nach der dazugehörigen Kostenart aufgeteilt werden.

Zuschlagsverfahren.

Das Zuschlagsverfahren hat den Zweck, die aufgelaufenen Unkosten im richtigen Verhältnis auf die die Unkosten betreffenden Kostenstellen durchzuführen.

1. Stufe: Aufteilung der Allgemeinunkosten auf Betriebe.

Die Allgemeinunkosten sind vor der Verteilung in summenmäßig zusammengefaßten Kostenstellen durch die Buchhaltung zusammengestellt. Diese Kostenstellen werden als allgemeine oder gemeinsame Kostenstellen bezeichnet. Ihre Aufteilung auf Betriebe im Verhältnis der Lohnsummen weist gegenüber anderen Industriezweigen keine Eigenheiten auf.

2. Stufe: Aufteilung von Betriebsunkosten auf Betriebe.

Diese Aufteilung wird zum Teil technische Schlüsselgrößen verwenden, z. B. für die Verteilung des elektrischen Lichtstromes die Anzahl der Brennstellen, für das Wasser die Anzahl der Zapfstellen, für Gebäudekosten die benötigte Quadratmeterzahl und vieles andere mehr. Auf dieser Stufe sind außerdem auch Betriebe auf Betriebe aufzuteilen, die keine eigene meßbare Leistung hervorbringen, so z. B. die Schmiede, die Werkzeugmacherei usw. Sie verteilen ihre Kosten auf die Betriebe, für die sie Leistungen vollbracht haben. Wenn es möglich ist, von solchen Betrieben den empfangenden Betrieben genaue Leistungen in Anrechnung zu bringen, so ist das vorteilhaft, da man auf diese Weise beim Vergleich mit den Kosten bei Ausführung der Arbeiten außerhalb der Unternehmung feststellen kann, ob der Nebenbetrieb lohnend ist. Die Aufteilung muß also so erfolgen, daß nur noch Neben- und Hauptbetriebe mit eigenen Leistungen, die sie verrechnen, übrig bleiben.

3. Stufe: Aufteilung der Betriebsunkosten auf Kostenträger.

Durch die Parallelschaltung einer größeren Anzahl von Betrieben ist es erforderlich, daß jeder einzelne dieser Betriebe seine Betriebsunkosten auf die für ihn in Frage kommenden Kostenträger aufteilt.

Die Buchhaltung liefert die Gesamtunkostensumme pro Jahr. Um nun den Unkostenanteil des einzelnen Kostenträgers errechnen zu können, müßte man die der Gesamtunkostensumme gegenüberzustellende Gesamtlohnsumme ermitteln. Zeitlich ist dies erst am Schlusse eines Rechnungsjahres möglich. Man müßte also mit dem Abschluß der Selbstkostenrechnung für den einzelnen Kostenträger bis zum Ende des Rechnungsjahres warten.

Eine solche Selbstkostenrechnung ist im Baugewerbe nur noch von historischem Wert.

Zu dieser Schwierigkeit gesellt sich eine zweite.

In der Vorkalkulation wurde mit einem bestimmten, im folgenden Kapitel noch näher zu erläuternden Prozentsatz Unkosten gerechnet. Bei dem oben geschilderten Zuschlagsverfahren würde nun mit einem vollkommen anderen Unkostenzuschlag — praktisch wenigstens — in der Nachkalkulation als in der Vorkalkulation gerechnet. Dadurch fehlt die Kontrolle zwischen Vor- und Nachrechnung.

Diese beiden Aufgaben müssen daher auf anderem Wege gelöst werden. Diesem Zwecke soll

das vorläufige Zuschlagsverfahren

dienen. Das Wesen dieses Verfahrens besteht darin, daß es vorläufig auf einen den tatsächlichen Unkostenanteil angebenden Zuschlag verzichtet und als Unkostensatz den in der Vorkalkulation verwendeten Prozentsatz in Verbindung mit der Schlüsselzahl Lohn verrechnet.

Man muß sich darüber klar sein, daß dieses Verfahren Verrechnungszahlen bringt, die der Wirklichkeit nicht entsprechen und später korrigiert werden müssen.

Vorteile dieses Verfahrens: Man braucht mit der Verrechnung des Stückes nicht bis Ende des Jahres zu warten, sondern kann nach Feststellung der direkten Kosten die Unkostenverrechnung sofort anschließen.

Die Nachrechnung für den einzelnen Kostenträger sieht dann wie folgt aus:

Lohnsumme für den gesamten Kostenträger laut Nachkalkulation = 100000 RM.

Unkostenverrechnung. Die Vorkalkulation rechnete mit einem Satz von 25%. Es sind also in die Kostenträgernachrechnung RM. 25000 Unkosten einzusetzen.

Der Vergleich mit der Vorrechnung bezüglich der direkten Kosten ist nunmehr möglich. Die Unkosten sind im Verhältnis in Vor- und Nachrechnung gleich geblieben, irgendeine Beeinflussung des Ergebnisses (Abweichung der Vor- und der Nachrechnung) muß auf die direkten Kosten zurückzuführen sein.

Abgesehen von den Erfordernissen des praktischen Rechnungswesens ist das provisorische Zuschlagsverfahren auch durch die tatsächlichen Verhältnisse begründet.

Es dürfte als anerkannte Tatsache gelten, daß zur Zeit bei Preisabgaben mit scharfer Konkurrenz — öffentliche Submission usw. — die vorkalkulierten Unkostensätze weit unter den durch Nachrechnung ermittelten Unkosten liegen und nach den proportionalen nur einen kleinen Teil der fixen noch decken. Diese Unkostensätze entsprechen dann nicht mehr den nach der Selbstkostenrechnung erforderlichen, sondern sind ein Ergebnis preispolitischer Erwägungen. Wenn ich nun das endgültige Zuschlagsverfahren anwende, wird der Auftrag mit einem höheren Unkostensatz veranlagt, als ursprünglich vorgesehen war. Jeder dieser Aufträge müßte dann gegenüber der Vorrechnung einen Verlust darstellen, der gegenüber dem tatsächlichen Ergebnis um den zu hoch veranschlagten Unkostensatz schwanken würde. Ein solches Verfahren liegt nicht im Interesse einer klaren Kalkulation.

Darnach kommt das endgültige Zuschlagsverfahren für die Kostenträger niemals direkt in Frage, sondern nur das vorläufige. Das endgültige Zuschlagsverfahren stellt dann nur den Unkostenbetrag pro Kostenstelle fest. Die Verbindung zwischen dem endgültigen Zuschlagsverfahren — und damit den Kostenstellen — und dem vorläufigen Zuschlagsverfahren und damit den Kostenträgern stellt die

Unkostenbilanz [1])

dar.

Die Unkostenbilanz stellt, und zwar für jeden Betrieb getrennt, die durch das endgültige Zuschlagsverfahren errechneten, tatsächlichen Unkosten, den vorkalkulierten, über das vorläufige Zuschlagsverfahren ermittelten Unkosten gegenüber. Dadurch wird festgestellt:

1. Die Höhe der tatsächlich aufgelaufenen Unkosten. (Wichtig wegen der Vorkalkulation für die Zukunft.)
2. Ob die vorkalkulierten Unkosten zur Deckung der tatsächlichen reichten.

Die Unkostenbilanz kann theoretisch für jede beliebige Zeitspanne aufgestellt werden. Praktisch ist jedoch zu berücksichtigen, daß je kürzer diese Zeitspanne gewählt wird, um so schwieriger ihre Durchführung ist, um so mehr Arbeit sie verursacht, und um so ungenauer wird sie.

Am einfachsten wäre die Durchführung pro Jahr.

Die Vorkalkulation bedarf jedoch früherer Angaben, um Unterlagen für neue Kalkulationen zu gewinnen. Deshalb wird man zweck-

---

[1]) S. Werner Band II, Anlage.

mäßigerweise die Unkostenbilanz monatlich aufstellen. Dabei sind zwei Punkte zu beachten:

1. Unkosten. Die von der Buchhaltung angegebenen Unkosten sind nicht zweckentsprechend für die Unkostenbilanz.

   1. Unkosten sind teilweise in einem einzelnen Monat verbucht und betreffen ein ganzes Jahr.
   2. Unkosten, die ebenfalls in einem Monat verbucht sind, betreffen jedoch postnumerando ein Jahr.
   3. Unkosten, deren zeitliche Wirkung überhaupt unbekannt ist.
   4. Unkosten, die tatsächlich entstanden, jedoch noch nicht von der kaufmännischen Buchhaltung erfaßt wurden.

2. Errechnete Zuschläge. Die einzelnen Aufträge durchlaufen meist mehrere Monate. Es müssen daher die in jedem einzelnen Monat errechneten Zuschläge festgestellt werden. Wäre der vorkalkulierte Prozentsatz für alle Arbeiten in einem Monat gleich, so ließe sich der Anteil einfach auf dem Wege über die Gesamtlohnsumme errechnen. In Wirklichkeit muß dies jedoch individuell für jeden Kostenträger geschehen. In den meisten Fällen differieren die Prozentsätze der in der Vorkalkulation angesetzten Unkosten sehr erheblich, und zwar für die verschiedenen Arten: vertragliche, außervertragliche und Taglohnarbeiten wie auch bei den ersten innerhalb der Gruppe selbst. Neben diesen Unkostenbeträgen, die den einzelnen Monat treffen, müssen selbstverständlich noch die Gesamtunkosten pro Kostenträger ohne Rücksicht auf irgendwelche Zeitmaßstäbe errechnet werden, sobald die Kostenträgerabrechnung vorgenommen wird. Durch diese Abrechnung wird dieser Verrechnungsbetrag mit in die Kostenträgerabrechnung übernommen und dort als Aufwand mit den anderen Aufwendungen zusammengerechnet. Dieser provisorische Unkostensatz kann, sobald ein Bedürfnis darnach besteht, später auf einfache Weise richtiggestellt werden. Das endgültige Zuschlagsverfahren liefert die Angabe, welcher Prozentsatz an Unkosten auf den Lohn trifft. Da man bereits mit einem bestimmten Prozentsatz gerechnet hat, ist nur noch die Differenz aus dem Prozentsatz des vorläufigen und des endgültigen Zuschlagsverfahrens zu berücksichtigen. Auf diese Weise wird auch für den einzelnen Kostenträger eine tatsächliche Nachrechnung durchgeführt.

Kontenmäßige Aufteilung.

Ein allgemeines Aufteilungsschema muß aufgestellt werden, darnach erfolgen die Buchungen.

In den Fällen, in denen, wie bereits erwähnt, die Buchhaltung zeitlich mit dem tatsächlichen Aufwand divergiert, müssen

1. für den bereits angefallenen Aufwand Verteilungskonten,
2. für noch nicht erfaßten Aufwand „Neutrale Aufwandskonten“ gebildet werden.

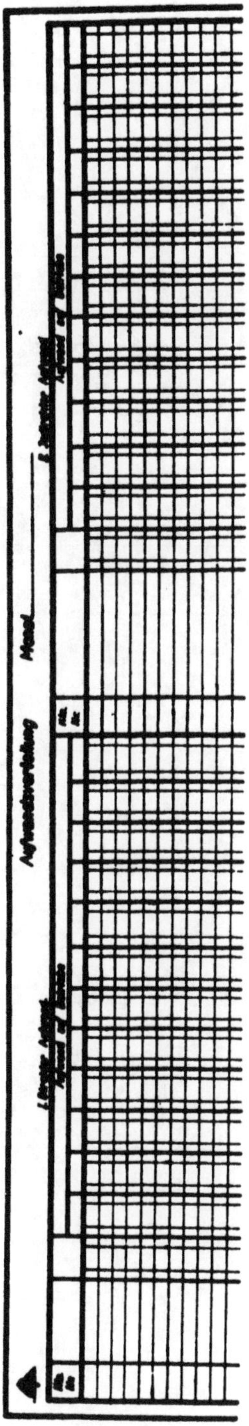

Aufwandsverteilung.

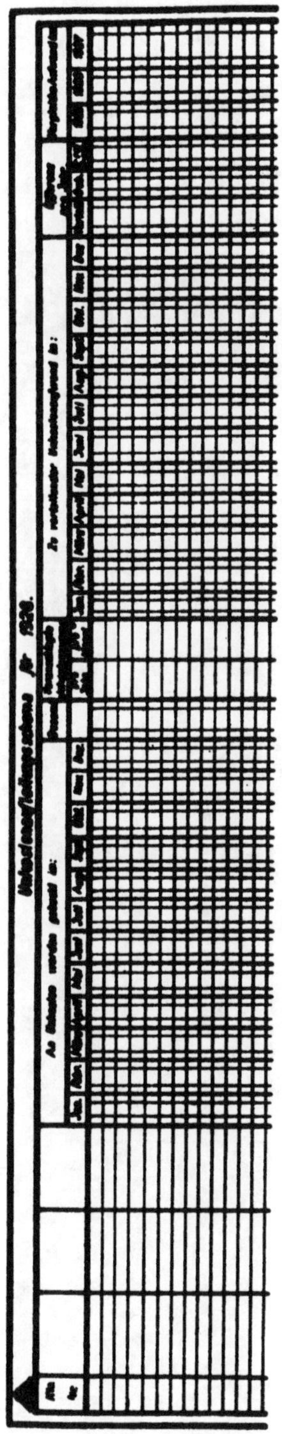

Unkostenaufteilungsschema.

Verlag von R. Oldenbourg, München und Berlin.

Die kontenmäßige Aufteilung hat den Nachteil, daß sie eine große Anzahl Verrechnungsposten in die Buchhaltung bringt und dadurch sehr unübersichtlich wird.

Praktische Durchführung der Unkostenverrechnung. (Tafel IX.)

1. Unkostenaufteilung.

Die Unkostenaufteilung soll die Divergenzen zwischen den von der Buchhaltung angegebenen Unkosten und den in der Unkostenbilanz zu verteilenden beseitigen, indem sie

1. die gebuchten Unkosten verteilt auf den betreffenden Zeitraum;
2. die nicht gebuchten Unkosten ergänzt.

Statistische Durchführung.

Die statistische Aufteilung kann auf verschiedene Weise vorgenommen werden. Als praktisch dürfte sich folgende Tabellenform empfehlen:

Zunächst werden die gebuchten Unkosten angeführt, daneben kommen die noch zu berücksichtigenden, noch nicht gebuchten Unkostenbeträge. In den folgenden Spalten werden die jeden Monat zu verteilenden Unkosten festgestellt und dann am Schlusse die Differenz derselben gegen die tatsächlich für das ganze Jahr gebuchten festgestellt. Die Aufteilung dieser festgestellten Unkosten erfolgt dann nach Schlüssel entweder in einem eigenen Formular oder in Verbindung mit dem Aufteilungsschema.

Kostenträger.

Die Kostenträger gelten als das dritte Element der Nachrechnung. Sie sind das letzte Glied der Kostenrechnung. Die betriebswirtschaftlichen Probleme der Kostenträgernachrechnung sind:

1. die Sammlung der direkten und indirekten Aufwendungen,
2. die Sammlung der Erträgnisse,
3. Ergebnis und Vergleich.

1. Sammlung der Aufwendungen.

Die Sammlung der Aufwendungen offenbart deutlich die Divergenz zwischen direkten und indirekten Aufwendungen. Die Art und Weise, wie die Sammlung dieser Kosten pro Kostenträger erfolgt, wurde bereits geschildert. Es bleibt nur noch die Frage übrig, wie zum Zwecke einer Abstimmung Zusammenfassung der einzelnen Kostenträger zur Gesamtsumme der Aufwendungen vorzunehmen ist. Dies soll sagen, wenn z. B. eine bestimmte Lohnsumme für eine Zeitperiode verteilt wurde, diese

Summe sich wieder als Summe der Lohnaufwendungen auf den einzelnen Kostenträger finden muß. Dieser Zweck der Sammlung ist ein verschiedener:

1. Kontrollzweck, ob tatsächlich der gebuchte Aufwand mit dem verteilten übereinstimmt. (Bei direkten Aufwänden.)
2. Prüfung, ob der für den einzelnen Kostenträger errechnete Aufwand für den tatsächlich angefallenen Aufwand zur Deckung genügt oder nicht. (Indirekter Aufwand.)

Schwierigkeiten hinsichtlich des Zeitproblems.

Sollen solche Abstimmungen immer nach Monaten (wie sie vorgeschlagen wurden, entweder mit 4 oder mit 5) vorgenommen werden, so ergibt sich folgende Schwierigkeit:

1. Bei Beginn einer jeden solchen Periode sind auf jeden einzelnen Kostenträger bereits bestimmte Aufwendungen gebucht, die von den früheren Perioden herrühren.
2. Am Ende ist stets eine große Anzahl von Kostenträgern, die nicht vollständig abgerechnet werden können, vorhanden, die in die neue Periode übernommen werden müssen.

Ausweg: Monatliche Abschlüsse.

Es kann in dieser Frage eine Lösung gefunden werden, wenn man monatlich rechnungsmäßige Abschlüsse auf den einzelnen Kostenträgern macht. Man hat dann die gesamten auf diesen Monat treffenden Zahlen, die zusammengestellt werden können und mit den Buchungen der Buchhaltung verglichen werden können.

Die praktische Durchführung kann lediglich eine Zusammenstellung der entstandenen Kosten sein, und zwar gegliedert nach Arten. Sie muß sich wohl auf Sammelposten stützen, die vorher in Nebenrechnungen festgestellt wurden. Bei kontenmäßiger Durchführung fehlt der richtige Überblick. Einfach ist dagegen bei der kontenmäßigen Behandlung die Abstimmung.

Aufwendungen in prozentualer Höhe.

Für jeden Kostenträger sind nach vollkommener Fertigstellung auch die anteiligen Aufwendungen für den Kostenträger in Prozenten zu errechnen. Es ist möglich als 100%, d. h. als Maßstab entweder den Bruttobetrag oder den Gesamtaufwand zu nehmen. Im ersteren Falle erscheint gleichzeitig der Erlös in Prozenten ausgedrückt in den Abrechnungen. Das zweite Verfahren gibt an, mit welchem Prozentsatz die einzelnen Kosten an den Gesamtkosten vertreten sind.

Technische Nachrechnung pro Kostenträger.

Die bisher geschilderte Verrechnung auf Kostenträger dürfte wohl als die betriebswirtschaftliche bezeichnet werden. Es fragt sich nun noch, wie es mit einer technischen Nachrechnung für Kostenträger ist. Die technische Nachrechnung besteht in der Festlegung der tatsächlichen Leistungen. Diese Leistungen mit den dazugehörigen Werten in Rechnung gesetzt, ergibt die Kundenrechnung. Eine sonstige Nachrechnung technischen Charakters pro Kostenträger dürfte nicht in Frage kommen.

2. Sammlung der Erträgnisse.

Als Erträgnisse sind dem einzelnen Kostenträger gutzuschreiben:

1. Bauherrnrechnungen.
2. Rechnungen an Dritte. Es kommt oft vor, daß an der betreffenden Baustelle für andere Firmen oder sonst irgendwelche Leistungen vorgenommen werden. Wenn es nicht möglich ist, dafür einen eigenen Kostenträger anzulegen, werden dieselben mit dem Hauptkostenträger verrechnet.
3. Rücklieferungen.

Die erfolgten Zahlungen als Gutschrift zu nehmen, wäre unzweckmäßig, da die Zahlungen doch nicht das richtige Bild von den Gesamtleistungen geben und außerdem sich diese Zahlungen oft sehr lange hinausschieben. Die Verwendung der Rechnungen hat jedoch einen Nachteil: Bei der Rechnungsrevision werden stets kleinere oder größere Differenzen festgestellt. Diese Differenzen müßten eigentlich dem einzelnen Auftrag noch belastet werden, d. h. entweder müssen die Erträgnisse um diesen Betrag vermindert oder aber dieser Betrag bei den Belastungen dazugesetzt werden.

Nun kommt es nicht selten vor, daß sich besonders bei Behörden diese Prüfungen lange hinausziehen, oder man mit dieser Kostenträgerabrechnung nicht solange warten kann. In diesem Falle ist es ratsam, diese Beträge auf einem Konto in der Buchhaltung zu sammeln.

Die Buchung der Rechnungen muß zwangsläufig geschehen, d. h. dieser Buchungsvorgang muß in den gesamten Organisationsplan eingeschoben werden, damit er nicht bei der einen oder anderen Rechnung übersehen wird. Wenn nach Abschnitten abgerechnet wird, muß auch jede Abschnittsrechnung gebucht werden.

3. Ertragsberechnung.

Die Ertragsberechnung soll eine Gegenüberstellung der Aufwendundungen gegenüber dem Rohertrag sein. Diese Gegenüberstellung liefert nur rechnungsmäßige Gewinne. Wären diese Ergebnisse tatsächliche Gewinne, so müßte die Summe aller Stückgewinne für eine bestimmte Rechnungsperiode gleich sein deren Ergebnis aus der Gewinn- und Verlustrechnung. Als Ursache dafür kann gelten,

1. daß die indirekte Kostenverrechnung nur Verrechnungszahlen liefert, die mit den tatsächlichen differieren;

2. daß die Gewinn- und Verlustrechnung auch den Aufwand erfaßt, der nicht Kosten ist und infolgedessen in der Kostenrechnung nicht verteilt wird.

Die Ertragsberechnung kann also nicht den Zweck haben, einen tatsächlichen Gewinn zu errechnen, sondern soll die Aufwendungen dem Gesamterlös so gegenüberstellen, daß ein Vergleich möglich ist, der eine Kontrolle der Vorrechnung zuläßt.

Weiterverrechnung eigener Aufträge.

Bisher wurden interne Aufträge nicht getrennt behandelt. Hier tritt nun das erste Mal eine ausgesprochene Unterscheidung ein. Die Eigentümlichkeit liegt in der technischen Nachrechnung. Es gibt in der Gesamtbehandlung 2 Möglichkeiten:

1. Es wird eine technische Nachrechnung aufgemacht. In diesem Falle muß der interne Auftrag zur Verrechnung kommen wie jeder andere Auftrag für Dritte nach festgestellter Leistung mit dazugehörigen üblichen Preisen.
2. Es wird keine technische Nachrechnung aufgemacht. In diesem Falle wird der errechnete Aufwand gleich dem Bruttoertrag gesetzt.

Im ersteren Falle ist, nachdem Preise wie für Rechnung Dritter eingesetzt werden, für die eigene Lieferung Gewinn- und Risikozuschläge usw. eingerechnet. Es muß jedoch zugegeben werden, daß diese Aufträge eigentlich ohne Gewinn berechnet werden sollen, denn die Unternehmung will ja nicht an sich selbst, sondern an Dritten verdienen.

Kostenstellen.

I. Begriff der Kostenstelle.

Die Kostenstelle ist das zweite Element der Kostenrechnung und antwortet auf die Frage: „Wo entstehen die Kosten?"

II. Bildung von Kostenstellen.

Die Bildung von Kostenstellen kann aus 2 Gründen erfolgen:

1. Verrechnungstechnische, um bessere Aufteilungsmöglichkeit der ev. entstandenen Unkosten zu haben.
2. Produktionstechnische; sie bedeuten eine Kontrolle von solchen Betrieben, die imstande sind, eigene, verrechenbare Leistungen hervorzubringen.

Bildung von Kostenstellen im Nicklischschen[1]) Sinne:

Nicklisch betont eine räumliche und zeitliche Abgrenzung. Die räumliche Abgrenzung ist ziemlich leicht festzulegen. Schwieriger ist

[1]) Nicklisch „Wirtschaftliche Betriebslehre". S. 191.

die zeitliche Abgrenzung. Nicklisch sagt: „Von dem Zeitpunkte, an dem die Unternehmung dafür sorgt, daß die Stoffe ein- und ausgehen und die Anlagen für ihre Bearbeitung bereit sind, bis zur Veräußerung und der Auflieferung der Frachtgüter dauert jeweils ein Feld.“ Diese Zeitfelder bezeichnet Nicklisch als natürliche. Diese natürliche Kostenstellenbildung würde im Baugewerbe insofern Spezialergebnisse liefern, als ausschlaggebend für den Beginn des natürlichen Feldes der Eingang des einzelnen Auftrages sein müßte, nachdem nur auf Bestellung dieser gesamte Apparat sich in Bewegung setzt. Ferner müßte, da in diesem Falle die Fertigstellung jedes einzelnen Auftrages vom anderen verschieden ist — und die Zeit von Nicklisch zum Hauptkennzeichen der Kostenstelle gemacht wurde — für jeden dieser Aufträge ein Aufwandsfeld gebildet werden. Die Folge davon wäre, daß sich eine größere Anzahl Aufwandsfelder zeitlich übereinander schieben würde, wenn sich die Aufträge zeitlich zusammendrängen. In diesem Betrachtungsfalle würde sich der Begriff „Auftrag“ mit dem Begriff „Aufwandsfeld“ für das Baugewerbe decken. Da nun in den meisten Fällen der Auftrag gleich einem Kostenträger oder wenigstens einer Kostenträgergruppe ist, könnte diese Aufwandsstellenberechnung erspart werden, da sie gleich der Kostenträgerrechnung wäre. Eine Kostenstelle braucht nicht mit der Abgrenzung einer Abteilung zusammenzufallen. Dies ist dort der Fall, wo Bildung aus produktionstechnischen Gründen erfolgt. Das Hauptprinzip ist, die Kostenstelle möglichst exakt zu gliedern und gegenüber den anderen zu trennen, um die Kosten genau festzulegen. Aus diesem Grunde ist weitgehendste Unterteilung in den meisten Fällen erforderlich. Die in der Literatur viel erwähnte Teilung nach Materialwesen, Fertigung, Vertrieb ist für das Baugewerbe nicht sehr zweckmäßig.

1. Das Materialwesen, insbesondere die mit dem Materialwesen verbundenen Kosten sind im Verhältnis nicht so groß, wie in anderen Industrien. Ferner ist das Materialwesen durch die Eigenart im Baugewerbe auch vollkommen anders aufgebaut, so daß die Verrechnung des Materialwesens nicht diese Wichtigkeit hat wie in anderen Industrien.
2. Von einem Vertrieb kann gar nicht die Rede sein, die Vertriebskosten erscheinen mit den Kosten für das technische Büro.
3. Die Kostenstellengliederung im Baugewerbe wird beeinflußt von der Aufteilung nach gleichgestellten, parallel geschalteten Betrieben.

Trotzdem ist es möglich, wenn es erforderlich sein sollte, diese Kostenstellen in Form von einzelnen Hilfsbetrieben zusammenzuziehen und dadurch gliedern sie sich zweckmäßig in den gesamten Rahmen ein. Bei den Betrieben, die keine verrechenbaren Leistungen hervorbringen, wird der Aufwand gleich wie eine Leistung verteilt und in diesem Falle schließt der Betrieb ohne irgendein Ergebnis ab. Seine gesamten Aufwendungen werden einfach auf diejenigen Betriebe verteilt, die seine Leistung in Anspruch nahmen, und zwar im Verhältnis zu dieser Inanspruchnahme. Da nun dieselbe nicht genau nach der Leistung gemessen werden kann, erfolgt die Messung nach einem äußeren Maßstabe, z. B. aufgewendete Zeit usw.

Leistungen der Kostenstellen.

In konsequenter Fortführung des bei den Kostenarten aufgestellten Grundsatzes sind

1. die von den Haupt- und Nebenbetrieben hervorgebrachten direkten Leistungen
   a) zu erfassen,
   b) zu bewerten,
   c) zu verrechnen;
2. die von den Hilfsbetrieben gemachten indirekten Aufwendungen genau so wie die Leistungen:
   a) zu erfassen,
   b) zu bewerten,
      a) Schlüssel,
      b) Aufteilungsmethode,
   c) zu verrechnen.

Die im Baugewerbe möglichen und allgemein üblichen Betriebsarten können folgendermaßen eingeordnet werden:

a) Verschiedene, der Fertigung dienende Hauptbetriebe: Maurer, Zimmerer, Schlüsselfertige Bauten.
b) Nebenbetriebe, und zwar solche, die
   1. dem Bauhilfsgewerbe entstammen: Schreinerei, Glaserei, Malerei;
   2. der Rohstoffgewinnung dienen: Ziegelei, Sandgruben, Sägewerke;
   3. die irgendwelchen Dienstleistungen dienen: Fuhrwerk, Maschinenbetriebe usw.
c) Hilfsbetriebe:
   1. Verwaltung: a) Büro, b) Lagerverwaltung,
   2. Reparatur und Instandhaltung: Schmiede usw.

Nach den allgemein gemachten praktischen Erfahrungen beschränken sich jedoch die einzelnen Betriebe in der Hauptsache auf solche Nebenbetriebe, die

1. im Interesse einer geregelten, billigen Produktion geschaffen werden: Ziegelei, Fuhrwerk usw.,

2. in Anlage und Betrieb sich leicht in den Gesamtrahmen der Unternehmung eingliedern, oder die geeignet sind, vorhandene Produktionsanlagen entsprechend auszunützen (z. B. bei vorhandenem Zimmererbetrieb Angliederung einer Schreinerei).

Erfassung der Leistungen.

Die Hauptbetriebsleistungen werden in Form der Kundenverrechnung erfaßt und wurden schon erwähnt.

Bei den Nebenbetriebsleistungen ist zu unterscheiden:

a) Betriebe mit gleichartiger Leistung, z. B. Sandgrube, Fuhrwerk, Ziegelei usw.

b) Betriebe mit Einzelanfertigung: Schreinerei, Glaserei.

Rohstoffliefernde Betriebe senden ihre Lieferscheine wie jeder fremde Lieferant: siehe Materialschema S. 61.

Bei den Dienstleistungsbetrieben ist es schwierig, die einzelnen Leistungen festzulegen. Zunächst muß festgestellt werden, nach welchen Gesichtspunkten die einzelnen Erfassungen vorgenommen werden sollen. Als Grundsatz gilt, daß der gewählte Leistungsmaßstab ein möglichst gerechter und dem Aufwand einigermaßen angepaßter sein muß, wenn der Zweck der Verrechnung erreicht werden soll.

Beim Fuhrwerk ist die Erfassung der Leistung nach Menge, Gewicht usw., oder auch nach der benötigten Zeit möglich. Zweckmäßigerweise Anwendung des ortsüblichen Fuhrmannstarifes. Auf Grund des dort vorgesehenen Maßstabes erfolgt dann die Verrechnung.

Maschinenzeit-Erfassung erfolgt am besten nach geleisteter Minute Maschinenzeit. Wie soll dann die Zeit der Arbeitsvorbereitung und auch die Zeit des Stillstandes behandelt werden? Bei Arbeitsvorbereitung ist ein Unterschied, ob diese Arbeit eine allgemeine ist, wie z. B. Messerschärfen usw., oder ob die Arbeit speziell für den Auftrag ist, also Einsetzen besonderer Messer, besondere Einstellung der Maschine. Im ersteren Falle direkte Belastung der Kostenstelle, im zweiten Falle ist die spezielle Zeit dem Kostenträger zu belasten. Diese Zeit darf jedoch nur für die Zeit des Arbeiters erfolgen und nicht auch für die Maschine. Wenn die Maschinenarbeit auch gelegentlich durch nichtständige Maschinenarbeiter ausgeführt wird, wäre es umständlich, die von diesen Leuten an den Maschinen verbrachte Zeit zuerst auf den Maschinenbetrieb zu buchen und dann auf den Kostenträger zu belasten. Es ist viel besser, auf die Verrechnung in diesem Falle zu verzichten, direkt den Kostenträger zu belasten auf dem Weg der Lohnverrechnung. Für Maschinendienste darf also nur die reine Arbeitszeit in Anrechnung gebracht werden, während die Vorbereitungszeit der Arbeiter auf dem Weg der Lohnverrechnung zur Verrechnung gelangt. Die spezielle Vorbereitungszeit wird dann dem Kostenträger, die allgemeine der Kostenstelle Maschinenbetrieb belastet.

Bewertung und Verrechnung der Leistungen.

Es kann nicht jede einzelne Verrechnungsweise dargestellt werden, sondern nur die Fragen mit prinzipieller Bedeutung.

1. Konkurrenzprinzip. Die Bezeichnung Konkurrenzprinzip will sagen, daß die Leistungen eines jeden Betriebes nicht höher bewertet werden dürfen, als einem fremden Unternehmen dieser Branche für die Vollbringung dieser Leistung zu vergüten wäre. Begründung: Die Nebenbetriebe sind selbständige Betriebe, die in ihrer Leistung mindestens ebenso leistungsfähig sein sollen, als fremde Unternehmen. Falls sie nicht so billig liefern können, ist es besser, diese Nebenbetriebe aufzulösen und die Leistungen durch Dritte ausführen zu lassen. Deshalb muß sich die Bewertung stets an die Preise der fremden Unternehmungen halten.

2. Beeinflußt werden kann dieses Konkurrenzprinzip durch betriebstechnische Gründe. Besondere Qualitäten, schnelle und zuverlässige Bedienung, Ausnützung von Saisonschwankungen für Anlagen können Ursache sein, den eigenen Betrieb aufrechtzuerhalten, obwohl seine Leistungen, wenn er rentabel sein will, zu höheren Preisen angesetzt werden müssen als die fremder Unternehmer. Diese Vorteile müssen jedoch so groß sein, daß sie den verursachten Mehrpreis der Leistung weitaus aufwiegen. Diese Entscheidungen sind preispolitischer Natur.

Zeitpunkt der Verrechnung.

Als geeignetster Zeitpunkt erscheint die Lohnwoche. Dadurch besteht die Möglichkeit eine Übereinstimmung mit der Selbstkostenrechnung zu erzielen. Die Erfassung wird allerdings auch hier zweckmäßig täglich erfolgen, während die Abrechnung wöchentlich erfolgt. Es besteht dann die Möglichkeit, gleich wöchentlich die Leistungen den bestimmten Kostenträgern zur Last zu schreiben.

Einzelheiten über Kostenstellenbildung.

1. Kostenstelle: Schlüsselfertige Bauten

bietet ein typisches Beispiel dafür, daß der Begriff Kostenstelle nicht mit „Ort“ oder „Stelle“, also einer räumlichen Abgrenzung zusammenfallen muß. Diese Kostenstelle ist erforderlich, da bei schlüsselfertigen Bauten mehrere Neben- und Hauptbetriebe beteiligt sind und infolgedessen deren einzelne Gewinnanteile an dem Gesamtergebnis aufgeteilt werden, falls ferner „Sonderkosten“ bei schlüsselfertigen Bauten entstehen, die von keinem der anderen Hauptbetriebe ohne Beeinträchtigung des Rechnungswesens getragen werden können. Besonders interessant erscheint hier die Frage der Gewinnbeteiligung der einzelnen Betriebe an dem Gesamtergebnis.

Praktischer Fall: Es wird ein Wohnhaus zum Preise von M. 70000.— übernommen. Anteil Maurer M. 30000.—, Anteil Zimmerer M. 10000.—,

Anteil Unterlieferanten M. 30000.— im Voranschlag. Selbstkosten: Maurer M. 28000.—, Zimmerer M. 8000.—, Unterlieferanten M. 36000.—. Es ist hier genau zu erkennen, daß gegenüber dem Voranschlag der „schlüsselfertige" Bau RM. 4000.— Verlust gebracht hat, während Maurer und Zimmerer je einen Gewinn von M. 2000.— brachten. Es müßte also theoretisch einwandfrei Maurer und Zimmerer je M. 2000 gutgeschrieben und dem schlüsselfertigen Bau M. 6000 für den Verlust belastet werden.

Aus diesem einzelnen Beispiel schon geht hervor, daß also auf dem Wege der Kostenstellenrechnung die Frage der Gewinn- und Verlustrechnung für solche Bauten zu klären ist, an denen mehrere Kostenstellen beteiligt sind, die Vergütung von Seiten des Auftraggebers aber nur in einer Summe ausgedrückt wird.

2. Kostenstelle: Baumaschinen.

Die an einer Baustelle zur Verwendung kommenden Baumaschinen können nur über den Weg einer Kostenstelle Baumaschinen verrechnet werden. Diese Kostenstelle Baumaschinen kann einheitlich aufgezogen werden, wenn die Maschinen hinsichtlich ihres Wertes, ihrer Unterhaltungskosten usw. ziemlich gleich sind, z. B. wenn nur Betonmischmaschinen usw. in Frage kommen. Bei großer Verschiedenartigkeit jedoch werden Unterteilungen erforderlich sein.

Diese Kostenstelle Baumaschinen verrechnet:

1. Die gesamten durch den Maschinenpark verursachten Aufwendungen, insbesondere Abschreibungen;
2. die gesamten die Unterhaltung betreffenden Kosten: Reparaturen, Reinigungen usw.

Dadurch erhält man für jede Rechnungsperiode eine bestimmte Aufwandsgröße. Diese Aufwandsgröße ins Verhältnis gesetzt zur Gesamtleistung, ergibt den Einheitssatz für diese Leistung. Als Leistungsmesser können in Frage kommen: Zeit, Leistung selbst, Kubikmeter usw.

Zweckmäßigerweise wird Zeitverrechnung vorgenommen, und zwar in Form der Maschinenstunde. Diese Kosten können als die *allgemeinen* bezeichnet werden. Nicht auf diese Weise zu verrechnen sind die an einer einzelnen Baustelle entstehenden, nachweisbaren Kosten, die als die speziellen bezeichnet werden sollen. Dazu gehören: *Der Lohn der Bedienung.* Eventuelle Bedienungsmannschaft wird oft zu anderen Arbeiten herangezogen, insbesondere in betriebsstillen Zeiten.

Die Aufstellungskosten: Sie sind für die einzelnen Baustellen in ihrer Höhe, zum Teil auch in ihrer Art verschieden, je nach Entfernung der Baustelle vom Lager und nach den örtlichen Verhältnissen.

Betriebsstoff: Da er auch an dieser einen Baustelle vollkommen aufgebraucht wird und dadurch eine umständlichere Verrechnung über die Zuschlagsmethode überflüssig wird. Dadurch fällt auch ein gewisser Leerlauf oder nicht Vollbeschäftigung, die durch eine Baustelle verschuldet ist, der Baustelle zur Last.

Diese Kosten sind für die einzelnen Baustellen so verschieden, daß sie nicht gerecht verteilt werden könnten, wenn diese Spezialkosten auch auf dem Wege des Zuschlags verrechnet würden. Für die Verrechnung selbstverständlich sind auch diese Kosten unter Berücksichtigung, und zwar gemäß ihrem Spezialcharakter zu veranschlagen. Sie werden dann auf die ganze geschätzte Gebrauchsdauer umgerechnet und dem allgemeinen Stundensatz hinzugeschlagen. Nun ist die Frage des Leistungsmaßstabes noch für die Vorrechnung zu erwähnen. Dieser Leistungsmaßstab muß auf das genaueste auf Grund der Erfahrungstatsachen festgelegt und später die Nachrechnung nachgeprüft werden. In diesem Sinne sollen wohl auch Rodes Ausführungen (Der wirtschaftliche Baubetrieb, S. 164) zu verstehen sein, da die Angaben für einmalige Kostenberechnung und für einen Arbeitstag lediglich Unterlagen für die Vorrechnung bieten sollen, während für die Nachrechnung genaue Erfassung jeweils erfolgt.

Die Hauptschwierigkeit bei der Berechnung der allgemeinen Kosten ist die zu schätzende Dauer der Maschinenbenützung. Diese Frage hängt von der zu erwartenden Beschäftigung ab, die vorauszusagen im Baugewerbe außerordentlich schwierig ist. Es muß deshalb die Schätzung der voraussichtlichen Beschäftigungszeit der einzelnen Maschinen außerordentlich vorsichtig vorgenommen werden.

3. Kostenstelle: Gerüstholz.

Der Begriff Gerüstholz erscheint nicht nur als Betriebsmaterial, sondern auch als Kostenstelle. Diese Kostenstellenbildung ist erforderlich, um sämtliche, das Gerüstholz betreffenden Kosten sammeln zu können. Zu diesen Kosten gehören:

1. Gerüstholz-Instandhaltung, -herrichten, Zeichnen mit Firmenname und -Zeichen, um vor Diebstahl zu schützen, Ausnageln.
2. Gerüstholz-Lager: Lagermiete, Lagerverwalter.
3. Gerüstholz-Abschreibungen nach den auf S. 40 und 132 gegebenen Erläuterungen.

Auf diese Weise ist es möglich, die gesamten im Laufe einer Rechnungsperiode für das Gerüstholz entstehenden Kosten festzustellen.

Verhältnis der einzelnen Kostenstellen zueinander.

Wegen der Abrechnung, die endgültig vorgenommen werden muß, ist das Verhältnis der einzelnen Kostenstellen zueinander noch kurz zu betrachten. Es ist bei den Kostenstellen eine Gleichordnung und eine Überordnung festzustellen. Unter Gleichordnung soll z. B. verstanden sein, wenn für die Kostenstelle Baumaschinenbetrieb mehrere Unterkostenstellen, z. B. Betonmischmaschinen, Aufzüge usw. gebildet werden. In diesem Falle sind die letzteren gleichgeordnet, während ihnen die Kostenstelle Baumaschinenbetrieb übergeordnet ist.

Die Verrechnung hat in der Weise zu erfolgen, daß die niedrigsten Kostenstellen ihren Gesamtaufwand nach der nächst höheren Kostenstelle verrechnen: z. B. Platzkosten nach dem Betrieb, Betrieb nach gemeinsamen Betrieben, gemeinsame Betriebe nach Unternehmungen. Als letzte Kostenstellen dürfen nur noch solche Kostenstellen übrig bleiben, die selbständig zu verrechnende Leistungen hervorbringen.

Es ist nun noch das Verhältnis dieser Kostenstellen, die selbständige Leistungen hervorbringen, zueinander zu klären. Z. B. Neben- und Hauptbetriebe:

Die Abrechnung dieser Betriebe erfolgt in Form der Leistungsverrechnung. Der Fuhrbetrieb belastet also die anderen Betriebe, für die er Leistungen vollbrachte, mit diesen Leistungen. Diese Leistungsbelastung erfolgt laufend für jede Lohnperiode, so daß irgendwelche Abschlüsse nicht mehr notwendig sind. Von den also übrig bleibenden Betrieben muß jeder ein Betriebsergebnis, sei es nun Gewinn oder Verlust, aufweisen, für das der Betrieb verantwortlich ist.

Die Durchführung der Kostenrechnung im allgemeinen in der Praxis.

Die Haupterfordernisse, die an die praktische Durchführung der Kostenrechnung zu stellen sind, sind richtige Beobachtungen der theoretischen Grundlagen, Übersichtlichkeit und größte Einfachheit. Die Kostenrechnung kann

1. vollkommen kontenmäßig,
2. statistisch oder
3. teilweise kontenmäßig

durchgeführt werden. Innerhalb dieser Möglichkeiten entscheiden die einzelnen Erfordernisse und deren zweckmäßige Gestaltung, welcher für den speziellen Fall der Vorzug zu geben ist. In diesem Rahmen ist es daher nur möglich, allgemeine Punkte zu erwähnen. Besondere Beachtung ist den Fragen der Mengenverrechnung und der Gliederung nach Hauptkostenarten zu schenken.

1. Kontenmäßige Durchführung.

Bei der vollkommen kontenmäßigen Durchführung bereiten gerade die Fragen der Mengenverrechnung und der Gliederung nach Hauptkostenarten große Schwierigkeiten. Nach obiger Definition würde also die Buchhaltung erweitert und in die Nachrechnung hineingenommen. Für jeden Kostenträger wäre für jede Hauptkostenart: Material usw. ein Konto zu bilden. In dieser Form ist jedoch eine Mengenverrechnung unmöglich. Es müßte also für jede Unkostenart ein Konto zu bilden sein in Form eines Skontros des Warenhandels, um dadurch die einzelnen Mengen zu verrechnen. Die Vielfältigkeit der Grundstoffe hat zur Folge, daß eine Unübersichtlichkeit einreißen würde. Man hat daher die Tabellenform für das Baukonto angewendet.

Die Hauptgliederung erfolgt in Soll und Haben. Man wird nicht, wie sonst üblich, die Arten nach Soll und Haben unterteilen, sondern das Baukonto zuerst in Soll und Haben und dann in Unterarten. Besondere Beachtung verdient die Mengenverrechnung. Man schiebt sie zwischen Textspalte und Wertverrechnung ein. Diese Art der Gliederung ist als wesentlicher Vorteil gegenüber der einfachen Wertverrechnung offensichtlich, wenn auch die Mengenverrechnungsgliederung nicht voll befriedigt.

Bemerkenswert ist die Gliederung der Ausgangsrechnungen. Deutlich läßt sich die früher aufgestellte Forderung nach Gliederung der Leistungen erkennen.

Bei der Maschinenbuchhaltung (Tafel VII) hat man die Schwierigkeit mit der Mengenverrechnung erkannt und — die Tabellenform konnte man wohl nicht anwenden — infolgedessen für jede Materialart ein Blatt mit untergeschoben, um dort die Mengen festzuhalten.

Die Vorteile der vollkommen kontenmäßigen Methode sind nicht von der Hand zu weisen. — Die gesamten, im Schema S. 61 als außerbetrieblicher Verkehr angedeuteten Belege müssen stets in der Buchhaltung zur Verbuchung gelangen. Eine sofortige Verbuchung auf den Kostenträger erspart Arbeit. Eine Gliederung nach Aufwandsarten erfolgt allerdings dabei nicht — (sie wird auch in der Praxis nur selten gemacht). Wollte man diese Gliederung noch vornehmen, so würde der Hauptvorteil wegfallen. Die Verrechnung der Unkosten in diesem Rahmen der kontenmäßigen Durchführung bereitet Schwierigkeiten. Man müßte entweder von einer Unkostenaufteilung ganz absehen (erfolgt im Falle S. 93/94), die Bruttogewinne der einzelnen Kostenträger auf das Betriebskonto übernehmen und dort die Unkostenverrechnung (jährlich nach der Zuschlagsmethode) vornehmen oder die Betriebskonten weisen nur Bruttogewinne aus und Unkosten werden zur Gewinn- und Verlustrechnung übernommen. Das letztere Verfahren ist nicht richtig, das erstere läßt eine genaue Nachprüfung der Vorrechnung nicht zu. Um eine Unkostenverrechnung durchführen zu können, müßte der Kostenträger mit dem gleichen Prozentsatz bezogen auf eine bestimmte Schlüsselgröße belastet werden wie in der Vorrechnung. Zur Kontrolle dieses Unkostensatzes müßten diese (rechnungsmäßigen) Unkosten gesammelt und den wirklichen gegenübergestellt werden. Diese Verrechnung wäre also eine sehr komplizierte und umständliche, abgesehen von der dadurch verursachten Verwendung von Verrechnungszahlen in der Buchhaltung.

2. Statistische Durchführung.

Die statistische Methode läßt bezüglich der praktischen Gestaltung viel größere Freiheiten als die kontenmäßige Durchführung. Der Zusammenhang mit der Buchhaltung muß unter allen Umständen gewahrt bleiben. Die Buchhaltung hat die Sammelkonten für die Aufwandsarten zu führen. Die Aufteilung des Aufwandes nach Kostenträger, Mengen- und Wertrechnung und schließlich Ertragsrechnung werden dann statistisch durchgeführt.

1. Beispiel. Einfache Tabellen.

Dieses Beispiel lehnt noch stark an die Tabellenbuchführung an. Es ist lediglich der kontenmäßige Zusammenhang aufgegeben, es wird von Einnahmen und Ausgaben gesprochen. Mengenrechnung fehlt hier noch, es ist nur Wertverrechnung vorgesehen. Es sind lediglich Spalten für Lohn, Versicherungen, Gehälter, Reisen und Auslagen und Fuhrwerk vorgeschrieben, während eine ganze Anzahl Spalten zum Materialeintrag frei ist. Interessant ist, daß unter Einnahmen auch Arbeiterversicherungen eingetragen sind. Ich kann mir den Vorgang nur so erklären, daß auf der Ausgabenseite die gesamten sozialen Lasten, also sowohl Arbeitgeber- wie Arbeitnehmeranteil, gebucht werden und dann auf der Einnahmenseite die dem Arbeiter abgezogenen Beträge wieder gutgebracht werden.

Hier ist der eigentliche Zusammenhang mit der Kostenträgerrechnung zu vermissen (Frage der Finanzkonten) Erträgnisrechnung fehlt.

2. Beispiel.

Diese Selbstkostenrechnung wird auf Karten durchgeführt. Zunächst die Materialkarte (M.A. = Materialausgang). Sie ist sowohl für Maurer- (M) als auch für Zimmer- (Z) oder Schreinerarbeiten (Sch) eingerichtet.

Genau wie beim 2. Beispiel wird ein jedesmaliges Schreiben der Materialart vermieden. In der Längsspalte werden lediglich die zu dem betreffenden Materialvorgang gehörigen Grundbelege aufgeführt.

M.A. = Materialausgang,
B.Z. = Bestellung, also direkte Lieferung zum Lager.
(Lief.) = Name des Lieferanten.

Die nun folgende Anzahl von Spalten stellt die Mengenrechnung dar, und zwar für jede einzelne Materialart. Die Einheit, in der das Material angegeben wird, ist auch gleich mitgemessen. Um eine zweite Karte zu vermeiden, sind die sowohl für Maurer als auch für Zimmerer in Frage kommenden Texte untereinander gedruckt, so daß durch das einfache Durchstreichen des nicht zutreffenden Textes der andere für gültig erklärt wird. Für jedes Material wird der Einheitspreis verzeichnet und bei der Wertrechnung wird getrennt zwischen Lagerbezug und direktem Bezug. Auch eine Rubrik für Gutschriften, Zurücklieferungen usw. ist vorgesehen. Die Saldospalte soll den täglichen Saldo und den wöchentlichen Saldo aufnehmen. Der wöchentliche Saldo wird nach der Sammelkarte übertragen. Diese Sammelkarte stellt in ihrer Längsspalte die einzelnen Kostenarten für jede Woche fest und gibt in ihrer Endspalte den jeweiligen wöchentlichen Saldo an, daneben durch Aufaddition die Gesamtsumme der bisherigen Aufwendungen. Diese Zusammenstellung hat den großen Vorteil, jeweils die bisher aufgewendeten Selbstkosten ohne große Rechnung ablesen zu können. Die Abrechnungsrubrik umfaßt die Aufwendungen und stellt sie den Erträgnissen gegenüber.

Die Ausleihkarte überwacht die einer Baustelle leihweise überlassenen Gerüsthölzer, Werkzeuge und Geräte. Für die Gerüsthölzer wird die Abrechnung einerseits nach Verlust und andererseits nach Abschreibungen durchgeführt. Die Durchführung dieser Einzelabschreibungen mußte so gemacht werden, um in dieser Richtung Rücksicht zu nehmen auf die bereits bestehende Vorkalkulation, die auch für jedes einzelne Stück Abschreibungen vornimmt. Bei Gerüsten und Geräten erfolgt die Feststellung des Verlustes nur kontrollmäßig, irgendeine Auswertung zwecks Belastung des Kostenträgers erfolgt nicht.

Die Materialkarte hat den Nachteil, daß sie trotz ihres großen Formats und der kleinen Zeilenanordnung doch außerordentlich oft gewechselt werden muß und bei großen Baustellen die Zahl der erforderlichen Karten ziemlich erheblich wird. So sind 15—20 Karten für größere Bauten keine Seltenheit. Die Karte noch weiter zu vergrößern, dürfte nicht angängig sein, so daß dieser Nachteil auch für die Zukunft in Kauf genommen werden muß.

Vorrechnung.

Begriff und Wesen.

Der Begriff Vorrechnung bringt zum Ausdruck, daß die Kalkulation vor der Produktion durchgeführt wird. Die Kalkulation geht also zeitlich voraus; es ist gewissermaßen eine Zukunftsrechnung. In dem Ausdruck Zukunftsrechnung liegt gleichzeitig das Ungewisse. Diese Rechnung kann sich also nicht auf bestimmte Tatsachen aufbauen, sondern ist auf Schätzungen angewiesen und diese Schätzung bezieht sich auf sämtliche Kostenarten. Sie kann zum Teil mehr oder weniger stark durch bereits vorher gegebene Unterlagen näher bestimmt werden. Ein wichtiger Faktor dafür ist die Erfahrung.

Der Begriff Vorrechnung ist ein sehr weitgehender. Er kann sich beziehen auf:

1. Gesamtvorrechnung einer Unternehmung. Sie hat vor Errichtung einer Unternehmung deren voraussichtliche Gesamtrentabilität usw. zu kalkulieren.

2. Einzelanschaffungen. Vor Neuanschaffungen ist deren Rentabilität nachzuprüfen und dafür eine Vorrechnung aufzustellen.
3. Abteilungen. Für jede Abteilung ist eine eigene Vorrechnung aufzumachen, ehe diese Abteilung gegründet wird, um zu prüfen, ob es sich lohnt diese einzurichten.
4. Auftrag.

Von diesen gesamten Vorrechnungsmöglichkeiten soll lediglich die Vorrechnung für Aufträge betrachtet werden. Zu dieser Kostenträger-Vorrechnung gehört alles, was zur Ermittlung der auf einen Kostenträger entstehenden Kosten erforderlich ist. Diese Ermittelung kann entweder eine einmalige, eine gelegentliche oder eine dauernde sein.

Demnach unterscheidet man:

1. Einmalige } Kalkulationen.
2. Gelegentliche }
3. Laufende

Die laufende, auch systematische Vorrechnung genannt, ist für alle Unternehmungen mit Einzelfabrikation erforderlich. Das Baugewerbe muß daher ebenfalls eine systematische Vorrechnung durchführen.

Aufbau der Vorrechnung.

Die Vorrechnung unterscheidet sich in ihrem Aufbau wesentlich von der Nachrechnung. Da die Nachrechnung bereits behandelt wurde, werden hier zunächst die Unterschiede klargelegt, sodann bleibt nur noch das für die Vorrechnung eigentümliche darzustellen, da ja das übrige als gemeinsam gilt.

Die Vorkalkulation hat die Aufgabe, die zur Herstellung eines später auszuführenden Kostenträgers entstehenden Kosten vorher zu bestimmen. Die Vorrechnung hat zunächst einmal bei der rein technischen Berechnung vorher theoretisch den Gesamtaufbau des Kostenträgers vorzunehmen mit allen Vor-, Haupt- und Nacharbeiten. Dazu sind die einzelnen Arten der Leistungseinheiten festzustellen, dann für jede Leistungseinheit die davon benötigte Menge. Von dieser Leistungseinheit ist wieder auf die erforderlichen Elemente für diese Leistungseinheit zurückzugehen. Die wertmäßige Zusammenstellung des Aufwandes für die einzelnen Leistungseinheiten ergibt die gesamten Kosten für den Kostenträger.

Technische Vorkalkulation.

Technische Vorkalkulation ist Mengenrechnung im weitesten Sinne. Es fragt sich, wie weit der Begriff Mengenrechnung abzugrenzen ist. Bei weitestgehender Auffassung ist sogar ein großer Teil des konstruktiven Rechnens, insbesondere statische Berechnungen usw. mit einzuschließen, da gerade diese Rechnung auch die einzelnen erforderlichen Rohstoffmengen, deren Stärke usw. angeben. Für die Betrachtung der Vorrechnung kann von einer fertigen Mengenrechnung bezüglich der benötigten Leistungseinheiten ausgegangen werden, da die zur Festlegung dieser Mengen erforderlichen Berechnungen rein konstruktiv-technischen Charakters sind. Für behördliche Vorkalkulationen, auch bei vielen Privataufträgen, insbesondere durch Architekten usw. werden diese Berechnungen bereits fertig geliefert. Auf diese Weise wird eine genaue Vergleichbarkeit für die Preiswürdigkeit der einzelnen Offerten erreicht, da nur in den Preisen Differenzen bestehen können und nicht in den Mengen. Diese Massenaufstellungen sind in der Praxis bekannt unter der Bezeichnung Leistungsverzeichnisse.

Nach genauer Festlegung des Umfanges der Einheitsleistungen sind dieselben zu analysieren. Die genaue Festlegung dieses Umfanges beruht darin, zunächst alle Nebenleistungen und Risiken auszuscheiden.

Es soll daher erst die reine Leistungseinheit betrachtet werden. Die Zusammenstellung der Leistungseinheiten ergibt die Kostenträger. Nebenleistungen und Risiken werden getrennt behandelt. Für diese bestimmt umgrenzte Leistungseinheit sind nun die einzelnen Kostenarten zu bestimmen. Die Gliederung der Kostenarten ist genau dieselbe wie bei der Nachrechnung.

Materialkalkulation.

Die Materialrechnung hat zunächst den gesamten, für eine Leistungseinheit erforderlichen Materialaufwand festzustellen. Diese Feststellung kann zum Teil rechnerisch genau erfolgen. Bei manchen Leistungseinheiten gehört eine größere Erfahrung dazu, diese Mengen bestimmen zu können. Die einzelnen Mengen sind nach Grundstoffen zu errechnen, um dadurch für die folgende Wertrechnung einwandfreie Durchführung zu gewährleisten. Es ist deshalb erforderlich, bei jeder einzelnen Kalkulation auf diese Elemente wieder zurückzugehen und nicht auf fertige Preise aufzubauen, z. B. Preise für Mauerwerk usw., sondern Zusammensetzung dieses Preises aus Backsteinpreis usw.

Bruch. Bei verschiedenen Materialien sind bestimmte Prozentsätze für Bruch einzurechnen, so z. B. bei Steinzeugröhren, Schwemmsteinen usw. Diese Rechnung hat schon mengenmäßig zu geschehen und nicht erst wertmäßig, um einen richtigen Überblick über die vorkalkulierte Menge zu erhalten. Die Materialrechnung ist so auszugestalten, daß bei einer ev. Auftragserteilung immer leicht die Stückliste zusammengestellt werden kann.

Genau zu berücksichtigen sind die Vorschriften des Leistungsverzeichnisses, insbesondere technische Einzelheiten, wie z. B. Abziehen oder nicht Abziehen von Öffnungen, Übermessungen von Einschneidungen usw. Beispiel: Einspringende Hausteine werden als Mauerwerk voll mitbezahlt. In diesem Falle wird jedoch für den Raum der einspringenden Hausteine kein Backsteinmauerwerk benötigt, infolgedessen ist bei der Berechnung für das Versetzen von Hausteinen der Wert dieses Mauerwerkes in Abzug zu bringen.

Bei der Einsetzung der Materialpreise ist zu berücksichtigen, daß der in Ansatz zu bringende Preis sich frei Verwendungsstelle beziehen muß. Die Unterlagen für die einzusetzenden Materialpreise werden meist aus Offerten der Lieferanten entnommen. Bei Offerten muß sich die Bauunternehmung meist für eine bestimmte Zeit an ihre Offerte gebunden halten. In diesem Falle erscheint es zweckmäßig, den Lieferanten ebenso lange an seine Offerte zu binden.

Arbeitszeitkalkulation.

Die Arbeitszeit bietet die Hauptschwierigkeiten in der Vorrechnung. Um zu genauen Ergebnissen zu gelangen, muß die für eine Leistungseinheit erforderliche Arbeit in einzelne Teile, Abschnitte oder Handgriffe zerlegt werden. Der Kalkulator muß die Arbeit genau im Geiste verfolgen. Bei dieser Zerlegung sind:

Arbeitsvorbereitungen,
Arbeitsbeihilfe,
Arbeitsausführung und
Schlußarbeiten

zu berücksichtigen. Die technische Kalkulation hat die für diese einzelnen Arbeitsetappen erforderlichen Stunden festzustellen. Bestehen Akkordvereinbarungen für die einzelnen Arbeiten, so wird einfach mit der in der Akkordvereinbarung angegebenen Stundenzahl gerechnet. In diesem Falle gestaltet sich die Rechnung einfach. Wenn die Akkordvereinbarung aber nicht alle angegebenen Etappen beachtet, wenn insbesondere Arbeitsvorbereitung, Materialabladung, Einzelarbeit usw. in der Akkordvereinbarung nicht enthalten sind, so müssen diese Arbeiten besonders erfaßt und stundenmäßig in die Vorrechnung eingesetzt werden. Gerade in diesem Punkte ist äußerst sorgfältige Kalkulation erforderlich. Für die Arbeiten, für die keine Akkordvereinbarung besteht, muß versucht werden, so genau als möglich den voraussichtlichen Zeitbedarf festzulegen.

Meyenberg führt in seinem Artikel S. 406 H. d. B.[1]) folgende vier Methoden zur Bestimmung dieser Arbeitszeit an:

1. Schätzen,
2. Vergleichen ähnlicher Arbeiten,
3. Berechnen auf Grund von Erfahrungswerten,
4. Berechnen mit durch Zeitstudien gemessenen Werten.

[1]) H. d. B. = Handwörterbuch der Betriebswirtschaft.

Meyenberg hat diese Gliederung in der Reihenfolge der Exaktheit angegeben. Für das Baugewerbe werden zweifellos nur die beiden ersten Verfahren möglich sein, die also die rohesten sind. Die Verwendung der beiden letzten Verfahren ist deshalb unmöglich, weil bei jedem Auftrag verschiedene Verhältnisse vorherrschen, die also lediglich nach ähnlichen Arbeiten taxiert werden können. Schwierig ist es, die Erfahrungswerte der Nachrechnung so zu gestalten, daß sie nutzbringend zu diesem Vergleich angewendet werden können. Auch aus diesem Grunde ist es erforderlich, für die Nachrechnung die Leistungseinheiten nachzukalkulieren. Um jedoch diese Vergleichszahlen anwenden zu können, ist es unbedingt erforderlich, diese speziellen Verhältnisse, die zum Ergebnis dieser Vergleichszahlen geführt haben, zu kennen. Es genügt also nicht allein die zahlenmäßige Aufzeichnung der erforderlich gewesenen Stunden, sondern auch, falls nicht dem Kalkulator die persönlichen Erfahrungen von seinerzeit noch gegenwärtig sind, entsprechende Aufzeichnungen. Da dies nicht für jede Leistungseinheit, wie sie nun anfällt, gemacht werden kann, muß von vornherein bestimmt werden, an einem einzelnen Bau, welche Leistungseinheiten besonders nachzukalkulieren sind, also eine Art Gelegenheitskalkulation. Diese Aufzeichnungen jedoch können nur bestimmte Angaben machen, aber ein zahlenmäßiges Verhältnis dieser aufgetretenen Eigenarten zu der tatsächlichen Leistung ist unmöglich festzustellen. Die einzelne Leistung ist ferner in hohem Maße von der Arbeitsfähigkeit und Arbeitswilligkeit des einzelnen Arbeiters abhängig. Gerade im Baugewerbe ist diese Erscheinung besonders deutlich, da die Kontrolleinrichtungen zur dauernden Nachprüfung der Leistungen eines einzelnen Arbeiters so gut wie fehlen. Darunter leidet ebenfalls die Verwendung von Vergleichszahlen. Wenn z. B. für eine bestimmte Arbeit eine gewisse Anzahl Spezialarbeiter vorhanden ist und aus irgendwelchen Gründen diese Arbeiter nicht zu der Arbeit herangezogen werden können, ist dies bei der Vorrechnung zu berücksichtigen, sofern diese Tatsachen bereits im voraus bekannt sind. Auch bei der Vorkalkulation müssen ev. Divergenzen zwischen den Leistungseinheiten des Leistungsverzeichnisses und denjenigen des Akkordtarifvertrages Berücksichtigung finden. Um zu der Wertrechnung zu kommen, kann man die ermittelte Stundenzahl entweder mit dem reinen Stundenlohn vervielfachen, oder man kann gleich mit dem Stundenlohn + Unkosten multiplizieren, in diesem Falle also: 1,20 Stundenlohn + 20% Unkosten (0,24) = 1,44, so daß mit RM. 1,44 multipliziert wird.

Maschinenarbeit.

Mit der fortschreitenden Bedeutung der Maschinen im Hochbau wird es notwendig sein, der Kalkulation der Maschinenarbeit wesentlich mehr Beachtung zu schenken, als es bisher geschehen ist. Im Tiefbau ist man in dieser Beziehung dem Hochbau überlegen, wenigstens in der

Vorkalkulation. Der Grund dafür mag die viel umfangreichere Verwendung von Maschinen sein.

Die Vorkalkulationen für Baumaschinen werden folgendermaßen aufzubauen sein:

Man stellt fest, für welche Arbeiten gegebenenfalls Maschinen in Frage kommen und welche Gesamtarbeitsmenge dieses bestimmte Objekt für die einzelne Maschine bietet. Auf Grund der gesammelten Erfahrung wird man feststellen können, ob sich die Verwendung von Maschinen lohnt, wieviel Maschinen zur Verwendung gelangen müssen usw.

Die Kalkulation selbst wird die durch die Maschinenverwendung entstehenden Kosten und die von ihnen zu erwartenden Leistungen zahlenmäßig festlegen müssen. In der Nachrechnung wurde zwischen speziellen und allgemeinen Kosten unterschieden. In roher Form ausgedrückt, können die speziellen Kosten als proportional zur Leistung und die allgemeinen als feste, von der Leistung unabhängige Kosten bezeichnet werden. Es ist zu beachten, ob der Begriff Leistung sich auf Leistungseinheit oder auf Kostenträger bezieht. Demnach unterscheiden sich die einzelnen Kosten. In diesem Punkt ist auch die Divergenz zwischen Vor- und Nachrechnung zu beachten. Die Nachrechnung betrachtet die Kostenträger als „Leistung" schlechthin, während die Vorrechnung ihre Berechnung auf die Leistungseinheiten aufbauen muß. Die Aufstellungskosten z. B. wurden in der Nachrechnung als spezielle Kosten bezeichnet, da sie speziell für den Kostenträger nachgewiesen und verrechnet werden können. In der Vorrechnung jedoch müssen die Aufstellungskosten in ihrer Gesamtsumme festgestellt, ins Verhältnis zu der vollbringenden Leistungsmenge gesetzt werden, um dadurch die anteiligen Aufstellungskosten zu erhalten. Nach diesem Grundsatz kann kurz folgende Kostenunterteilung für die Vorrechnung getroffen werden:

1. Allgemeine Kosten:
   Abschreibungen,
   Lagerspesen,
   Reparaturen.
2. Für den Kostenträger spezielle Kosten:
   Anlieferung,
   Montage,
   Schutzvorrichtungen,
   Demontage,
   Abtransport.
3. Für die Leistungseinheit spezielle Kosten:
   Bedienung,
   Brennstoff,
   Öle, Fette.

Bei den Leistungen sind zu unterscheiden:

1. Die Gesamtleistung der einzelnen Maschine für ein Jahr.
2. Die Einzelleistung für einen bestimmten Kostenträger.
3. Die von der Maschine hervorgebrachte Leistung für eine bestimmte Zeiteinheit (Stunde, Minute).

Die Ermittelung von (1) ist eine reine Schätzung, die unterstützt werden kann von den Ergebnissen früherer Jahre und von den Vermutungen der Konjunkturentwicklung für das betreffende Jahr.

Die Ermittelung von (2) kann ziemlich genau rechnerisch erfolgen ist also wesentlich exakter.

Die Ermittelung von (3) kann durch Probeversuche vor dem Kauf und später durch einzelne Nachkontrollen ziemlich genau bestimmt werden.

Um die Kosten der Maschinen für die Leistungseinheit zu ermitteln, müssen nun die Verhältnisse der Kosten und Leistungen errechnet werden.

1. Allgemeine Kosten und Gesamtleistung.

   Zweckmäßigerweise wird man als Maßstab die Zeit nehmen. Es wird also geschätzt, wieviel Stunden im Jahr voraussichtlich die Maschine laufen wird. Durch Division der gesamten allgemeinen Kosten in diese Leistungsangaben erhält man die auf eine Stunde Maschinenzeit treffenden Kosten. Die Bestimmung dieser Allgemein-Unkosten in der Vorrechnung muß nur einmal erfolgen, und zwar im ersten Jahr der Anschaffung der Maschine. Für die folgenden Jahre hat man zur Ermittelung der allgemeinen Kosten als Hilfsmittel die Kostenstelle in der Buchhaltung, so daß man lediglich den 2. Teil, die zu erwartende Gesamtleistung noch schätzen muß.

2. Für den Kostenträger spezielle Kosten und Einzelleistungen für einen Kostenträger.

   Die Kosten werden mit möglichster Genauigkeit taxiert und ins Verhältnis gesetzt zu den rechnerisch feststellbaren Leistungen.

3. Spezielle Kosten und Leistungseinheiten.

   Die speziellen Kosten, Betriebsstoff, Bedienung usw. werden meist in ihrem Verbrauch nach dem Zeitmaßstab bestimmt, d. h. bei Vollarbeit wird in der Stunde eine bestimmte Höhe an speziellen Kosten erforderlich.

4. Nachdem die Stundenleistung bekannt ist, kann dann durch Addition der Kostenfaktoren 1—3 die Maschinenstunde ermittelt werden und danach die zur Leistung einer Mengeneinheit erforderlichen Kosten bestimmt werden.

Zu Kontrollzwecken sind noch die Kosten, die für Handarbeit erforderlich wären, festzustellen, damit man einen genauen Vergleich hat, inwieweit Maschinenarbeit lohnt.

Die Art der Maschine, ob Aufzüge, Mischmaschinen, Eisenbiegemaschinen, Krane oder sonstige, spielt für die allgemeinen Berechnungsgrundlagen keine Rolle.

Die Durchführung von (2) erfolgt formell genau so wie die Berechnung von irgendwelchen anderen Leistungseinheiten, nur mit dem Unterschied, daß hier keine Einheit berechnet wird sondern die Gesamtleistung (z. B. das Aufstellen).

Gerüstholz.

Die Vorkalkulation des Gerüstholzes hat folgendes zu berücksichtigen: Es ist festzustellen, was für einzelne Rüstungen, Schalungen usw. in Frage kommen. Wir können auseinanderhalten:

1. Gerüstholz, das nur für eine oder wenige Leistungseinheiten benötigt wird: z. B. Einschalung von freistehendem Beton, Einschalung von Hohlsteindecken, Außengerüst, Mauerwerk usw.;
2. Gerüstholz oder Rüstungen, die für eine ganze Anzahl von Arbeiten benötigt wird, z. B. Bautreppen, Gebälk, Abdeckungen, Schutzgeländer usw.

Theoretisch ist nun möglich die Gerüstholzberechnung so vorzunehmen, daß

1. auf jede Position ohne irgendwelchen Unterschied ein Zuschlag nach einer bestimmten Schlüsselgröße für Gerüstholz gemacht wird;
2. daß das Gerüstholz genau nach Bedarf errechnet und dann auf die Leistungseinheit reduziert, dort ein der benötigten Menge angemessener Betrag eingesetzt wird.

Eine andere Frage ist, wie die praktische Durchführbarkeit möglich ist. Die reine Zuschlagsmethode müßte sein, daß auf Grund eines Erfahrungssatzes einfach auf irgendwelchen Schlüsselmaßstab, sei es nun Material oder Lohn, ein bestimmter Betrag für Gerüstholzabnützung zugeschlagen wird. Dieses Verfahren hat den Nachteil, daß es auf diese Weise nicht möglich ist, die einzelnen speziellen Gerüstholzbedürfnisse der Baustelle kalkulatorisch festzulegen. Auf diese Weise würde z. B. einer einfachen Maurerarbeit der gleiche Zuschlag zukommen, als einer komplizierten Eisenbetonarbeit. Daraus ist ersichtlich, daß eine einfache Wertzuschlagsmethode, wie obiger Vorschlag es darstellen würde, praktisch undurchführbar ist.

Die andere Methode ist wohl geeignet für die erst geschilderte Art von Gerüstholz (auf Leistungseinheiten nachweisbar). Schwierigkeiten treten nur auf wegen der Verrechnung der allgemein benötigten Gerüstholzmengen.

In der Praxis wurde folgendes Verfahren zum Teil angewendet:

1. Für die normalen, allgemein erforderlichen Rüstungen, wie Schutzgeländer, Laufpritschen usw., wurde als Unkostenzuschlag ein bestimmter kleiner Betrag mit vorgesehen. Dazu wurden dann noch für besondere, Gerüstholz benötigende Positionen, wie z. B. Eisenbetondecken usw., eine genaue mengenmäßig festgelegte Kalkulation dazugenommen.

Auf diese Weise ist also eine zweifache Berechnungsart in Verbindung gebracht worden. Eine einfache Berechnungsmethode würde den Erfordernissen einer genauen Kalkulation nicht gerecht werden können. Gerade bei Gerüstholz ist es außerordentlich schwierig, die Grenze zwischen technischer und kaufmännischer Vorrechnung zu ziehen. Die Frage der prozentualen, in Ansatz zu bringenden Abschreibungen ist einerseits nach technischen, andererseits nach kaufmännischen Gesichtspunkten festzulegen.

Unkostenkalkulation.

Durch Verrechnung von Unkosten in der Vorrechnung sollen die im Laufe einer Rechnungsperiode anfallenden indirekten Aufwendungen gedeckt werden. Die indirekten Aufwendungen müssen demnach in irgendeine rechnungsmäßige Beziehung zur Vorkalkulation gebracht werden.

Die Schwierigkeit der Unkostenverrechnung in der Nachrechnung bestand hauptsächlich in dem Problem der Unkostenverteilung. Bei der Vorrechnung jedoch ist die Höhe der Aufwendungen nicht bekannt, die durch Schätzungen ermittelt werden muß.

Den Charakter der Schätzung erhöht noch die Tatsache, daß gerade bei den Unkosten ein Teil nicht der Beeinflussung der Unternehmung selbst unterliegt, sondern durch außerbetriebliche Maßnahmen bedingt wird, z. B. Erhöhung von Steuern usw.

Das Problem der Unkostenbehandlung in der Vorrechnung ist:

1. die zu erwartende Summe an indirekten Aufwendungen möglichst exakt zu schätzen;
2. die Gesamtwerte der Verhältnisgrößen der innerhalb dieser Rechnungsperiode anfallenden Kostenträger zu schätzen, um dadurch
3. die Verhältniszahl in Form des prozentualen Zuschlages zu gewinnen.

Die Schwierigkeiten dieser Fragen in der Praxis können ermessen werden, bei Berücksichtigung, daß insbesondere bei der Frage (2) die Konjunktur, die Höhe der zukünftigen Beschäftigung, eine wichtige

Rolle spielt. Die Schätzungen können selbstverständlich durch Ergebnisse früherer Jahre wertvolle Unterlagen gewinnen, trotzdem kann die Schätzung niemals durch exakte Rechnung ersetzt werden.

Durchführung der Unkostenverrechnung.

Die Unkostenverrechnung gliedert sich in einen allgemeinen und in einen speziellen Teil. Im allgemeinen Teil werden die Prozentsätze bestimmt, die zur Verrechnung gelangen, während der spezielle Teil diese Unkostenzuschläge in der Vorrechnung in Anwendung bringt.

I. Berechnung der prozentualen Unkostenzuschläge.

Wesentlich für die Vorrechnung ist, daß

1. als indirekte Kosten diejenigen im Sinne der Kostenträgerrechnung angesehen werden sollen (Unkosten);
2. daß als Schlüsselgröße die Lohnsumme anzunehmen ist.

Bei der Festlegung der Unkostenzuschläge werden die einzelnen Rechnungsperioden so kurz wie möglich gehalten. Der Zeitraum eines Jahres wäre zu lang. Deshalb ist darauf zu achten, daß gerade der Unkostenzuschlag mindestens monatlich festgelegt wird. Wie bereits erwähnt, besteht diese Festlegung in der Bestimmung der Aufwendungen und der Schlüsselgröße.

Die Angaben über die Höhe des indirekten Aufwandes liefert die Buchhaltung. Für die Bestimmung der Schlüsselgröße sind Schätzungen über die voraussichtlich zu erwartende Lohnsumme anzustellen. Dafür sind jedoch die verschiedenen Einzelheiten zu berücksichtigen, z. B. ist auf den Saisoncharakter des Baugewerbes Rücksicht zu nehmen usw.

Der Unkostenzuschlag darf also nicht allein auf die Erfahrungen der Vergangenheit gestützt werden, sondern muß die voraussichtlichen Einflüsse der Zukunft berücksichtigen. Am einfachsten kann dies geschehen bei Posten, deren Beeinflussung von außerhalb geschieht und die jeweils in ihrer Veränderung genau angegeben werden, z. B. soziale Lasten. Verändert sich z. B. die Höhe der Beiträge zur Invalidenversicherung, so kann genau dieser Einfluß auf den Unkostenzuschlag ermittelt werden. Die Eigenart des Kostenträgers hat auch unter gewissen Umständen Einfluß auf die Höhe des Unkostenzuschlages. Folgendes Beispiel diene als Beweis:

Die sozialen Lasten sind teilweise vollständig proportional, zum Teil sind sie gestaffelt. Bei den derzeitigen Bauarbeiterlöhnen erreichen dieselben meist die höchsten Staffeln. In der Krankenkasse z. B. werden die Arbeiter nach ihrem Wochenlohn eingestaffelt, ein ev. Akkordüberschuß bleibt also unberücksichtigt. Werden nun bei einer Baustelle besonders hohe Akkordüberschüsse erzielt, so vermindern sich dadurch die darauf treffenden sozialen Lasten. Folgende Rechnung kann dies erläutern:

Facharbeiterlohn 48 Stunden zu M. 1,20 = M. 57,60.

Darauf treffen: Arbeitgeberanteil:

Invalidenversicherung . .	M. 1,—
Erwerbslosenfürsorge	„ 0,84
Krankenkasse	„ 1,40
	M. 3,24 = 5,6% der Lohnsumme.

		M. 57,60	
Bei einem Akkordüberschuß von 20% =	+ 20%	„ 11,52	Soziale Lasten M. 3,24
		M. 69,12	= 4,7% der Lohnsumme.

Auch solche Erwägungen sind bei der Vorrechnung anzustellen und deshalb kann der Zuschlag bei Baustellen mit zu erwartenden besonders großen Akkordüberschüssen heruntergesetzt werden. Eine Statistik über das Verhältnis der erzielten Akkordüberschüsse im Verhältnis zur Gesamtlohn- und Taglohnsumme erleichtert diese Arbeit wesentlich.

II. Unkostenzuschläge und Leistungseinheiten.

Im Kapitel Unkosten wurde eine Artgliederung nach allgemeinen, speziellen und Betriebsunkosten angeführt. Wie verhält es sich nun mit dieser Gliederung in der Vorrechnung? Mit Rücksicht darauf, daß die Leistungsverzeichnisse und die Vorrechnungen für jede Betriebsart getrennt aufgestellt werden müssen, vereinfacht sich diese Frage.

Da die Betriebsunkosten für jeden Betrieb feststehen, so kann für jeden Betrieb eine eigene Zuschlagsgröße bestimmt werden. Dieselbe berechnet sich wie folgt:

Prozentsatz der Allgemeinunkosten
+ Prozentsatz der Betriebsunkosten
= . . . . Betriebszuschlag.

Die Zusammenlegung dieses Unkostenzuschlages ist deshalb zweckmäßig, um nicht 2 Unkostenzuschläge für jede Einheitsleistung errechnen zu müssen.

Spezielle Unkosten.

Die zur Lohnsumme proportionalen Lohnunkosten können der Einfachheit halber zum Betriebszuschlag genommen werden, da auch der Betriebszuschlag nach der Lohnsumme bemessen wird.

Prozent Lohnunkosten
+ Betriebszuschlag
= . . . . % Lohnzuschlag für Unkosten.

Vorkalkulation für die Kostenträger.

Die Vorkalkulation für Kostenträger ergibt sich aus:

1. der Zusammenrechnung der Leistungseinheitenberechnung und der dazugehörigen Mengen;

2. der Zusammenrechnung der sog. indirekten Kosten, d. h. für den Kostenträger direkt, aber für die Leistungseinheit nur indirekt nachweisbaren Kosten.

Zu 1.

Es ist erforderlich, um nicht zu falschen Ergebnissen zu kommen, die Kalkulation der Leistungseinheiten für den gleichen Kostenträger auf gleichen Grundsätzen aufzubauen. Die Leistungseinheiten müssen für gleiche Elemente mit gleichen Einheitspreisen gerechnet sein. Insbesondere gilt dies auch von den Unkostenzuschlägen.

Zu 2.

Diese Frage bereitet einige Schwierigkeiten.

Rode stellt diese indirekten Kosten in ihren Einzelheiten fest, errechnet sie wie eine Leistungseinheit, ermittelt die Gesamtlohnsumme für den Kostenträger und verteilt sie dann prozentual. Daß diese indirekten Kosten auf irgendeine Weise den Leistungseinheiten belastet werden müssen, ist klar. Strittig ist die Frage, ob diese Belastung, wie es Rode vorschlägt, durch genaue Detaillierung oder durch prozentuale Zuschlagserrechnung festgestellt werden soll.

Rode nennt diese indirekten Kosten Bauunkosten. Er sagt, daß diese Bauunkosten, diese individuellen Kosten, Abhängige der Zeit sind. Ein Teil der von Rode angeführten indirekten Kosten wird nach dem Zeitmaß bestimmt, so insbesondere Aufsichtspersonal, Abschreibungen für Bauhütten usw. Je länger sie an einer Baustelle benötigt werden, um so mehr Kosten muß die betreffende Baustelle tragen. Diese ausführliche Berechnung der indirekten Kosten ist theoretisch wohl berechtigt. Im Tiefbau wird sie auch meines Wissens durchgeführt, weil dort diese Kosten viel größere Bedeutung haben als im Hochbau. Ich halte es daher auch für zweckmäßig, diese Kosten in der Nachrechnung zu ermitteln (leicht möglich an Hand der Akkordverrechnung, Schema Tafel VIII), dafür bestimmte Unkostensätze als Erfahrungssätze zu sammeln und dann mit diesen Erfahrungssätzen zu arbeiten, anstatt die Kosten genau für jeden Fall zu ermitteln. Bei der Einzelerfassung besteht die Gefahr, daß doch das eine oder andere vergessen wird. Außerdem sind auch die in einer Detailaufstellung zusammenzutragenden Einzelzahlen jede eine Schätzung für sich. Es ist daher zweckmäßig, auf eine Schätzung von vielen Einzelzahlen zu verzichten und dafür einen Erfahrungssatz als Gesamtzuschlag zu wählen. So große Abweichungen für die einzelnen Kostenträger, die als letzten Grund eine solche Aufteilung noch rechtfertigen würden, bestehen nicht. Sollte gerade eine Baustelle so besondere Verhältnisse haben, daß hier besonders hohe oder niedrige Kosten zu erwarten sind, so kann dies ja jederzeit durch entsprechende Abänderung des Erfahrungssatzes berücksichtigt werden. Durch den inneren Zusammenhang zwischen Lohnsumme und zeitgebundenen indirekten Kosten ist ebenso wie bei den Unkosten durch Zuschläge auf die Lohnsumme die Möglichkeit einer den tatsächlichen Verhältnissen entsprechenden Kostenverrechnung gegeben.

Offertkalkulation.

Die Offertkalkulation hat den Zweck, den oder die für eine bestimmte Leistung von Dritten zu fordernden Preis zu ermitteln. Sie baut sich auf der Kostenrechnung auf und nur bei einwandfreier Kostenrechnung kann eine richtige Offertkalkulation durchgeführt werden.

Von der Kostenrechnung aus gelangt man entweder durch Zu- oder Abschläge zur Offertkalkulation. Diese Zu- oder Abschläge sind bestimmt durch Fragen der Preispolitik (s. S. 141).

Nebenleistungen.

Bei der Feststellung des Umfangs der zu kalkulierenden Leistungen sind auf Grund der vom Bauherrn gemachten Vorschriften zu unterscheiden:

1. Solche Leistungen, die der Bauherr direkt als Leistung vergütet (Leistungseinheit).
2. Solche, die nicht direkt vergütet werden (Nebenleistungen).

Unterscheidungen zwischen Sonderkosten und Nebenleistungen.

Auf den ersten Blick ist die Unterscheidung zwischen Sonderkosten und Nebenleistungen nicht klar. Die Sonderkosten wurden in der Nachrechnung in der Reihe der Kostenarten behandelt. Daraus geht auch der Charakter der Sonderkosten hervor. Sie sind eine Kostenart, die weder Material noch Lohn sind, aber zu den direkten Kosten gehören.

Der Begriff Nebenleistung bezieht sich nach obiger Definition auf die Abgrenzung des Leistungsumfanges, also auf außerbetriebliche Abrechnung. Gründe: Die Nebenleistungen können bezüglich der Kostenart entweder Sonderkosten sein, wenn sie weder Material noch Lohn sind, sie können aber ebenso gut

$$\left.\begin{array}{l}\text{Material-}\\\text{Lohn-}\end{array}\right\}\text{kosten}$$

darstellen. Wegen dieser verschiedenartigen Kostenartgliederung läßt sich auch bei der Nachrechnung, da dieselbe nach Arten abrechnet, eine Herauskristallisierung der Nebenleistungen in systematischer Weise nur schwierig oder gar nicht durchführen. Nur Gelegenheitskalkulationen können sie gesondert erfassen.

Arten der Nebenleistungen.

Die Gliederung der Nebenleistungen nach Arten kann nach verschiedenen Gesichtspunkten vorgenommen werden.

I. Gliederung. Nach der Verrechnung mit dem Bauherrn.

1. Übliche, mit dem Baubetrieb zusammenhängende, Dazu gehören: Insbesondere Arbeitsvorbereitung, Baubetrieb. Arbeitsbeendigung. Wasser- und Stromversorgung, Baustelleneinrichtung, Bauvorbereitung, Baureinigung usw.
2. Auf Grund besonderer Vertragsbedingungen übernommene.
   Zahlungsgarantie, Zahlungsziel, besondere technische Leistungen.
3. Nach allgemeinen Angaben oder unbestimmten Vorbehalten.
   Ev. notwendige Absprießungen, Behördliche Forderungen usw.

II. Gliederung: Nach der Art:

Materialkosten,
Lohnkosten,
Sonderkosten.

Auf Grund besonderer Vertragsbedingungen übernommene

sind noch verhältnismäßig am einfachsten kalkulatorisch zu erfassen, da ja auf Grund der Vertragsunterlagen diese übernommenen Nebenleistungen genau bestimmt sind. Nur ist hier fraglich die Art der Verrechnung, nachdem diese Nebenleistungen „mit eingerechnet werden müssen". Wenn sich die Nebenleistung auf eine spezielle Leistungseinheit des Voranschlages bezieht, so ist die Einkalkulation sehr einfach. Wie sollen jedoch allgemeine Nebenleistungen mit eingerechnet werden? Beim Umlageverfahren der gesamten Nebenleistungskosten auf den gesamten Kostenträger besteht die Gefahr, daß die einzelnen Leistungseinheiten maßenmäßig nur überschlägig ermittelt sind und vom Auftraggeber für Mehr- oder Mindermengen nicht gehaftet wird. Bei Mehrmengen bedeuten diese Einrechnungen für den Unternehmer, falls die Aufwendungen für Leistungseinheiten sich dadurch nicht vergrößern, einen Gewinn, während bei Mindermengen ein Verlust auftritt. Trotzdem bedeutet diese Kalkulation noch eine der leichtesten unter den gesamten Nebenleistungen.

Nebenleistungen nach allgemeinen Angaben und unbestimmten Vorbehalten.

Von den Nebenleistungen des vorhergehenden Abschnittes unterscheiden sie sich dadurch, daß jene in der Vorrechnung genau zu präzisieren und daher auch genau zu kalkulieren waren. Die jetzt folgenden Nebenleistungen tragen den Charakter des Unbestimmten in sich. Es ist also sehr schwer, diese vom Risiko zu trennen, ja man kann fast überhaupt keine Trennung nachweisen. Hier sollen nun unter diesem Abschnitt alle jene Posten zusammengefaßt werden, von denen wenigstens bei der Bauherrnvereinbarung mehr oder weniger deutlich die Rede ist, während das Risiko die unbeschriebenen und zum Teil unerwarteten Mehrforderungen enthalten soll. Auf Ausrottung gewisser Nebenleistungsbestimmungen im Baugewerbe sollte im Interesse einer einwandfreien Kalkulation gesehen werden. Nicht selten wird versucht, das Baugewerbe zu falschen Kalkulationsmethoden zu verleiten, da angenommen wird, daß, falls diese Leistungen in Form von unbestimmten Nebenleistungen gekleidet werden, nicht derjenige Betrag dafür in der Vorrechnung in Ansatz gebracht wird, der eigentlich berechnet werden würde, wenn diese Leistung als solche für sich allein als Leistungseinheit in die Vorrechnung aufgenommen werden würde.

Aus den wenigen angeführten Punkten ist klar zu ersehen, daß gerade die Frage der Nebenleistungen, was die Vorrechnung anbelangt, große Schwierigkeiten bereitet. Insbesondere im Baugewerbe sind die diesbezüglichen Schwierigkeiten außerordentlich groß.

Es ist zu versuchen, solche Kalkulationsprobleme zunächst einmal durch

1. äußerliche Klarlegung der Verhältnisse oder örtliche Untersuchungen usw.,
2. durch Vergleich mit früheren ähnlichen Arbeiten,
3. durch Probearbeiten,

wenn möglich und nicht zu teuer die zur Vollbringung der Nebenleistungen erforderlichen Aufwände wenigstens einigermaßen genau zu ermitteln. Fraglich ist dann noch, ob die Nebenleistung selbst in ihrem Aufwand eine absolute Größe ist, d. h., daß sie nur gemacht werden muß, aber von der Größe des Auftrages selbst unabhängig ist, z. B. Errichten des Bauzaunes, oder ob die Nebenleistung ganz von der Größe des Kostenträgers, oder von einer einzelnen Leistungseinheit abhängig ist. Darnach werden wohl auch die Kalkulationsmethoden sich richten müssen.

Es soll stets versucht werden, einen gewissen Zusammenhang zwischen Größe der Leistungseinheit und der geforderten Nebenleistung dann zu finden, wenn der Bauherr Offertkalkulation mit Angabe der Leistungseinheiten wünscht. Die Festlegung der Leistungseinheit in ihrer absoluten Höhe ist dann wünschenswert, wenn der Auftrag zu einer festen Summe übernommen werden soll, also Offertkalkulation mit Kostenträger. Allgemeine Richtlinien zu geben, ist bei den Nebenleistungen eine Unmöglichkeit. Ihre Kalkulation muß von Fall zu Fall individuell erfolgen.

Risiko.

Es soll hier nur das Risiko der laufenden Produktion behandelt werden und nicht das Risiko der Unternehmungsgründung, ferner großer Konjunkturschwankungen, besonderer Zeitverhältnisse usw.

Ursachen des Risikos.

Das Risiko kann die verschiedensten Ursachen haben. Zunächst einmal die Gliederung nach den persönlichen Möglichkeiten:

1. Risiken in der eigenen Unternehmung begründet: Diese Risiken können verschiedenster Art sein: Fehler in der Arbeitsausführung usw.
2. Risiken in fremden Wirtschaften begründet: Risiko des Einkaufs: Nicht rechtzeitige Lieferung, schlechte Materiallieferung, ungenügende Lieferung. Risiko des Verkaufs: Zahlungsunfähigkeit des Kunden. Risiko bei der Finanzierung, Ausfall von ersten Hypotheken, Ausfall von Mieterzuschüssen.
3. Höhere Gewalt: Witterung, Bodenverhältnisse.

Träger des Risikos.

Wichtig ist es, den Risikoträger festzustellen. Als Risikoträger können auftreten:

1. Der Auftraggeber,
2. der Bauunternehmer,
3. ein Versicherungsunternehmen.

Nicht jedes Risiko kann beliebig von einer der Dreien getragen werden, sondern vielmehr schaltet ev. ein Risiko logischerweise einen bestimmten Risikoträger sofort aus, z. B. Zahlungsunfähigkeit den Auftraggeber. Für uns hier interessieren im Rahmen der Kostenrechnung nur die beiden durch den

Bauunternehmer
oder die
Versicherung

zu tragenden Risiken. Das Risiko kann in einen festen Kostenfaktor umgewandelt werden. Insbesondere bei großen Risiken wird man selbstverständlich versuchen, diese Umwandlung herbeizuführen und dann diese Prämien in Form von Sonderkosten in die Vorrechnung einzufügen. Hier haben wir also den Zusammenhang zwischen Risiko und Kosten. Gleichwohl eignet sich nicht jedes Risiko zur Abwälzung auf die Versicherung.

Als besonders versicherbare Risiken werden bezeichnet:

Erdrutsch in Form der Haftpflichtversicherung der genossenschaftlich organisierten Haftpflichtversicherungen,
Obhutschäden,
Kreditschwierigkeiten durch Kreditversicherung,
Transportversicherung bei Ausführung von schwierigen Transportarbeiten.

Trägt der Unternehmer das Risiko selbst, so muß dieses Risiko geschätzt werden. Dieses Risiko findet dann in der Vorrechnung Berücksichtigung durch einen angemessenen Gewinnzuschlag. Gewinnzuschlag deshalb, weil eine Gliederung des Gewinnzuschlages in Zins, Risikoprämie usw. praktisch ein Unding ist. (S. Werner: Allgemeine Betriebswirtschaft, Bd. II, S. 25.) Die große Schwierigkeit für die Kalkulation ist in diesem Falle möglichst genaue Schätzung zu erzielen. Um dieser Schwierigkeit zu begegnen, sucht man das Risiko durch Abschluß von Versicherungen abzuwälzen und vom Standpunkt der Kalkulation gesehen, einen zu schätzenden möglichen Aufwand in einen festen Kostenfaktor überzuführen.

Behandlung des Risikos in der Vorrechnung.

Für die Behandlung des Risikos in der Vorrechnung ist zu unterscheiden zwischen

allgemeinem Risiko und speziellem, nur einen Auftrag betreffenden Risiko.

Durch diese Unterscheidung erreichen wir die Möglichkeit gewissermaßen auch bei den Risikozuschlägen eine Art von Sonderkosten herauszukristallisieren. Für allgemeines Risiko einen eigenen Zuschlag einzusetzen, wird wohl selten gemacht werden. Anders ist dies jedoch bei den speziellen. Dort wird einfach dieses Risiko in die Vorrechnung eingesetzt. Diese Einrechnung kann auf verschiedene Art und Weise erfolgen:

1. Falls das Risiko voraussichtlich in seiner Höhe fix sein wird, einfach in Form eines erhöhten Gewinnzuschlages auf die gesamten Kosten des Kostenträgers. Wenn eine Leistungseinheitskalkulation durchgeführt wird, ist das Gesamtrisiko durch Einzelzuschläge auf die Leistungseinheiten zu verteilen.
2. Falls das Risiko von irgendeiner Kalkulationsgröße abhängig ist, z. B. Lohn oder Material, ein Zuschlag zu diesem.

Im übrigen sind die einzelnen Risiken so speziell für einzelne Fälle zutreffend, daß es nicht möglich ist, darüber Einzelheiten weiter anzuführen, ohne auf jedes einzelne dieser Risiken einzugehen.

Praktische Durchführung der Vorrechnung.

Bei der praktischen Durchführung muß ebenfalls die Unterscheidung eingehalten werden, wie sie theoretisch in den vorhergehenden Kapiteln klargelegt wurde.

1. Mengenvorrechnung. Für die Mengenvorrechnung irgendwelche Vorschriften oder Vordrucke zu schaffen, dürfte unzweckmäßig sein, da hier gerade die großen Abweichungen und Unterschiede der einzelnen Kostenträger zutage treten. Um Schreibarbeit zu sparen, verbindet man zweckmäßigerweise gleich damit die

2. Preisrechnung, jedoch durch sichtliche Abtrennung. Diese Verrechnung nach Leistungseinheiten muß so gegliedert sein, daß sie erstens durch Zusammenfassung die gesamte Kostenrechnung pro Kostenträger ergibt; weiterhin müssen diese Leistungseinheiten so zusammengestellt werden, daß man bei späteren Kalkulationen stets auf diese zurückgreifen kann.

Daß für jede abgegebene Offerte Aufzeichnungen zu machen sind, ebenso das Schicksal der Offerte, Auftragserteilung, Ablehnung und wenn möglich Grund dafür, soll der Vollständigkeit halber erwähnt werden.

Zwischenrechnung.

Mit dem Begriff Zwischenrechnung wird jene Kalkulation bezeichnet, die während der Produktion ausgeführt wird.

Zweck.

Es wurde bereits hervorgehoben, daß die einzelnen Bauarbeiten oft sehr lange Zeit in Anspruch nehmen, ja daß die Ausführungszeit oft zwei oder gar mehreren Rechnungsperioden angehört. Selbstverständlich sind innerhalb dieser Gesamtbauausführung einzelne Bauabschnitte feststellbar, z. B. beim Hochbau einzelne Stockwerke, ferner äußere Arbeiten, innere Arbeiten usw. Es wird also die Gesamtbauausführung schon in einzelne natürliche Abschnitte zerlegt.

Wollte man bei der Kalkulation erst das gesamte Objekt fertigstellen und mit der Fertigstellung des Ergebnisses so lange warten, bis der Bau vollständig fertig ist, könnten unter Umständen sehr unangenehme Ergebnisse zutage gefördert werden.

Wenn für jeden dieser natürlichen Abschnitte einzelne Rechnungen aufgestellt werden, so kann man sich bereits hier ein Bild machen über den Stand der Selbstkostenrechnung über dieses Objekt. Dazu kommt noch ein Zweites. Der Kapitalbedarf im Baugewerbe ist ein gewaltiger. Es ist daher in den meisten Bauverträgen, insbesondere bei Behörden vorgesehen, daß nach Einreichung von prüfungsfähigen Zwischenrechnungen bis zu einer bestimmten Höhe dieses Rechnungsbetrages Abschlagszahlungen angewiesen werden können. Auch durch diese Rechnungsaufstellung wird eine Einteilung des gesamten Bauobjektes in verschiedene Abschnitte bewirkt.

Eine dritte Abschnittsgrenze liefern die Maurerakkorde. Den Maurern wird innerhalb kürzeren Zeitabständen (meist 14täglich) ihre Leistung ausgemessen und dann ihre Akkorde festgesetzt. Auch diese Akkorde sind Zwischenrechnungen.

Die Aufstellung irgendeiner Rechnung nach obigen Grenzen nennen wir Zwischenrechnung im weitesten Sinne. Darnach gibt es folgende Arten von Zwischenrechnungen.

Arten von Zwischenrechnungen.

Hauptgliederungspunkt soll sein, ob die Zwischenrechnungen Leistungen oder Aufwände verrechnen.

1. Leistungsverrechnungen:
   Bauherrnabrechnungen,
   Maurerakkordabrechnungen.
2. Aufwandsverrechnungen:
   a) nach einem natürlichen Abschnitt (Fertigstellung einer bestimmten Arbeit),
   b) nach Zeitabschnitten von (1).

Nun sind diese einzelnen Möglichkeiten auf ihre Brauchbarkeit hinsichtlich der unter (2) erwähnten Zwecke zu prüfen. Diese Prüfung ergibt:

1. Zweck: Reine Aufwandsermittelung zur Festlegung des tatsächlichen Kapitalaufwandes.
2. Zweck: Leistungsermittelung zum Zwecke der Erhaltung von Abschlagszahlungen.
3. Zweck: Leistungsermittelung für Maurerverrechnung.

1. Die reine Aufwandsermittelung.

In der Form der üblichen Selbstkostenrechnung ist es möglich, bei exakter Führung täglich den Aufwand an Kosten festzustellen. Diese Aufstellung weist aber keinen einzelnen Bauabschnitt nach. Deshalb ist auch eine Vergleichung zwischen Aufwand und Ertrag nicht möglich.

2. Die Leistungsermittelung für Bauherrnverrechnungen schließt sich in den allermeisten Fällen den natürlichen Bauabschnitten an und nur dort, wo

1. keine natürliche Abschnittsbildung vorkommt,
2. diese natürlichen Abschnitte zu groß sind, oder
3. wo spätere Arbeiten nicht mehr festgestellt werden können, z. B. bei Fundamenten,

setzt bereits früher eine Bauherrnverrechnung ein. Diese letzteren Fälle sind jedoch als Ausnahmen zu betrachten. Aus diesem Grunde erscheint gerade diese Ermittelung als die geeignete für die Durchführung der praktischen Zwischenrechnung.

3. Die Leistungsermittelung für Maurerabrechnungen (Akkorde)

hat einige Vor- und Nachteile für eine Zwischenrechnung aufzuweisen.

1. Vorteil: Regelmäßig nach einem gewissen Zeitabstand, unabhängig von der Bildung kleinerer oder größerer Arbeitsabschnitte.

2. Nachteil: Es wird nur ein Teil der Baukosten erfaßt, und zwar derjenige, den die Maurer als Akkord bezahlt erhalten. Um zu den Lei-

stungseinheiten im Sinne der Bauherrnabrechnung zu gelangen, müßten noch Um- und Zwischenrechnungen vorgenommen werden. Der Zeitabschnitt von 14 Tagen ist zu kurz.

Charakter der Zwischenrechnung.

Es ist hier insbesondere die Frage zu prüfen, ob

1. die Zwischenrechnung als systematische Rechnung eingeführt werden soll, d. h. ob sie als zwangsläufige Institution im gesamten Organisationswesen der Bauunternehmung eingeführt werden soll, oder nur als Gelegenheitsrechnung;
2. die Zwischenrechnung, falls sie als systematische Rechnung behandelt werden soll, dann auch ihre systematische Durchführungsweise in den einzelnen Verrechnungen zum Ausdruck kommt, oder ihre Ergebnisse nur rein informatorischer Natur sein sollen.

Zwischenrechnung als systematische oder Gelegenheitsrechnung.

Charakteristisch für eine systematische Rechnung oder für einen systematischen Teil des Rechnungswesens soll sein, wenn er zwangsläufig in den gesamten Organisationsplan einer Unternehmung eingegliedert ist, bzw. alle Vorgänge von ihm zu erfassen sind.

Für die Zwischenrechnung würde dies heißen, daß für sämtliche Aufträge Zwischenrechnungen durchzuführen sind.

Für Zwischenrechnungen eignen sich nicht:

1. Infolge der kurzen Ausführungszeit: Kleinere Aufträge, da es zwecklos ist, dafür Zwischenrechnungen aufzustellen.
2. Solche Aufträge, bei denen nur Aufwände Verrechnung finden: Taglohnarbeiten, weil in diesem Falle der Soll- und Ist-Vergleich nur am Schluß des Jahres über die Unkostenbilanz erfolgen kann.

Die Zwischenrechnung kommt nur in Frage für größere Aufträge. Was nun zu den großen Aufträgen zu zählen ist, bzw. welche Zeit für die Gesamtausführung zu fordern ist, damit eine Zwischenrechnung durchgeführt werden kann, ist hier nicht näher zu entscheiden und ist Frage der einzelnen Unternehmung.

Daraus, ebenso wie aus dem unbestimmten Charakter der Zwischenrechnung ist festzustellen, daß sich die Zwischenrechnung im Baugewerbe für eine systematische Eingliederung in das Rechnungswesen nicht eignet. Sie kann für diejenigen Aufträge in Frage kommen, für die nach Ansicht der betreffenden Betriebsleitung ein Bedürfnis besteht.

Innerbetriebliche Bedeutung der Zwischenrechnung.

Die Zwischenrechnung ist also gewissermaßen eine in den Produktionsgang eingeschobene Rechnung. Sie zerlegt den gesamten Produktionsgang in 2 Teile, in einen solchen, der vor der Zwischenrechnung liegt und in einen solchen, der nach der Zwischenrechnung liegt. Die Rechnung, die sich nach dem Produktionsgang abspielt, wird Nachrechnung, die vor dem Produktionsgang liegt, Vorrechnung genannt. Durch Einschiebung einer Zwischenrechnung entstehen zwei verschiedene Rechnungsarten:

1. eine Nachrechnung für die bereits zurückgelegte Produktionsperiode;
2. eine Vorrechnung für die noch ausstehende Produktionsperiode.

Die Nachrechnung in diesem Sinne prüft und kontrolliert das Ergebnis dieser Zeit auf Grund einer Gegenüberstellung von Aufwand und Leistung. Der Ausdruck Vorrechnung ist deshalb begründet, weil durch das Ergebnis der Nachrechnung zugleich eine Vorrechnung für die folgende Produktionsperiode gegeben ist. Eine ev. ungünstiges Ergebnis dieser Nachrechnung kann immer noch in Form einer Vorrechnung Berücksichtigung finden bei der folgenden Produktionsperiode.

Von diesem Standpunkt aus betrachtet ist die Zwischenrechnung eigentlich ein Augenblicksbild für einen bestimmten Stand einer Produktion, ebenso wie die Bilanz ein Augenblicksbild für den bestimmten Bilanz-Stichtag der gesamten Unternehmung ist. Nach diesem Standpunkt ist das Wort „zwischen“ aufzufassen. Diese Festlegung ist wichtig für die nun noch klarzulegenden Details für die Zwischenrechnung.

Durchführung der Zwischenrechnung.

Die Zwischenrechnung als Selbstkostenrechnung im weitesten Sinne kann bestimmte Ergebnisse nur dann zeitigen, wenn

1. die reine Selbstkostenrechnung,
2. die reine Leistungsermittelung feststeht.

I. Selbstkostenrechnung.

Die Aufgabe der Selbstkostenrechnung für den Zweck der Zwischenrechnung besteht darin, die bis zum Stichtag der Zwischenrechnung aufgelaufenen Aufwendungen festzustellen. Bei geeigneter Anlage der Kostenrechnung muß dies ziemlich einfach möglich sein bei den direkten Aufwendungen, weil dabei, wenn die Belege rechtzeitig eingetragen werden, alle erfaßt werden. Größere Schwierigkeiten bereiten die Sonderkosten, da sie von fremden Unternehmungen berechnet werden und die Rechnungsbelege nicht selten viel später erst eintreffen. Dazu kommt noch die Frage der vorläufigen Unkostenverrechnung. Auch daran muß gedacht werden, wenn ein Vergleich mit der Bauherrnverrechnung vorgenommen werden soll.

Die Unkostenverrechnung wird am zweckmäßigsten nach der auf S. 124 dargestellten Weise durchgeführt.

Demgegenüber ist die

II. Leistungsermittelung

zu stellen. Beide Rechnungen müssen auf den gleichen Zeitpunkt übereinstimmen und auch sachlich übereinstimmen. Als Leistung ist auch das gesamte auf der Baustelle lagernde Material anzusehen, wenn man es nicht vorzieht, dieses Material bei der Kostenrechnung abzusetzen. Die Gegenüberstellung erfolgt zweckmäßigerweise in der Form, daß die Anteile von Material, Lohn, Unkosten usw. in den ermittelten Leistungseinheiten auseinandergezogen werden, damit man auch diese Einzelheiten den Aufwendungen gegenüberstellen kann. Das Formular der Vorrechnung kann dazu verwendet werden. Eine Detaillierung der einzelnen Einheiten braucht nicht zu erfolgen, nur der Gesamtmenge. Diesen kann nun die Gliederung der Aufwendungen gegenübergestellt werden, woraus sich wertvolle Schlüsse ziehen lassen.

IV. Kapitel.

Selbstkosten und Beschäftigungsgrad.

Im vorigen Kapitel wurden die gesamten Selbstkosten stets nur auf das einzelne Stück bezogen. Die dort gestellte Aufgabe war die für die Herstellung eines Produktes aufzuwendenden Kosten zu ermitteln. Es war dabei nicht die Rede wieviel Produkte hergestellt wurden. Es ist klar, daß auch diese Frage für die Kosten des einzelnen Produktes von Bedeutung ist.

Gerade in der letzten Zeit beschäftigt das Problem des Beschäftigungsgrades weite Kreise, nachdem in der heutigen Wirtschaft der Beschäftigungsgrad außerordentlich gesunken ist. Ehe man nun über diese Einzelfragen verhandeln kann, muß das Problem klargestellt werden.

Das Problem des Zusammenhanges der Selbstkostenrechnung mit dem Beschäftigungsgrad.

Die Selbstkostenrechnung bezieht sich lediglich auf die Kosten pro Stück. Nun ist aber zu berücksichtigen, daß jede einzelne Unternehmung Kosten hat, die sich nicht direkt auf das einzelne Stück beziehen, d. h. die entstehen, ob die Produktion groß ist oder klein oder schließlich ganz aufhört. Es stehen sich also hier gewissermaßen 2 Betrachtungsweisen gegenüber:

1. In der Selbstkostenrechnung lediglich die von den Produkten zu tragenden Kosten.
2. Das Verhältnis dieser Kosten bei bestimmten Produktionsgrößen.

Die Hauptaufgabe der Unternehmung ist, zu produzieren. Dazu kommt noch das Streben nach Gewinn, das als Prinzip jeder privatwirtschaftlichen Unternehmung anzusehen ist. Die Unternehmung bringt Leistungen hervor und muß dafür Kosten aufwenden. Die Veräußerung der Produktion soll die aufgewendeten Kosten decken und darüber hinaus noch einen Gewinn bringen. Die einzelnen Produkte sind also, wie bereits im letzten Kapitel festgestellt, Kostenträger. Dort wurde von dem Kostenträger in seiner Einzelheit gesprochen. Hier stehen sich nun: Gesamtheit der Kostenträger : Gesamtheit der Kosten der Unternehmung gegenüber. Selbstverständlich ist diese Betrachtung für eine bestimmte Zeitperiode abgegrenzt.

Man kann sich — theoretisch wenigstens — für jede Unternehmung eine „Normalbeschäftigung“ denken. Normalbeschäftigung liegt dann vor, denn die normale Leistungsfähigkeit des Betriebes bei normaler Arbeitszeit gerade von der augenblicklichen Produktion in Anspruch genommen wird.

Mit dem Ausdruck „Beschäftigungsgrad“ soll nun das Verhältnis der augenblicklichen Beschäftigung zu der Normalbeschäftigung ausgedrückt werden. Bei diesem Verhältnis bestehen also folgende Möglichkeiten:

Normalbeschäftigung > Effektivbeschäftigung
maximaler Beschäftigungsgrad
Normalbeschäftigung > Effektivbeschäftigung
minimaler Beschäftigungsgrad
Normalbeschäftigung = Effektivbeschäftigung
optimaler Beschäftigungsgrad.

Näher zu betrachten ist nun noch der Begriff „Leistungsfähigkeit“ des Betriebes. Die Leistungsfähigkeit eines Betriebes ist selbstverständlich dehnbar. Bei den gleichen Produktionsmitteln kann durch entsprechende Maßnahmen die Leistungsfähigkeit über das Normale hinaus erhöht werden, jedoch nur bis zu einem gewissen Maßstab. Wird nun die Leistungsfähigkeit durch Veränderung der Produktionsmittel verändert, d. h. werden die Produktionsmittel vergrößert oder verkleinert, so ist selbstverständlich damit die gesamte Grundlage zur Feststellung des Beschäftigungsgrades verändert. Es ist also stets theoretisch mit einer gleichbleibenden Leistungsfähigkeit zu rechnen.

Unser Problem ist nunmehr wie folgt zu formulieren:

Welchen Einfluß hat eine Verminderung, bzw. eine Vergrößerung des Beschäftigungsgrades

1. auf die Kosten der Gesamtunternehmung und damit auf die Kosten des einzelnen Produktes,
2. und damit, nachdem diese Kosten von der Summe der Kostenträger getragen werden müssen, auf den einzelnen Kostenträger?
3. Was bedeutet dies für die Preispolitik?

Die Fragen der Betriebspolitik sollen hier nur kurz gestreift werden. Wir haben folgende Mittel der Betriebspolitik zur Regulierung des Beschäftigungsgrades:

Bei zu kleinem Beschäftigungsgrad Suchen nach Vorratsarbeit, dann Strecken der Arbeit, Einlegen von Feierschichten usw.

Bei zu großem Beschäftigungsgrad (über 100%) Erhöhung der Leistungsfähigkeit durch vorübergehende Maßnahmen, Streckung der Arbeit durch Hinauszögerung von Lieferterminen. Im Baugewerbe wird jedoch diese Methode auf Schwierigkeiten stoßen, da die meisten Arbeiten sofort nach Auftragserteilung begonnen werden sollen. Teilung der Aufträge in mehrere Unternehmer, leihweise Zuhilfenahme von fremden Gerüsten und Geräten. Nach Streckung der Arbeit Erhöhung der Preise.

Beschäftigungsgrad im Baugewerbe.

Gerade für das Baugewerbe ist das Problem des Beschäftigungsgrades außerordentlich schwierig.

Die Leistungsfähigkeit einer Bauunternehmung ist bestimmt:

I. Durch die Produktionsfaktoren. Als Produktionsfaktoren wurden erwähnt:

1. Rohstoffe. Die Rohstoffe haben keinen Einfluß auf die Leistungsfähigkeit, da sie für jeden Auftrag speziell eingekauft werden können.
2. Menschliche Arbeitskraft kommt ebenfalls, soweit reine Arbeitsverrichtung in Betracht kommt, für die Berechnung der Leistungsfähigkeit nicht in Frage, da die Arbeitskräfte meist auf einfache Weise beschafft werden können. Diese beiden Faktoren sind also für jeden Auftrag zu beschaffen und haben keinen besonderen Einfluß auf die Größe der Leistungsfähigkeit des Betriebes.
3. Angestellte, Maschinen, Hilfsstoffe. Sie geben den festen Rahmen an, den wir als Leistungsfähigkeit des Betriebes bezeichnen.

II. Durch die Eigenart der Aufträge. Die Verschiedenartigkeit der Aufträge verursacht, daß jeder Auftrag das eine oder andere Produktionsmittel mehr oder weniger stark beansprucht. Beispiel: Erstellung vieler kleiner Einfamilienhäuser in verschiedenen Ausführungen belasten das Architekturbüro außerordentlich stark. Große Aufträge dagegen stellen an die Einrichtung von Maschinen und Gerüsthölzern große Ansprüche.

Wie kann die Leistungsfähigkeit beeinflußt werden?

Zu berücksichtigen ist, daß die Leistungsfähigkeit im Baugewerbe leicht beeinflußt werden kann, z. B. ist es außerordentlich leicht, eine Arbeiterkolonne von 50—100 Mann mit kleinen Mitteln auszustatten. Dies ist mit so wenig Kosten verbunden, daß die Veränderung der Leistungsfähigkeit des Betriebes auf diese Weise ohne irgendwelche große Bedeutung ist. Sogar der Maschinenpark kann durch leihweise Zuhilfenahme — oder Zusammenarbeit mehrerer Firmen bei großen Arbeiten — erweitert werden.

Die Folgen dieser leichten Veränderung der Leistungsfähigkeit sind das

Fehlen eines Normalbeschäftigungsgrades.

Bei industriellen Unternehmungen mit bestimmten, festen Betriebseinrichtungen ist der Normalbeschäftigungsgrad eine genau bestimmbare

Größe. Im Baugewerbe ist diese Größe unbestimmt. Dieses Fehlen eines Normalbeschäftigungsgrades schließt nicht aus, daß es in jeder Unternehmung fixe Kosten gibt. Fixe Kosten sind in diesem Falle die Kosten, die auch bei Einschränkung der Betriebsausdehnung auf ein Minimum noch entstehen; dazu gehören: Kosten für vorhandene Anlagen, dauernd anwesendes Personal, usw.

Veränderlichkeit der Kosten für das einzelne Stück.

Im Kapitel Kostenrechnung wurde von der Tatsache ausgegangen, daß die Kosten eine bestimmte Größe haben. Es wurde dort einfach die Gesamtheit der entstandenen Kosten auf die Kostenträger verteilt. Die durch Veränderung der Anzahl und Größe der Kostenträger verursachten Einflüsse auf die Kosten sollen hier kurz untersucht werden.

Da die direkten Kosten proportional sind, d. h. vollkommen dem Beschäftigungsgrad entsprechen, kommen hier hauptsächlich die indirekten Kosten in Frage. Das Verhältnis stellt sich nun so:

1. Gesamtkostencharakter:

$$\text{Kosten pro Kostenträger} = \frac{\text{Gesamtkosten}}{\text{Kostenträgerverhältniszahl.}}$$

Wenn nun bei diesem Bruch der Divisor klein wird, d. h. wenig Kostenträger, so wird das Ergebnis groß, d. h. der prozentuale Zuschlag wird groß. Umgekehrt wird der Divisor groß, so wird das Ergebnis klein.

Greifen wir ein Beispiel heraus: Die Angestelltengehälter gelten für die Unternehmung als fix und sind im Rahmen der gleichen Leistungsfähigkeit von dem Beschäftigungsgrad unbeeinflußt. Aus obiger Gleichung geht jedoch für das einzelne Stück das Gegenteil hervor: Die Kosten stehen fest, wenn sich nun der Divisor, in diesem Falle die Kostenträgerverhältniszahl ändert, so ändert sich auch das Ergebnis, die Kosten des Kostenträgers werden um so kleiner, je mehr Kostenträger vorhanden sind.

Preispolitik.

Nach dem Aufteilungsprinzip der Kostenrechnung mußten alle anfallenden Kosten auf die vorhandenen Kostenträger aufgeteilt werden, also bei Vorliegen von wenig Aufträgen der Preis derselben höher gestellt werden, als bei Vorliegen von vielen Aufträgen. Dieser Gedanke ist jedoch abwegig. Hier in diesem Punkte berühren sich die Fragen der Kostenrechnung und Preispolitik. Diesem rein rechnerischen Gedanken stehen Erwägungen preispolitischer Art gegenüber. Diese Erwägungen gehen auf den Zusammenhang zwischen Beschäftigungsgrad und Kostengestaltung für die Gesamtunternehmung zurück. Die rein proportionalen Kosten müssen also selbstverständlich von vornherein in der Vorrechnung in voller Höhe erscheinen. Versucht man nun bei geringem Beschäftigungsgrad die Gesamtkosten der Unternehmung in der Vorrechnung auf die wenigen zu berechnenden Aufträge zu verteilen, so wird wahrscheinlich der Offertpreis so hoch werden, daß alle Aufträge der Unternehmung verloren gehen. In diesem krassen Falle würde also die Kostenträgerverhältniszahl verschwinden und für die gesamten Kosten wäre überhaupt kein Objekt da, das sie tragen könnte. Statt dessen ist nach preispolitischen Erwägungen zu versuchen, die Kostenträgerverhältniszahl möglichst groß zu gestalten, um auf diese Weise das Gesamtergebnis der Division so zu beeinflussen, daß der auf den einzelnen Kostenträger treffende Anteil der gesamten fixen Kosten ziemlich klein bleibt. Man wird sich also zufrieden geben müssen, wenn ein Teil der für die gesamte Unternehmung fixen Kosten von den Kostenträgern getragen wird. Um diesen preispolitischen Erwägungen feste Unterlagen zu geben, ist es erforderlich, die einzelnen Verhältnisse des Beschäftigungsgrades zu den Kosten für den einzelnen Auftrag zu nennen.

Die erwähnten proportionalen Kosten: Material, Lohn, Lohnunkosten, Sonderkosten, indirekte Kosten für den Kostenträger müssen zum mindesten gedeckt werden: Minimaler Preis. Wird der Preis noch darüber hinausgehen, der zu erzielen ist, so kann dieser überschießende Betrag zur Deckung von fixen Kosten verwendet werden. In diesem Falle bedeutet der Auftrag für die Unternehmung insofern einen Gewinn, als sonst die fixen Unkosten vollkommen von der Unternehmung getragen werden, während sie so zum Teil durch Kostenträger gedeckt werden. Reichen die gesamten Kostenträger zur Deckung der gesamten Unkosten aus, so wird der optimale Preis erreicht.

Für das Baugewerbe sind diese Betrachtungen heute deshalb von außerordentlicher Wichtigkeit, weil gerade bei den heutigen Verhältnissen der optimale Preis fast nie erreicht werden kann und so obige Erwägungen angestellt werden müssen. Die Kostenrechnung muß nun bereits in der Vorrechnung sich auf ganz exakte Unterlagen stützen können, damit der minimale Preis errechnet werden kann.

Ergebnis: Eine Normalbeschäftigung in der Bauunternehmung ist nicht, oder nur sehr schwer feststellbar. In jeder Bauunternehmung entsteht eine Anzahl fixer Kosten, die durch die Kostenträger getragen werden müssen.

Für den einzelnen Fall, insbesondere für die Vorkalkulation und Preispolitik ist es wichtig

$$\left.\begin{array}{l}\text{den minimalen}\\ \text{den optimalen}\end{array}\right\}\text{Preis}$$

zu errechnen, um auf diese Weise den Beschäftigungsgrad regulieren zu können.

Beschäftigungsgrad und Preispolitik hängen eng zusammen und die Preispolitik ist als Regulator für den Beschäftigungsgrad anzusehen.

V. Kapitel.

Kurzfristige Erfolgsrechnung.

Der Begriff kurzfristig stellt einen Zeitbegriff dar, ohne denselben näher zu bestimmen. Er ist nicht absolut, sondern nur relativ aufzufassen.

Was ist langfristig? Unter langfristiger Erfolgsrechnung in diesem Zusammenhang soll die bisher unter dem Namen Gewinn- und Verlustrechnung behandelte jährliche Erfolgsrechnung verstanden sein. Die kurzfristige Erfolgsrechnung soll also für eine kürzere Zeit als für ein Jahr aufgestellt werden. In Frage käme: Vierteljährlich, monatlich, wöchentlich, täglich. Im allgemeinen hat sich der Brauch eingebürgert, daß mit kurzfristig die monatliche Erfolgsrechnung bezeichnet werden soll.

Eine andere Frage, die hier nur aufgeworfen, nicht weiter behandelt werden soll ist die, ob nur das ausgesprochene Zeitmaß, ausgedrückt in einer bestimmten Einheit der Zeit, also Monat, Vierteljahr als Maßstab für die kurzfristige Erfolgsrechnung gelten kann und gelten soll. Damit, daß der reine Zeitmaßstab so deutlich ausgeprägt wird, ist der enge Zusammenhang der kurzfristigen Erfolgsrechnung mit der Buchhaltung gegeben.

Die Erfolgsrechnung soll also für diesen kurzen Abschnitt das Ergebnis der Unternehmung ausweisen. Es ist kurz auf den Begriff Erfolg einzugehen. Der Erfolg kann herrühren aus rein betrieblich fabrikatorischen Quellen (Fabrikationsgewinn) rein kaufmännischen Transaktionen (Spekulation, Fusionsgewinn, Auflösung stiller Reserven usw.).

Welcher soll nun in der kurzfristigen Erfolgsrechnung erfaßt werden? Um das klarzulegen, ist zunächst der Zweck der kurzfristigen Erfolgsrechnung darzustellen.

Zweck der kurzfristigen Erfolgsrechnung.

Warum hat man sich nicht mit der jährlichen Erfolgsrechnung begnügt?

Man wollte stets vorher in kürzeren Abschnitten das Ergebnis der Unternehmung feststellen können, um darnach festzustellen:

1. ob in der kürzeren Zeit rentabel gewirtschaftet wurde,
2. ob auf Grund der Ergebnisse dieses Abschnittes irgendwelche Maßnahmen zu ergreifen sind, um für die nächsten Abschnitte ein besseres Ergebnis zu erzielen.

Man ging dabei von der richtigen Erkenntnis aus, daß, je eher man irgendeinen Rückschritt in der Unternehmung entdeckt, je kleiner die Verluste sind, um so eher man eingreifen kann und noch etwas retten kann. Es werden im Baugewerbe auf Grund von bestimmten Kalkulationen langfristige, oft jahrelang dauernde Verträge abgeschlossen, Verträge mit so großem Risiko und so großen Beträgen, daß, wenn nur wenige dieser Projekte zuungunsten der Unternehmung verlaufen, ihr Untergang damit verbunden sein kann. Infolgedessen will man mit Hilfe der kurzfristigen Erfolgsrechnung jederzeit auf kürzere Rechnungsperioden das Ergebnis feststellen, um daraus für die Zukunft zu lernen. Von diesem Standpunkt aus betrachtet, will die kurzfristige Erfolgsrechnung eine Selbstkostenrechnung im weiteren Sinne sein, die sich jedoch nicht auf ein bestimmtes Objekt, sondern auf einen Zeitabschnitt bezieht. Es soll also hier nur die rein betriebliche Erfolgsrechnung in Betracht gezogen werden.

Problem der kurzfristigen Erfolgsrechnung.

Um die oben gekennzeichneten Aufgaben zu erfüllen, muß die kurzfristige Erfolgsrechnung für eine bestimmte Zeitperiode deren Aufwand und deren Leistung gegenüberstellen. Die Schwierigkeiten bestehen zunächst in der Feststellung der beiden Größen.

Feststellung des Aufwandes.

Um exakte Ergebnisse zu erzielen, wäre es theoretisch erforderlich, unbedingt genau den gesamten zwischen den beiden Stichtagen entstandenen Aufwand zu ermitteln. Bezüglich des zeitlichen Entstehens dieses Aufwandes und der Rechnungsperiode ist folgendes zu unterscheiden:

1. Aufwandszeit und Periode der Erfolgsrechnung fallen zusammen.

   In diesem Falle besteht die Aufgabe nur darin, dafür zu sorgen, daß bei Abschluß der Rechnungsperiode für die kurzfristige Erfolgsrechnung nicht ein Teil des Aufwandes unberücksichtigt bleibt, weil derselbe noch nicht in der Buchhaltung zur Verarbeitung gekommen ist. Insbesondere Lieferantenrechnungen usw. gehören dazu.

2. Aufwandszeit ist größer als die Periode der Erfolgsrechnung, eine bestimmte Aufwandssumme betrifft also mehrere Rechnungsperioden. In diesem Falle muß eine Verteilung des Aufwandes auf die verschiedenen Perioden vorgenommen werden.

   Es sollen nur kurz folgende Fragen gestreift werden:

   1. Nach welchem Größenverhältnis erfolgt die Verteilung?
   2. Wird Rücksicht auf Schwanken der Beschäftigung, auf Saison- oder sonstige Einflüsse genommen?

3. **Aufwand, der zur Zeit des Abschlusses der Erfolgsrechnung noch gar nicht bekannt ist**, z. B. Garantieverpflichtungen, technische Mängel an den ausgeführten Arbeiten.

Dazu kommt noch ein weiteres. Es dürfte zu einer exakten Erfolgsrechnung nicht genügen, wenn man sich lediglich auf Buchbestände stützt, eine Inventur wird nicht zu umgehen sein.

Feststellung des Ertrages.

Als Ertrag in diesem Sinne ist zu erfassen:

1. Die gesamte dem Kunden verrechnete Leistung,
2. die noch nicht verrechneten Arbeiten,
3. davon sind in Abzug zu bringen die zu Beginn der Rechnungsperiode vorhandenen, noch nicht verrechneten Arbeiten.

Die Feststellung der letzten 3 Posten bereitet besonders große Schwierigkeiten. In genauer Weise ist sie ohne Inventur unmöglich. Die Feststellung dieser einzelnen Leistungen würde meist soviel Zeit in Anspruch nehmen, daß, bis sie vollkommen verarbeitet sind, die Ergebnisse bereits wieder überholt sind.

Eine weitere auftauchende Frage ist die, ob die kurzfristige Erfolgsrechnung als vollkommene Bilanz in alle Bücher mit vollkommenem Abschluß mit übernommen werden soll, oder ob lediglich eine Art statistische Durchführung versucht wird. Beim Versuch einer vollkommen kontenmäßigen Durchführung werden die damit verbundenen Arbeiten noch viel größer. Man muß zu der Einführung von Interimskonten, Verrechnungskonten, Zusatzleistungskonten und sonstigen allen möglichen Hilfsmitteln greifen.

In der Praxis konnte festgestellt werden, daß kein Baugeschäft gefunden wurde, das eine vollkommen kurzfristige Erfolgsrechnung veranstaltete, in dem Sinne, wie sie manchmal theoretisch gefordert wird. Entweder die sog. „Monatsbilanz" ist nichts als eine formale Zusammenstellung der Umsatzzahlen und daraus Errechnung einer nichtssagenden Saldenbilanz zuzüglich der dazugehörigen Detail-, Debitoren- und Kreditorenauszüge, oder aber es werden lediglich überschlagsweise und rein statistisch, um nicht zu sagen notizbuchmäßig reine Zusammenstellungen gemacht.

In einem Betrieb wurde auch eine vierteljährliche Erfolgsrechnung angetroffen, und zwar in sehr interessanter Form, rein statistisch, aber doch noch so exakt und einwandfrei, daß der betreffende Unternehmungsleiter stets die erforderlichen Unterlagen daraus gewann. Bemerkenswert ist, daß die Aufteilung dieser Bilanz jedoch nicht nach einem bestimmten Schema erfolgte, vielmehr stets nach den zurzeit gegebenen Verhältnissen.

Vorschlag der Durchführung einer „kurzfristigen Erfolgsrechnung“ im Baugewerbe.

Trotz der geschilderten vielen Schwierigkeiten muß versucht werden, eine Lösung zur Durchführung einer kurzfristigen Erfolgsrechnung im Baugewerbe zu finden.

Es wurde oben die Frage aufgeworfen, ob nur das reine Zeitmaß als Grundlage für die Erfolgsrechnung dienen soll. Die angegebenen Zwecke, denen die Erfolgsrechnung dienen soll, bestärken in der Hinsicht, daß es auch möglich sein sollte, auf Grund der Stückrechnung die gewünschten Ergebnisse der Erfolgsrechnung zu erzielen; vor allem Kontrollzwecke und Nachprüfungen und Gewinnung von Unterlagen für die Zukunft. In diesem Sinne kann also die Stückrechnung mit exakter Durchführung, wie im vorhergehenden Kapitel geschildert, die gewünschten Unterlagen für die Erfolgsrechnung liefern. Die Erfolgsrechnung wird nach dieser Richtung hin keine zeitgebundene mehr sein, sondern wird jeweils nach Fertigstellung eines bestimmten Objektes erstellt. Bei dieser Gelegenheit sei jedoch darauf hingewiesen, daß damit nicht die ev. Vermutung abgeleitet werden darf, als ob das Ergebnis aller Stückrechnungen zusammen das Ergebnis der Gewinn- und Verlustrechnung ergeben muß.

Die Stückrechnung müßte, wie bereits geschildert, mit Verrechnungsbeträgen bezüglich der Unkosten rechnen. Diese Verrechnungsposten müssen selbstverständlich auch kontrolliert werden, um zu einer genauen kurzfristigen Erfolgsrechnung zu gelangen. Dies kann in Form der Unkostenbilanz geschehen. Gegenüberstellung der errechneten zu den tatsächlich aufgelaufenen Unkosten.

Die Unkostenbilanz kann so ausgestaltet werden, daß sie monatlich Zusammenstellungen macht über die errechneten und über die tatsächlich aufgelaufenen Unkosten.

Die sog. kurzfristige Erfolgsrechnung, wenn von einer solchen im Baugewerbe dann noch gesprochen werden kann, setzt sich zusammen aus der Kontrolle der direkten über die Selbstkostenrechnung und der indirekten über die Unkostenbilanz. Eine andere kurzfristige Erfolgsrechnung durchzuführen, würde viel Aufwand und wenig wertvolle Ergebnisse bringen.

Daraus erhellt auch, in welchem Zusammenhang das Kapitel kurzfristige Erfolgsrechnung im Baugewerbe zur Kostenrechnung gehört und mit welcher Berechtigung hier diese Frage der kurzfristigen Erfolgsrechnung angeschnitten werden durfte.

VI. Kapitel.

Grenzen der Kostenrechnung im Baugewerbe.

Nach Schilderung des Wesens, Aufbaues und der Ergebnisse der Kostenrechnung im Baugewerbe erscheint es angebracht, die Grenzen dieser Kostenrechnung festzustellen.

Die wissenschaftliche Erkenntnis bietet die Möglichkeit in einem vor Jahrzehnten noch ungeahnten Maße die Probleme klar ausgebreitet zu sehen und ihre Anwendung für die Praxis zu ermöglichen. Freilich gibt es noch manches, das noch genauer, wissenschaftlicher Untersuchungen und weiterer Forschungen bedarf. Doch das steht fest, daß die derzeitige betriebswirtschaftliche Erkenntnis genügend ist, der Praxis wertvolle Führerin im Aufbau ihrer Organisation zu sein. In weit größerem Maße bietet die

praktische Anwendung und Durchführung Probleme und Grenzen. Das Problem der Wirtschaftlichkeit verlangt, ausgehend von dem Gedanken, daß für jeden Aufwand ein angemessener Ertrag, sei er nun direkt oder nur indirekt nachweisbar, daß jede Maßnahme, die die Unternehmung durchführt und einen Aufwand erfordert, sich lohnt. Den Wert der aus einer durch das Rechnungswesen gewonnenen Erkenntnis kann man nicht zahlenmäßig errechnen, dies muß der Beurteilung der leitenden Persönlichkeiten überlassen bleiben. Diese Wertbeurteilung ist eine individuelle, sie ist abhängig von der einzelnen Unternehmung und von dem Industriezweig, dem die Unternehmung angehört.

Für das Baugewerbe insonderheit ist festzustellen, daß die Anwendung betriebswirtschaftlicher Methoden noch wenig Eingang gefunden hat. Bei der Einführung derselben werden daher größere Widerstände, mehr Schwierigkeiten und damit mehr Kosten auftreten. Man wird auch den Wert der Erkenntnis nicht richtig beurteilen und ihn zu niedrig einschätzen. Dies sind aber nur vermeintliche Grenzen, keine wirklichen. Die wirklichen Grenzen werden bestimmt von der wissenschaftlichen Erkenntnis in Verbindung mit der praktischen Durchführbarkeit. Die erstere zeigt die Methoden auf, lehrt uns den Wert der Erkenntnisse beurteilen, die letztere gibt uns den dafür erforderlichen Aufwand an. Nur bei richtiger Zusammenarbeit beider kann ein ersprießliches Ergebnis erzielt werden. Von diesem Standpunkt wurde in der vorliegenden Arbeit ausgegangen und versucht, diesem Zusammenwirken von theoretischem Wissen, praktischer Kenntnis und Erfahrung Rechnung zu tragen.

Das *Baugewerbe* befindet sich auf dem Wege zur *Bauindustrie*. Mit dem Ausdruck Industrie ist im betriebswirtschaftlichen Sinne stets das Erfordernis eines einwandfreien Rechnungswesens verbunden. Die Mehrzahl der Bauunternehmungen besitzen es nicht oder nur in ungenügendem Maße. Wollen sie bei dem bestehenden Wirtschaftskampf, in der großen bevorstehenden Entwicklung zur Industrie nicht zurückbleiben, werden sie sich der betriebswirtschaftlichen Erkenntnisse nicht verschließen können. Für diese Entwicklung braucht jede Unternehmung einen zuverlässigen Führer, der den Weg genau vorzeichnet. Dieser Führer ist das Rechnungswesen im allgemeinen, die Kostenrechnung im besonderen.

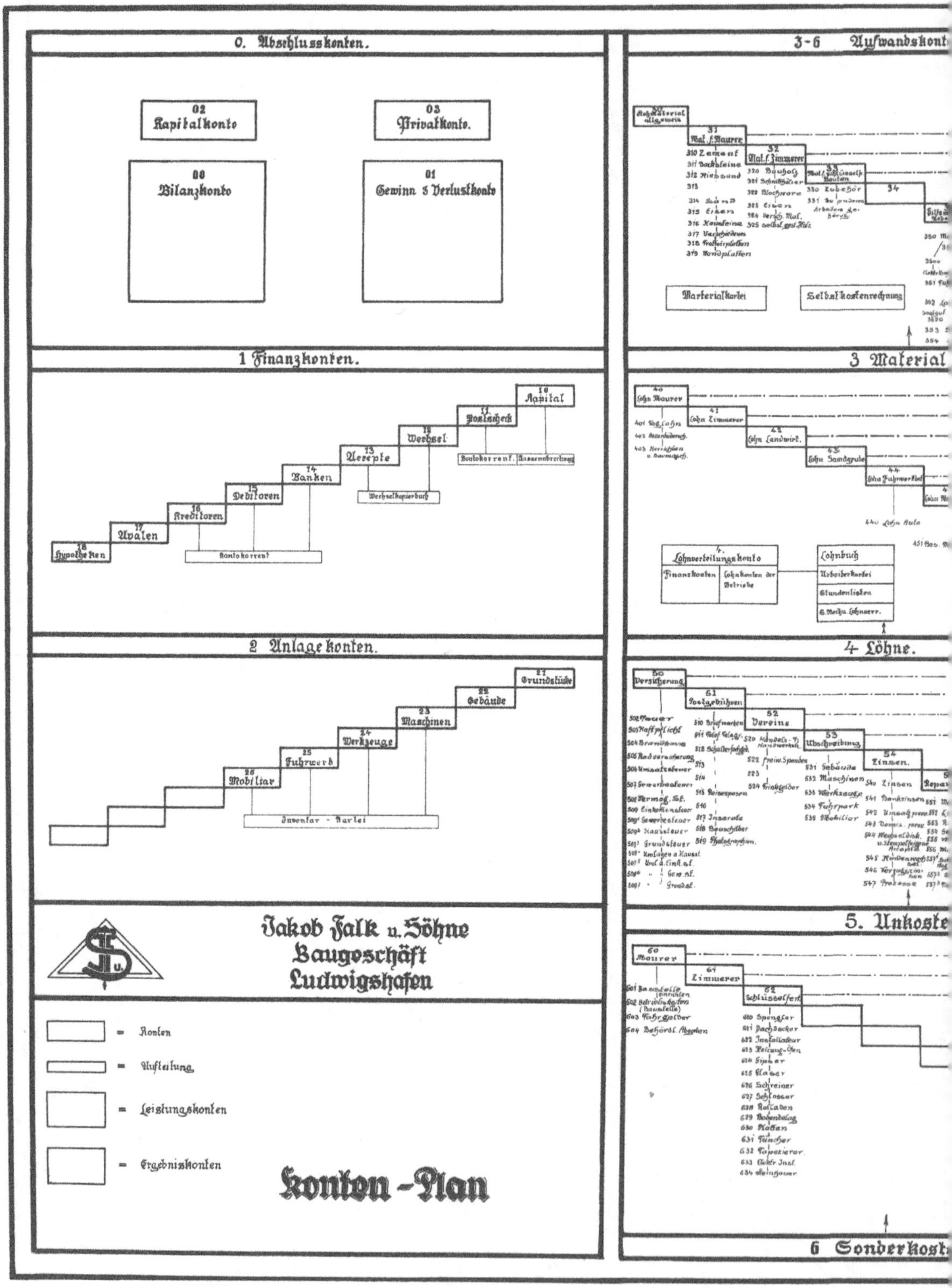
0. Abschlusskonten.
02 Kapitalkonto
03 Privatkonto.
00 Bilanzkonto
01 Gewinn & Verlustkonto
1 Finanzkonten.
10 Kapital
11 Postscheck
12 Wechsel
13 Accepte
14 Banken
15 Debitoren
16 Kreditoren
17 Avalen
18 Hypotheken
Kontokorrent
Wechselkopierbuch
2 Anlagekonten.
21 Grundstücke
22 Gebäude
23 Maschinen
24 Werkzeuge
25 Fuhrwerk
26 Mobiliar
Inventar - Kartei
Jakob Falk u. Söhne
Baugeschäft
Ludwigshafen
= Konten
= Aufteilung
= Leistungskonten
= Ergebniskonten
Konten-Plan
3-6 Aufwandskonten
Materialkartei
Selbstkostenrechnung
3 Material
40 Lohn Maurer
41 Lohn Zimmerer
42 Lohn Landwirt.
43 Lohn Sandgrube
44 Lohn Fuhrwerk
4. Lohnverteilungskonto
Finanzkonten
Lohnkonten der Betriebe
Lohnbuch
Arbeiterkartei
Stundenlisten
4 Löhne.
50 Versicherung
51 Postgebühren
52 Vereine
53 Abschreibung
54 Zinsen
5. Unkosten
60 Maurer
61 Zimmerer
62 Schlüsselfert.
6 Sonderkosten

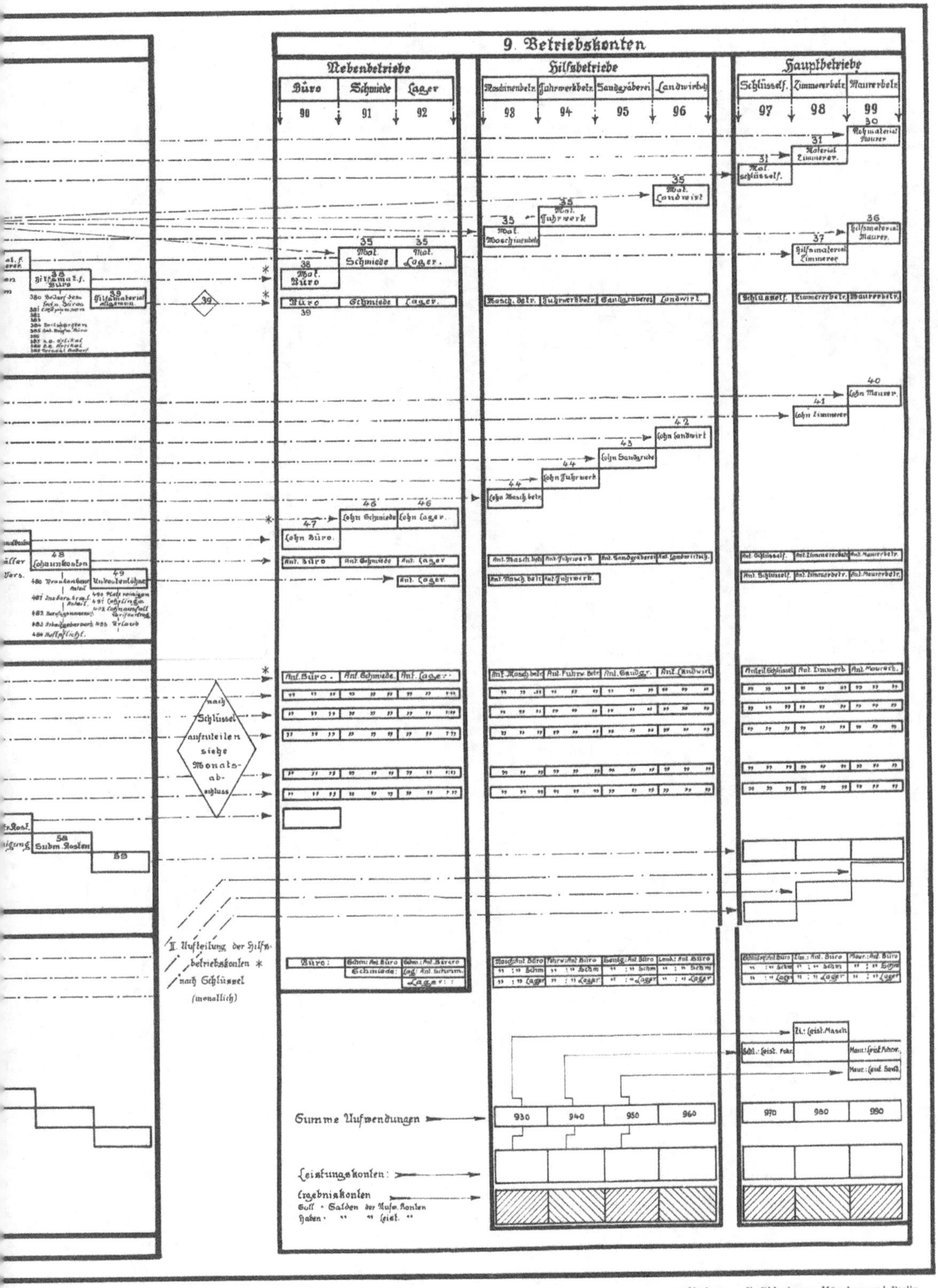

Verlag von R. Oldenbourg, München und Berlin.

www.ingramcontent.com/pod-product-compliance
Lightning Source LLC
LaVergne TN
LVHW060622300926
849162LV00008B/1684